ACCESO GRATIS ***a la Lectura en la Nube***

Para visualizar el libro electrónico en la nube de lectura envíe junto a su nombre y apellidos una fotografía del código de barras situado en la contraportada del libro y otra del ticket de compra a la dirección:

ebooktirant@tirant.com

En un máximo de 72 horas laborales le enviaremos el código de acceso con sus instrucciones.

La visualización del libro en **NUBE DE LECTURA** excluye los usos bibliotecarios y públicos que puedan poner el archivo electrónico a disposición de una comunidad de lectores. Se permite tan solo un uso individual y privado

¿QUÉ ES LA RESOLUCIÓN BANCARIA?

RESPUESTAS DESDE EL DERECHO ADMINISTRATIVO

Procedimiento de selección de originales, ver página web:
www.tirant.net/index.php/editorial/procedimiento-de-seleccion-de-originales

¿QUÉ ES LA RESOLUCIÓN BANCARIA?

RESPUESTAS DESDE EL DERECHO ADMINISTRATIVO

¿QUÉ ES LA RESOLUCIÓN BANCARIA?

RESPUESTAS DESDE EL DERECHO ADMINISTRATIVO

CARLOS LORA GONZÁLEZ

La aceptación de la presente obra ha tenido en consideración la evaluación y calificación otorgada por los expertos componentes del tribunal calificador de la tesis doctoral en la que se basa, cumpliendo con el criterio correspondiente de los revisores externos y ofreciendo la calidad debida a la presente edición

tirant lo blanch
Valencia, 2024

En caso de erratas y actualizaciones, la Editorial Tirant lo Blanch publicará la pertinente corrección en la página web www.tirant.com.

© TIRANT LO BLANCH
EDITA: TIRANT LO BLANCH
C/ Artes Gráficas, 14 - 46010 - Valencia
TELFS.: 96/361 00 48 - 50
FAX: 96/369 41 51
Email: tlb@tirant.com
www.tirant.com
Librería virtual: www.tirant.es
DEPÓSITO LEGAL: V-4427-2024
ISBN: 978-84-1071-944-6

Si tiene alguna queja o sugerencia, envíenos un mail a: *atencioncliente@tirant.com*. En caso de no ser atendida su sugerencia, por favor, lea en *www.tirant.net/index.php/empresa/politicas-de-empresa* nuestro procedimiento de quejas.

Responsabilidad Social Corporativa: http://www.tirant.net/Docs/RSCTirant.pdf

A Marta y a Manuela,
la razón de mi felicidad.

Índice

PRÓLOGO

El presente libro es la adaptación de parte de la tesis que Carlos Lora defendió brillantemente el 10 de mayo de 2024 en la Facultad de Derecho de la Universidad de Valladolid y que recibió la calificación de Sobresaliente *cum laude* por parte de un tribunal compuesto por los catedráticos de Derecho administrativo José Carlos Laguna de Paz, Manuel Izquierdo Carrasco y Javier Guillén Caramés.

El placer de poder redactar este prólogo es doble, en la medida en que en la tesis de la que surge confluyen la dos instituciones que han marcado mi vida adulta. Por orden cronológico: la Universidad de Valladolid y Uría Menéndez. Carlos Lora es un excelente abogado del Grupo de práctica de Público y Medio Ambiente de Uría Menéndez y alumno de mi misma Facultad. Cuando me transmitió su intención de hacer la tesis y me pidió que fuera su director, la elección de hacerlo en Valladolid era incuestionable. La Universidad de Valladolid, en la persona del profesor Íñigo Sanz, demostró lo que es propio de la gran Universidad que es y acogió la tesis del abogado en que se había convertido el jurista que tan bien formó. Y nuestro Despacho (el de Carlos y mío), cuya raigambre académica sigue radicalmente viva, nos acompañó con el entusiasmo que emplea siempre en relación con el desempeño académico de sus miembros. No puedo dejar de escribir, y creo que es pertinente porque sé que el autor lo comparte, que me siento orgulloso de haberme hecho jurista en Valladolid y abogado en Uría Menéndez. No se me ocurre un sitio mejor ni para lo uno ni para lo otro.

Aunque lo que el lector tiene ahora en sus manos, o en una pantalla ante sus ojos, sea parte del resultado de la tesis doctoral de Carlos Lora, la relevancia de un tesis no reside sólo en el producto final, sino en buena medida también en el proceso. Querría en estas páginas introductorias hacer una referencia a ambos aspectos, proceso y resultado, pasando por un tercer elemento clave de toda tesis: su defensa pública.

Carlos afrontó un reto que a mí me parecía interesantísimo y que me ha hecho, como director, disfrutar del proceso de elaboración de su tesis: testar en qué medida las que podríamos calificar de categorías ya tradicionales de la supervisión administrativa podían dar respuesta a los retos que supone la supervisión prudencial a nivel europeo de las entidades de crédito. Es decir, en qué medida elementos centrales de ese aparataje teórico como el principio de previo procedimiento o la plenitud del control judicial podían seguir rigiendo la intervención administrativa en un sector tan dinámico y sensible como el de las entidades de crédito, en qué medida debían adaptarse a la galopante realidad (¿hasta desaparecer?) o tenían capacidad de embridarla. Y en pocos ámbitos se manifestaba este reto con tanta fuerza como en el de la resolución bancaria, institución de nombre radicalmente novedoso y regulada para intentar solucionar crisis de entidades de crédito (y con ellas del sistema) en cuestión de horas. ¿Qué tenía que hacer el rígido Derecho administrativo que seguimos enseñando en las Facultades ante una realidad normativa y práctica tan restallante como la resolución bancaria, que ni siquiera pudo encontrar un nombre inteligible en ese polvoriento acervo? A mi juicio, y creo que al del autor, tenía mucho que hacer; precisamente lo que es propio de esta rama del Derecho público: encontrar el equilibrio entre el eficiente apoderamiento a las autoridades administrativas para perseguir fines de interés general y el debido respeto de los derechos e intereses de los particulares.

Como antes señalaba, una tercera perspectiva que da pleno sentido a una tesis doctoral es su defensa, y al hilo de mencionarla quiero hacer público mi agradecimiento a los profesores Laguna de Paz, Izquierdo y Caramés por el debate que mantuvieron entre ellos y con el candidato, que creo que constituyó un ejercicio académico realmente sobresaliente.

En ese debate se planteó la posibilidad de que el entonces doctorando pudiera haber realizado una aproximación excesivamente teorizante a su tema de estudio, demasiado preocupada por el encaje teórico del material jurídico que analizaba. Se trata, sin duda, de un tentación poderosa para la gran mayoría de los doctorandos y en este caso, además, su director probablemente le empujó a ello, al plantearle como un reto contrastar categorías devenidas ya tradicionales (empezando por la de la supervisión administrativa) con la rabiosa realidad de la supervisión prudencial bancaria. Y además, espero que sin condicionarle en su labor investigadora, le transmitió la idea de que quizás convendría, adaptadas en la medida de lo necesario, mantenerlas. No por ningún prurito teórico, sino porque esas categorías suponen la condensación del mencionado equilibrio propio del Derecho administrativo entre servicio al interés general y protección de la esfera jurídica propia de los particulares. Que alguien que se gana la vida desde hace ya casi veinticinco años intentando resolver los problemas prácticos de sus clientes tiente a un joven abogado aspirante a doctor con las mieles de la teoría merece una explicación.

Los mencionados veinticinco años me han convencido de que la actividad académica del jurista y la práctica del abogado giran alrededor de una actividad de interpretación-comunicación. Y esa labor no funciona si no descansa en categorías, ideas (a veces quizás mitos) compartidos por los diversos participantes en el correspondiente discurso (académico, judicial, consultivo o negocial). Prescindir del instrumental teórico, aunque sea para dialécticamente adaptarlo, reinventarlo o incluso para arrojarlo a la basura ante su inutilidad, conduce en muchos casos a la vacuidad y a la ineficiencia discursiva. Dicho lo cual, limitarse a dar vueltas, arriba y abajo, a esa instrumental, conduce a algo igualmente vacío e inútil, aparte de al riesgo de cortarse un dedo haciendo el memo, claro.

Creo firmemente, y felicito sinceramente a Carlos por ello, que su proceso dio lugar a un muy buen producto, y el tratamiento que hizo en su tesis de la resolución bancaria está particularmente logrado. Afronta la nueva realidad regulatoria, y su aplicación práctica, con unas herramientas teóricas que acaban beneficiándose de su contraste con la práctica, pero que le permiten aprehender y con ello comunicar y contribuir a una mejor aplicación, los rasgos principales de este incisivo mecanismo de intervención que es la resolución bancaria. A esta labor de interpretación-comunicación contribuye el preciso encaje sistemático que en este libro se hace de la resolución bancaria en la actividad de supervisión prudencial y su caracterización como un instrumento corrector cuya naturaleza es la de una ablación ordenadora. Todo ello con un razonamiento ordenado y exhaustivo, un buen manejo de todo tipo de fuentes y una clara exposición.

En conclusión, creo que el presente libro es el estimable fruto de un encomiable esfuerzo de investigación en el que me siento afortunado de haber podido participar, realizado no sé muy bien cómo en no sé qué tiempo libre ha encontrado el autor durante sus años de incansable trabajo en Uría Menéndez. Y creo que constituye una notable aportación al debate académico sobre la resolución bancaria y puede contribuir, como es propio de ese tipo de debate cuando se realiza con criterio y honestidad, a la adecuada aplicación práctica de esta figura.

En Madrid, a 12 de noviembre de 2024.

Mariano Magide Herrero
Profesor asociado de Derecho administrativo de la Universidad Rey Juan Carlos
Socio de Uría Menéndez

TABLA DE ABREVIATURAS

ABE	Autoridad Bancaria Europea
AEB	Asociación Española de n Banca
AEMV	Autoridad Europea del Mercado de Valores
AESPJ	Autoridad Europea de Seguros y Planes de Jubilación
AFI	Asesores Financieros Internacionales
AGE	Administración General del Estado
AJUM	Actualidad Jurídica Uría Menéndez
AMCESFI	Autoridad Macroprudencial Consejo de Estabilidad Financiera
ANC	Autoridad Nacional Competente
ANR	Autoridad Nacional de Resolución
BCE	Banco Central Europeo
BCN	Banco Central Nacional
BdE	Banco de España
BFA	BFA Tenedora de Acciones, S. A. U.
BOE	Boletín Oficial del Estado
BRRD	Directiva 2014/59/UE, del Parlamento Europeo y del Consejo, de 15 de mayo de 2014, por la que se establece un marco para la reestructuración y la resolución de entidades de crédito y empresas de servicios de inversión, y por la que se modifican la Directiva 82/891/CEE del Consejo, y las Directivas 2001/24/CE, 2002/47/CE, 2004/25/CE, 2005/56/CE, 2007/36/CE, 2011/35/UE, 2012/30/UE y 2013/36/UE, y los Reglamentos (UE) no 1093/2010 y (UE) no 648/2012 del Parlamento Europeo y del Consejo
CDP	Cuadernos de Derecho Público
CDFUE	Carta de los Derechos Fundamentales de la Unión Europea
CEMLA	Centro de Estudios Monetarios Latinoamericanos del Banco de España
CIE	Cuadernos de Información Económica

Circular 2/2016	Circular 2/2016, de 2 de febrero, del Banco de España, a las entidades de crédito, sobre supervisión y solvencia, que completa la adaptación del ordenamiento jurídico español a la Directiva 2013/36/UE y al Reglamento (UE) n.º 575/2013
Circular 6/2015	Circular 6/2015, de 17 de noviembre, del Banco de España, a las cajas de ahorros y fundaciones bancarias, sobre determinados aspectos de los informes de remuneraciones y gobierno corporativo de las cajas de ahorros que no emitan valores admitidos a negociación en mercados oficiales de valores y sobre las obligaciones de las fundaciones bancarias derivadas de sus participaciones en entidades de crédito
Circular interna 2/2013	Circular interna del BdE 2/2013, por la que se actualizaba la Circular interna 7/2011
Circular interna 7/2011	Circular interna del BdE 7/2011, de 26 de octubre, sobre Procedimientos aplicados en la Dirección General de Supervisión
CMDI	Crisis Management and Deposit Insurance
CNMC	Comisión Nacional de los Mercados y la Competencia
CNMV	Comisión Nacional del Mercado de Valores
CRD	Directiva 2013/36/UE, del Parlamento Europeo y del Consejo, de 26 de junio de 2013, relativa al acceso a la actividad de las entidades de crédito y a la supervisión prudencial de las entidades de crédito y las empresas de inversión, por la que se modifica la Directiva 2002/87/CE y se derogan las Directivas 2006/48/CE y 2006/49/CE
CRR	Reglamento (UE) nº 575/2013 del Parlamento Europeo y del Consejo, de 26 de junio de 2013, sobre los requisitos prudenciales de las entidades de crédito y las empresas de inversión, y por el que se modifica el Reglamento (UE) nº 648/2012
CSBB	Comité de Supervisión Bancaria de Basilea
Decisión 2014/360/UE	Decisión del BCE de 14 de abril de 2014 sobre el establecimiento del Comité Administrativo de Revisión y sus normas de funcionamiento
Decisión 2014/723/UE	Decisión del BCE de 17 de septiembre de 2014 sobre la aplicación de la separación entre las funciones de política monetaria y supervisión del Banco Central Europeo
Decisión 2015/839/UE	Decisión del BCE de 27 de abril de 2015 por la que se enumeran las entidades de crédito sujetas a una evaluación global

Decisión BCE/2014/5	Decisión (UE) nº 2014/434 del Banco Central Europeo, de 31 de enero de 2014, sobre la cooperación estrecha con las autoridades nacionales competentes de los Estados miembros participantes cuya moneda no sea el euro
DGP	Dirección General de Patrimonio
DOUE	Diario Oficial de la Unión Europea
EEUU	Estados Unidos de América
EISM	Entidades de Importancia Sistémica Mundial
EM	Exposición de Motivos
ESEBC	Estatutos del Sistema Europeo de Bancos Centrales
FAAF	Fondo para la Adquisición de Activos Financieros
FEEF	Facilidad Europea de Estabilización Financiera
FEF	Fundación de Estudios Financieros
FGD	Fondo de Garantía de Depósitos
FGI	Fondo de Garantía de Inversiones
FJ	Fundamento Jurídico
FMI	Fondo Monetario Internacional
FNR	Fondo Nacional de Resolución
FOLTF	Faily or likely to fail
FROB	Fondo de Reestructuración Ordenada Bancaria
FSB	Financial Stability Board
FUNCAS	Fundación de Cajas de Ahorros
FUR	Fondo Único de Resolución
ICE	Información Comercial Española
ICO	Instituto de Crédito Oficial
IGAE	Intervención General de la Administración del Estado
INAP	Instituto Nacional de Administración Pública
JUR	Junta Única de Resolución
LABdE	Ley 13/1994, de 1 de junio, de Autonomía del Banco de España
LCAFB	Ley 26/2013, de 27 de diciembre, de cajas de ahorros y fundaciones bancarias
LCC	Ley 13/1989, de 26 de mayo, de Cooperativas de Crédito
LCCNMC	Ley 3/2013, de 4 de junio, de creación de la Comisión Nacional de los Mercados y la Competencia

LDIEC	Ley 26/1988, de 29 de julio, sobre Disciplina e Intervención de las Entidades de Crédito
LEREJUSP	Ley 40/2015, de 1 de octubre, de Régimen Jurídico del Sector Público
Ley 11/2015	Ley 11/2015, de 18 de junio, de recuperación y resolución de entidades de crédito y empresas de servicios de inversión
Ley 13/1985	Ley 13/1985, de 25 de mayo, de coeficientes de inversión, recursos propios y obligaciones de información de los intermediarios financieros
Ley 2/1962	Ley 2/1962, de 14 de abril, sobre bases de ordenación del crédito y de la Banca
Ley 2/1981	Ley 2/1981, de 25 de marzo, de regulación del mercado hipotecario
Ley 21/2011	Ley 21/2011, de 26 de julio, de dinero electrónico
Ley 5/2005	Ley 5/2005, de 20 de diciembre, integral contra la violencia de género de la Comunidad de Madrid
Ley 7/1983	Ley 7/1983, de 29 de junio, de expropiación por razones de utilidad pública e interés social de los Bancos y otras Sociedades que componen el Grupo «Rumasa, S. A.» (Real Decreto-ley 2/1983, de 23 de febrero)
LGT	Ley 11/2022, de 28 de junio, General de Telecomunicaciones
LGUM	Ley 20/2013, de 9 de diciembre, de garantía de la unidad de mercado
LIS	Ley 27/2014, de 27 de noviembre, del Impuesto sobre Sociedades
LMV	Ley 6/2023, de 17 de marzo, de los Mercados de Valores y de los Servicios de Inversión
LOB de 1946	Ley de Ordenación Bancaria de 31 de diciembre de 1946
LORCA	Ley 31/1985, de 2 de agosto, de Regulación de las Normas Básicas sobre Órganos Rectores de las Cajas de Ahorros
LOSSEAR	Ley 20/2015, de 14 de julio, de ordenación, supervisión y solvencia de las entidades aseguradoras y reaseguradoras
LOSSEC	Ley 10/2014, de 26 de junio, de ordenación, supervisión y solvencia de entidades de crédito
LSE	Ley 24/2013, de 26 de diciembre, del Sector Eléctrico

LSP	Ley 43/2010, de 30 de diciembre, del servicio postal universal, de los derechos de los usuarios y del mercado postal
MEDE	Mecanismo Europeo de Estabilidad
MUR	Mecanismo Único de Resolución
MUS	Mecanismo Único de Supervisión
OEIS	Otras Entidades de Importancia Sistémica
Orden ECC/2575/205	Orden ECC/2575/2015, de 30 de noviembre, por la que se determina el contenido, la estructura y los requisitos de publicación del informe anual de gobierno corporativo, y se establecen las obligaciones de contabilidad, de las fundaciones bancarias
PEE	Papeles de Economía Española
RAAP	Revista Andaluza de Administración Pública
RAP	Revista de la Administración Pública
RD 1012/2015	Real Decreto 1012/2015, de 6 de noviembre, por el que se desarrolla la Ley 11/2015, de 18 de junio, de recuperación y resolución de entidades de crédito y empresas de servicios de inversión, y por el que se modifica el Real Decreto 2606/1996, de 20 de diciembre, sobre fondos de garantía de depósitos de entidades de crédito
RD 102/2019	Real Decreto 102/2019, de 1 de marzo, por el que se crea la Autoridad Macroprudencial Consejo de Estabilidad Financiera, se establece su régimen jurídico y se desarrollan determinados aspectos relativos a las herramientas macroprudenciales
RD 1398/1993	Real Decreto 1398/1993, de 4 de agosto, por el que se aprueba el Reglamento del Procedimiento para el Ejercicio de la Potestad Sancionadora
RD 1816/1991	Real Decreto 1816/1991, de 20 de diciembre, sobre Transacciones Económicas con el Exterior
RD 2119/1993	Real Decreto 2119/1993, de 3 diciembre, sobre el procedimiento sancionador aplicable a los sujetos que actúan en los mercados financieros
RD 2290/1977	Real Decreto 2290/1977, de 27 de agosto, por el que se regulan los órganos de gobierno y las funciones de las Cajas de Ahorros
RD 706/1999	Real Decreto 706/1999, de 30 de abril, de adaptación del Instituto de Crédito Oficial a la Ley 6/1997, de 14 de abril, de organización y funcionamiento de la Administración General del Estado y de aprobación de sus Estatutos

RD 84/2015	Real Decreto 84/2015, de 13 de febrero, por el que se desarrolla la Ley 10/2014, de 26 de junio, de ordenación, supervisión y solvencia de entidades de crédito
RDBB	Revista de Derecho Bancario y Bursátil
RDCE	Revista de Derecho Comunitario Europeo
RD-Leg 1298/1986	Real Decreto Legislativo 1298/1986, de 28 de junio, por el que se adaptan las normas legales en materia de establecimientos de crédito al ordenamiento jurídico de la Comunidad Económica Europea
RD-Ley 19/2018	Real Decreto-ley 19/2018, de 23 de noviembre, de servicios de pago y otras medidas urgentes en materia financiera
RD-Ley 2/1983	Real Decreto-ley 2/1983, de 23 de febrero, de expropiación, por razones de utilidad pública e interés social, de los Bancos y otras Sociedades que componen el grupo «Rumasa, S. A.»
RD-Ley 24/2012	Real Decreto-ley 24/2012, de 31 de agosto, de reestructuración y resolución de entidades de crédito
RD-Ley 7/2021	Real Decreto-ley 7/2021, de 27 de abril, de transposición de directivas de la Unión Europea en las materias de competencia, prevención del blanqueo de capitales, entidades de crédito, telecomunicaciones, medidas tributarias, prevención y reparación de daños medioambientales, desplazamiento de trabajadores en la prestación de servicios transnacionales y defensa de los consumidores
RD-Ley 7/2021	Real Decreto-ley 7/2021, de 27 de abril, de transposición de directivas de la Unión Europea en las materias de competencia, prevención del blanqueo de capitales, entidades de crédito, telecomunicaciones, medidas tributarias, prevención y reparación de daños medioambientales, desplazamiento de trabajadores en la prestación de servicios transnacionales y defensa de los consumidores
REDA	Revista Española de Derecho Administrativo
REF	Revista de Estabilidad Financiera
Reglamento 806/2014	Reglamento (UE) n.o 806/2014 por el que se establecen normas uniformes y un procedimiento uniforme para la resolución de entidades de crédito y de determinadas empresas de servicios de inversión en el marco de un Mecanismo Único de Resolución y un Fondo Único de Resolución

Reglamento 1024/2013	Reglamento (UE) nº 1024/2013 del Consejo, de 15 de octubre de 2013, que encomienda al Banco Central Europeo tareas específicas respecto de políticas relacionadas con la supervisión prudencial de las entidades de crédito
Reglamento 1092/2010	Reglamento (UE) n o 1092/2010 del Parlamento Europeo y del Consejo, de 24 de noviembre de 2010 , relativo a la supervisión macroprudencial del sistema financiero en la Unión Europea y por el que se crea una Junta Europea de Riesgo Sistémico
Reglamento 1096/2010	Reglamento (UE) n o 1096/2010 del Consejo, de 17 de noviembre de 2010 , por el que se encomienda al Banco Central Europeo una serie de tareas específicas relacionadas con el funcionamiento de la Junta Europea de Riesgo Sistémico
Reglamento 1163/2014	Reglamento (UE) n ° 1163/2014 del Banco Central Europeo, de 22 de octubre de 2014 , sobre las tasas de supervisión (BCE/2014/41)
Reglamento 2533/1998	Reglamento (CE) nº 2533/98 del Consejo de 23 de noviembre de 1998 sobre la obtención de información estadística por el Banco Central Europeo
Reglamento 2988/1995	Reglamento (CE, Euratom) nº 2988/95 del Consejo, de 18 de diciembre de 1995, relativo a la protección de los intereses financieros de las Comunidades Europeas
Reglamento 468/2014	Reglamento (UE) n ° 468/2014 del Banco Central Europeo, de 16 de abril de 2014 , por el que se establece el marco de cooperación en el Mecanismo Único de Supervisión entre el Banco Central Europeo y las autoridades nacionales competentes y con las autoridades nacionales designadas (Reglamento Marco del MUS) (BCE/2014/17)
REP	Revista de Estudios Políticos
RGDA	Revista General de Derecho Administrativo
RICADE	Revista ICADE
RVAP	Revista Vasca de la Administración Pública
SAREB	Sociedad de Gestión de Activos procedentes de la Reestructuración Bancaria, S. A.
SEBC	Sistema Europeo de Bancos Centrales
SESF	Sistema Europeo de Supervisión Financiera
TFUE	Tratado de Funcionamiento de la Unión Europea
TFUE	Tratado de la Unión Europea

TRLC	Real Decreto Legislativo 1/2020, de 5 de mayo, por el que se aprueba el texto refundido de la Ley Concursal
TRLSC	Real Decreto Legislativo 1/2010, de 2 de julio, por el que se aprueba el texto refundido de la Ley de Sociedades de Capital
UE	Unión Europea

INTRODUCCIÓN

1. El sector del crédito español, europeo y mundial ha experimentado importantes cambios y transformaciones a todos los niveles como consecuencia del impacto de la crisis financiera comenzada en 2007[1].

Durante la primera década del siglo XXI, las políticas monetarias expansivas desplegadas por las autoridades de las principales economías occidentales (la Reserva Federal estadounidense y el BCE en Europa)[2] propiciaron una afluencia de liquidez que, a su

---

1 Sobre esa crisis mucho se ha escrito. Circunscribiéndonos al impacto de la crisis económica en el sector del crédito español, debe destacarse, desde una perspectiva de la ciencia económica, la obra de Joaquín MAUDOS VILLAROYA *El sector bancario español en el contexto internacional: el impacto de la crisis*, Madrid: FUNCAS, 2011, donde, a pesar de ser un trabajo muy temprano (pues se publicó en plena recesión), se realiza un exhaustivo análisis de la afección de la crisis a los principales parámetros económicos. Una síntesis de esta obra hace el propio autor en MAUDOS VILLAROYA, Joaquín, "El impacto de la crisis en el sector bancario español", *CIE*, núm. 226 (enero-febrero, 2012), pp. 155 y ss. Posterior es el *Informe sobre la crisis financiera y bancaria en España, 2008-2014* elaborado por el Banco de España (Madrid, 2017), donde el supervisor nacional realiza un exhaustivo análisis de los años previos de la crisis y las distintas fases por las que ésta atravesó, refiriendo, junto al fundamental estudio económico, las principales medidas de supervisión adoptadas por la institución en ese tiempo. Con un acento más divulgativo, debe citarse la también prematura (pero perfectamente consistente) lectura de la crisis que, desde el paradigma intelectual de la teoría austriaca del ciclo económico, hacen los profesores CARLOS RODRÍGUEZ BRAUN y JUAN RAMÓN RALLO, en su libro *Una crisis y cinco errores*, Madrid: LID Editorial Empresarial, 2009, especialmente pp. 41 y ss. Finalmente, desde la óptica de la ordenación y supervisión bancaria, *vid.* URÍA FERNÁNDEZ, Francisco, *La nueva regulación y supervisión bancaria. Diez años de reforma tras la crisis*, Cizur Menor (Navarra): Aranzadi-Thomson Reuters, 2018, pp. 33 y ss.

2 Política motivada por razones políticas, especialmente en los EEUU: "*tras dificultar la reelección del Presidente Bush «padre» como consecuencia de su negativa a adoptar una política monetaria más expansiva que favoreciera el crecimiento y a creación de empleo, Alan Greenspan, no en balde próximo al partido republicano e inicialmente designado por éste como Presidente de la Reserva Federal, quiso favorecer la reelección del presidente Bush «hijo» y tardó en endurecer su política de intervención más de lo que hubiera sido prudente. Mientras tanto, el Banco Central Europeo desarrollaba una política igualmente expansiva, quizá innecesaria a la vista del crecimiento económico de buena parte de las economías europeas (España entre ellas) y no demasiado adecuada si tenemos en cuenta las dificultades de las economías del sur de Europa (de nuevo, España entre ellas) para cumplir con sus objetivos en materia de control de la inflación*" (URÍA FERNÁNDEZ, Francisco, *La nueva...*, *óp. cit.*, p. 37).

vez, ocasionó un incremento galopante y descontrolado del crédito[3]. Esa abundancia de fondos para prestar fue acompañada de un proceso de innovación financiera que generó múltiples instrumentos cuyo objetivo consistía en reducir artificialmente la exposición al riesgo de las entidades de crédito para, de ese modo, soslayar los mecanismos de control prudencial existentes y poder crecer al mismo ritmo al que lo hacía la liquidez[4].

Ahora bien, cuando se produjeron los primeros impagos y los agentes situados al final de la cadena (normalmente, empresas de titulización o aseguradoras) vieron incobradas sus carteras, el sistema colapsó, lo que, unido al enfriamiento de la economía propiciado desde las autoridades monetarias en 2007, sirvió en bandeja la crisis financiera. La materialización del riesgo se transmitió como la pólvora de abajo a arriba de la cadena y, al fin y a la postre, las entidades de crédito vieron radicalmente mermadas su solvencia y liquidez y, en ocasiones, se encontraron en situaciones cercanas a la quiebra[5]. El pánico se extendió por todo el mundo, tuvo lugar una retirada masiva de depósitos de muchas entidades de crédito y, de ese modo, los problemas se extendieron a todas las economías desarrolladas.

Aunque lo ocurrido en la economía americana afectó a España desde una perspectiva material, lo cierto es que ello provocó que se manifestaran las debilidades propias de nuestro sistema que, sin embargo, había logrado escapar al entramado financiero instituido en otras economías durante los años anteriores gracias, entre otras cosas, al buen hacer del BdE[6].

---

3 Y esa facilidad con la que los agentes financieros podían acceder a una liquidez muy barata (como consecuencia de unos tipos de interés interbancarios fijados por las autoridades monetarias prácticamente nulos) les incentivó a conceder cada vez más créditos con una aversión correlativamente menor al riesgo. Esto es, a medida que aumentaba la financiación disponible aumentaba el riesgo que las entidades financieras estaban dispuestas a asumir.

4 Los bancos agrupaban en carteras créditos homogéneos en términos de riesgo o plazo, y los dividían en numerosos activos (los "titulizaban") que transferían a sociedades situadas fuera del perímetro de la ordenación bancaria. Estas sociedades, que a cambio entregaban fondos a los bancos que, a su vez, emplearían en conceder nuevos créditos que serían nuevamente titulizados, colocaban los títulos en el mercado, bien directamente, bien creando nuevas carteras que procedían a titulizar de nuevo, repitiendo el proceso. En todo este sistema, además, participaban las entidades aseguradoras, quienes emitían pólizas específicas que asumían parte del riesgo de crédito en cada transmisión, contagiando así también al sector de los seguros.

5 Eso ocurrió con Bear Stearns, rescatado por la Administración estadounidense en marzo de 2008, o con Lehmann Brothers, que cayó en septiembre de ese mismo año.

6 El BdE no permitió, salvo estrictas excepciones, desconsolidar de los balances (y exonerar el cumplimiento de la normativa prudencial) a los activos titulizados y enajenados por las entidades de crédito: "*a diferencia de otras jurisdicciones con sistemas bancarios muy importantes a escala internacional, en España se adoptó una interpretación muy estricta de los criterios que permitían a las entidades de crédito no incluir en su perímetro de consolidación los vehículos de inversión estructurados (*special investment vehicles*). La aplicación de estos criterios más estrictos evitó que tales «vehículos» quedaran fuera del*

A cambio, el sistema crediticio español tenía otras carencias que, en esencia, pueden resumirse en una mayor intensidad de sus riesgos relativos al sector inmobiliario de la construcción (especialmente por parte de las cajas de ahorro) y una enorme dependencia de la financiación exterior[7]. Además, las cajas de ahorro españolas (las más expuestas al sector inmobiliario), dada su naturaleza fundacional, no podían acudir a los mercados de capitales para financiarse, de forma que eran mucho más vulnerables ante situaciones adversas[8]. Por último, la enorme participación de la deuda pública en las carteras de las entidades de crédito constituía un incentivo más para los gobiernos a mantener lo más posible la fluidez de crédito[9].

---

grupo consolidable de la entidad. En consecuencia, estos vehículos fueron tenidos en cuenta a efectos de los cálculos de los recursos propios necesarios y de los requerimientos de capital" (Banco de España, *Informe sobre la crisis*..., *óp. cit.*, pp. 63 y 64). En su comparecencia ante la Comisión de Investigación sobre la crisis financiera y el programa de asistencia financiera el 12 de julio de 2017, el Gobernador del BdE, Luis María Linde, explicó el contenido de ese informe y señaló que, en un principio, esta medida, junto con la adopción de provisiones contracíclicas, fueron medidas "*cuestionadas por diferentes instituciones nacionales e internacionales, así como por el sector bancario español, por entender éste que colocaba a nuestros bancos en situación de desventaja competitiva*" (*Diario de Sesiones del Congreso de los Diputados,* Año 2017, Núm. 9, p. 4).

7 *Vid.* Berges Lobera, Ángel, y Ontiveros Baeza, Emilio, "La reestructuración del sistema bancario: gestación, gestión y digestión", *ICE*, núm. 906 (enero-febrero 2019), pp. 46-48. El primer elemento suponía colocar muchos huevos en la cesta de un sector cuyo progreso dependía de que la demanda se mantuviera estable en el medio plazo, cosa que, en el momento en el que la economía se enfrió, dejó de producirse. El segundo elemento evidenciaba una realidad muy peligrosa, que era que los depósitos españoles (representativos de la economía real) no eran suficientes para cubrir todo el crédito circulante (la economía financiera), de forma que se producía un desajuste que difícilmente podía terminar bien (*vid.*, Rodríguez Braun, Carlos, y Rallo Julián, Juan Ramón, *Una crisis*..., *óp. cit.*, pp. 68 y ss.). Evidentemente, cuando los mercados internacionales redujeron radicalmente la financiación, se produjo el desajuste que desencadenó la crisis patria.

8 Esta circunstancia hizo que estas entidades tuvieran que acudir a instrumentos distintos de las acciones (como las participaciones preferentes o subordinadas) para captar una financiación que les permitiera continuar creciendo al ritmo al que lo hacía la liquidez y el crédito: cfr. Berges Lobera, Ángel, y Ontiveros Baeza, Emilio, "La reestructuración...", *óp. cit.*, p. 47, y Uría Fernández, Francisco, *La nueva*..., *óp. cit.*, pp. 224 y ss. No obstante, como recuerda Sánchez-Calero, las cajas no habrían podido crecer indiscriminadamente si las autoridades no hubieran levantado los límites y restricciones que, hasta finales de los años ochenta, limitaban la acción de las cajas a un ámbito territorial concreto. Es por ello que, en último término, Sánchez-Calero habla de una crisis de *naturaleza legislativa* en el sector de las cajas de ahorro: *Vid.* Sánchez-Calero Guilarte, Juan, Sánchez-Calero Guilarte, Juan, "La crisis de las cajas y la respuesta legislativa", en Colino Mediavilla, José Luis, y González Vázquez, José Carlos (dirs.), *Las cajas de ahorros y la prevención y tratamiento de la crisis de las entidades de crédito*, Albolote (Granada): Comares, 2014, pp. 5 y ss.

9 Berges y Ontiveros explican que esa relación, precisamente, creó un círculo vicioso que ataba el riesgo soberano y el riesgo bancario a un mismo destino (cfr. Berges Lobera, Ángel, y Ontiveros Baeza, Emilio, "La reestructuración...", *óp. cit.*, p. 50).

Dos fueron, en esencia, las consecuencias económicas de esta situación: una disminución en la financiación a la que podían acceder las entidades de crédito, impidiéndoles mantener el ritmo de créditos que habían tenido hasta entonces; y una contracción de la economía real que provocó un radical recorte en la demanda de viviendas, variable de la que, en último término, dependía la realización del riesgo de crédito asumido por gran parte de las carteras de inversión de las entidades de crédito[10]. Ello puso en jaque a buena parte del sector del crédito español, con diferencias entre los distintos tipos de entidades (bancos, cajas de ahorros y cooperativas de crédito) que motivaron acciones de distintas clases en cada uno de esos tres subsectores que han originado, al fin y a la postre, distintas respuestas para cada uno de ellos.

2. En un plano inmediato, el legislador español reaccionó a la situación provocada por la crisis financiera mediante la adopción de medidas de urgencia[11]. Estas medidas, expuestas cronológicamente, son las siguientes:

1.° Las primeras medidas se dirigieron al saneamiento de los activos financieros de baja calidad obrantes al balance de las entidades de crédito. A tal efecto, mediante el Real Decreto-ley 6/2008, de 10 de octubre, se creó el FAAF, con la finalidad de apoyar la oferta de crédito a la actividad productiva de empresas y particulares mediante la adquisición de instrumentos financieros emitidos por entidades de crédito y fondos de titulización respaldados por créditos concedidos a particulares, empresas y entidades no financieras. Esta medida, unida a las restricciones que, en materia contable, el BdE había venido imponiendo a las entidades de crédito (las cuales no podían sanear sus balances mediante el recurso a sociedades vehículos para la titulización de activos financieros), lograron paliar en cierta medida la gravedad de la crisis.

2.° En marzo de 2009, el BdE intervino Caja Castilla-La Mancha, una caja de ahorros que se encontraba en una situación financiera inviable[12]. La intervención

---

10 En efecto, una contracción de la demanda provocó que muchas de las viviendas recientemente construidas o en construcción fueran ya innecesarias, imposibilitando a promotores y constructores atender las deudas contraídas para financiar esa construcción. Además, la caída de la demanda provocó una disminución tal de los precios de las viviendas que, cuando las entidades de crédito fueron a ejecutar las garantías hipotecarias constituidas en aseguramiento de tales créditos, se encontraron con que los bienes adquiridos tenían un valor inferior al del capital prestado.

11 *Vid.*, para una exposición general de las reformas, Rodríguez García, Rafael, "La reforma financiera y la reestructuración del sector español de bancos y cajas de ahorro", *RICADE*, nº 89 (mayo-agosto, 2013), pp. 11-31.

12 Cfr. Resolución de 28 de marzo de 2009, del BdE, por la que se hace público el Acuerdo de la Comisión Ejecutiva de la misma fecha, en relación a la entidad Caja de Ahorros de Castilla-La Mancha.

fue seguida por la concesión de una financiación especial a cargo del BdE y garantizada por el Tesoro[13].

3.° La crisis de Caja Castilla-La Mancha, no obstante, hizo consciente a las autoridades de la precaria situación que atravesaban algunas entidades de crédito –y, en particular, las cajas de ahorros–, lo que le condujo a adoptar ciertas medidas de urgencia. En primer lugar, se aprobó el Real Decreto-ley 9/2009, de 26 de junio, sobre reestructuración bancaria y reforzamiento de los recursos propios de las entidades de crédito, que creó el FROB como un ente de derecho público con personalidad jurídica propia encargado de intervenir en los procesos de reestructuración (art. 7) de aquellas entidades que no encontraran una solución viable mediante la adopción de medidas puramente internas (art. 6). La creación del FROB estuvo seguida de la aprobación del Real Decreto-ley 24/2012, de 31 de agosto, de reestructuración y resolución de entidades de crédito, que incorporaba un régimen de reestructuración y resolución mucho más completo y exhaustivo que se encontraba en línea con los trabajos seguidos en la UE para regular de forma armonizada la cuestión y que incluía un paquete de medidas de actuación temprana como paso previo a la adopción de las más invasivas de reestructuración o, eventualmente, de resolución de una entidad de crédito. Este Real Decreto-ley fue sustituido por la posterior Ley 9/2012, de 14 de noviembre, de reestructuración y resolución de entidades de crédito, que desarrollaba esas medidas con más profundidad y detalle, y que fue finalmente sustituida por la hoy vigente Ley 11/2015.

4.° Como segunda derivada de la crisis de Caja Castilla-La Mancha, el legislador nacional abordó la cuestión de las cajas de ahorros, toda vez que estas entidades eran las principales afectadas por la crisis financiera, habida cuenta de su peculiar naturaleza. De forma prácticamente inmediata a la intervención de aquella Caja se aprobó el Real Decreto-ley 11/2010, de 9 de julio, de órganos de gobierno y otros aspectos del régimen jurídico de las cajas de ahorros, que modificaba el régimen de las cuotas participativas de las cajas de ahorros introduciendo derechos políticos para sus titulares asimilables a los del accionista o el partícipe en las sociedades anónimas o limitadas, respectivamente[14], y reforzaba las normas

---

13 Garantía otorgada mediante Real Decreto-Ley 4/2009, de 29 de marzo, por el que se autoriza la concesión de garantías derivadas de la financiación que pueda otorgar el Banco de España a favor de Caja de Ahorros de Castilla-La Mancha, y la cual, de resultar ejecutada, sería satisfecha, en la parte que correspondiera, por el Fondo de Garantías de Depósito de cajas de ahorros.

14 "*El apartado uno comienza por incluir la facultad de agregar a las cuotas derechos de representación de los intereses de los cuotapartícipes en los órganos de gobierno de las cajas (...). De este modo se reconoce la emisión de cuotas con derechos políticos como una alternativa voluntaria compatible con la emisión sin tales derechos*" (Exposición de Motivos, II).

de gobierno corporativo de estas entidades[15]. Este Real Decreto-Ley fue posteriormente sustituido por la LCAFB, que dibujó el esquema de cajas de ahorros actualmente vigente. El Real Decreto-ley 11/2010, de 9 de julio, introdujo asimismo el mecanismo de los sistemas institucionales de protección mediante la modificación de la Ley 13/1985, que permitió una relativamente ágil reestructuración de las cajas de ahorros y las cooperativas de crédito, generando entidades solventes a partir de otras pequeñas y más débiles desde el punto de vista financiero y patrimonial.

5.° La situación general de solvencia y liquidez de las entidades de crédito condujo al legislador a reforzar los requisitos aplicables hasta la aprobación de la normativa europea que se encontraba en gestación[16]. A tal efecto, se aprobó el Real Decreto-ley 2/2011, de 18 de febrero, para el reforzamiento del sistema financiero, que endurecía los requisitos de capital que debían atender las entidades de crédito introduciendo algunas de las medidas que posteriormente se introducirían, con vocación de permanencia, por la UE[17].

6.° El Real Decreto-ley 2/2012, de 3 de febrero, de saneamiento del sector financiero introdujo, por su parte, medidas dirigidas al saneamiento de los balances de las entidades de crédito y cubrir el deterioro que puede experimentarse cuando los activos que sustentan el balance de una entidad sufren rápidas o imprevistas pérdidas de valor. Al tiempo, la norma también confería una mayor flexibilidad para las entidades que requieran modificaciones estructurales para poder adecuar su solvencia y liquidez a las nuevas exigencias.

7.° Tres meses después se aprobó el Real Decreto-ley 18/2012, de 11 de mayo, sobre saneamiento y venta de los activos inmobiliarios del sector financiero, que abunda en el saneamiento de los balances de las entidades de crédito, permitiéndoles deshacerse de los activos inmobiliarios adjudicados u obtenidos en pago de deu-

---

15 "*No cabe duda de que la complejidad creciente de la actividad financiera ha alcanzado también a las cajas de ahorro, tradicionalmente centradas en un modelo de negocio más orientado al cliente minorista, y hace ya ineludible la selección de los equipos gestores entre los mejores profesionales de todas las áreas. Adicionalmente, conviene garantizar la dedicación de los miembros de los órganos de gobierno en representación de sus respectivos grupos y en beneficio exclusivo de los intereses de la Caja y de su función social*" (Exposición de motivos, III).

16 La provisionalidad de esta norma se evidencia al reparar que, apenas año y medio después, va a ser sustituida por el Real Decreto-ley 14/2013, de 29 de noviembre, de medidas urgentes para la adaptación del derecho español a la normativa de la UE en materia de supervisión y solvencia de entidades financieras, que transponía los paquetes europeos recientemente aprobados sobre la materia.

17 Por ejemplo, elevaba los coeficientes de capital exigibles a las entidades en función de su exposición al riesgo o introducía la posibilidad de que las entidades de crédito emitan títulos convertibles, ante situaciones turbulentas, en instrumentos de capital (los "bonos convertibles" en la normativa vigente), contribuyendo así a reforzar la disciplina de mercado sobre las entidades de crédito.

das mediante su aportación a una sociedad anónima de nueva creación valoradas a valor razonable. Además, esta norma estableció coeficientes de cobertura adicionales para cubrir eventuales deterioros como consecuencia de préstamos concedidos para financiar la actividad inmobiliaria. Este Real Decreto-ley fue sustituido por la Ley 8/2012, de 30 de octubre, sobre saneamiento y venta de los activos inmobiliarios del sector financiero. Mediante la disposición adicional séptima del ya citado Real Decreto-ley 24/2012, de 31 de agosto, se creó la SAREB como sociedad para la adquisición de los activos inmobiliarios perjudiciales para los balances que hubieran sido objeto de un proceso de reestructuración culminado con la participación del FROB o que, a juicio del BdE, fueran a requerir próximamente la apertura de un proceso de esa clase (cfr. su disposición adicional novena).

8.° Finalmente, el 23 de julio de 2012 se suscribió el Memorando de Entendimiento sobre condiciones de Política Sectorial Financiera[18], que confirió a España un préstamo procedente de la FEEF de hasta 100.000 millones de euros para la reestructuración y recapitalización de su sector financiero a cambio de importantes reformas (consistentes fundamentalmente en la determinación de las necesidades de capital de cada entidad de crédito, el establecimiento de las estrategias de recapitalización, reestructuración y/o resolución de las entidades más vulnerables y la segregación de activos dañados), las cuales se articularon a través del citado Real Decreto-Ley 24/2012[19]. El programa prescrito en el Memorando de Entendimiento se entendió cumplido el 15 de diciembre de 2013[20], sin perjuicio del seguimiento que la Comisión Europea ha continuado haciendo una vez finalizado (denominado seguimiento "postprograma").

3. En un plano más mediato, la crisis financiera condujo a las autoridades de la UE a abordar una profunda reflexión acerca de la vigente ordenación y supervisión del sector bancario con el ánimo de identificar y corregir los errores que habían producido el colapso financiero.

En octubre de 2008 la Comisión Europea encomendó a un grupo de expertos dirigido por Jacques de Larosière la elaboración de un informe que marcara las directri-

---

18 Memorando de Entendimiento sobre condiciones de Política Sectorial Financiera, hecho en Bruselas y Madrid el 23 de julio de 2012, y Acuerdo Marco de Asistencia Financiera, hecho en Madrid y Luxemburgo el 24 de julio de 2012 (BOE de 10 de diciembre de 2012).

19 *Vid.*, a este respecto, el amplio detalle con que se explican esas medidas en BdE, *Informe...*, *óp. cit.*, pp. 175-185.

20 *Vid.* Comisión Europea, *Declaración de la CE y el BCE tras la conclusión del Quinto examen del Programa de Asistencia Financiera a España*, Bruselas, 15 de diciembre de 2013, disponible en: https://ec.europa.eu/commission/presscorner/detail/es/MEMO_13_1153 (enlace consultado el 8 de diciembre de 2019).

ces para una completa revisión de la ordenación prudencial bancaria. Los trabajos del grupo de expertos cristalizaron en el "*Informe del Grupo de Alto Nivel sobre supervisión financiera en la UE*", publicado en Bruselas el 25 de febrero de 2009[21], comúnmente conocido como "Informe Larosière".

El Informe Larosière contenía una hoja de ruta para reformular la ordenación prudencial bancaria sobre las premisas de exigir a las entidades de crédito más capital y de mejor calidad, disponer de instrumentos para combatir los efectos del ciclo económico y limitar el riesgo de liquidez, entre otros objetivos[22]. Asimismo, el Informe también contiene recomendaciones en relación con la regulación de las agencias de calificación crediticia, las normas contables aplicables a las entidades de crédito y las fórmulas de supervisión administrativa de la actividad[23]. Por último, el Informe contiene recomendaciones en materia de gobierno corporativo y resolución y liquidación de entidades[24].

Las recomendaciones contenidas en el Informe Larosière, junto con la revisión de las directrices adoptadas en materia de ordenación y supervisión prudencial de entidades de crédito por el Comité de Supervisión Bancaria de Basilea[25], fueron acogidas por

---

21 Disponible en: https://ec.europa.eu/economy_finance/publications/pages/publication14527_en.pdf (enlace consultado el 6 de julio de 2024). Sobre este informe, conocido como "Informe Larosière", *vid.* FIELD, Linette, y PÉREZ, Daniel, "El Informe del Grupo de Alto Nivel sobre supervisión financiera en la UE: el Informe Larosière", *REF*, núm. 16 (mayo 2009), pp. 43 a 62.

22 Cfr. Informe Larosière, pp. 19 a 23.

23 Cfr. Informe Larosière, pp. 23 y ss., 25 y ss., y 28 y ss., respectivamente.

24 Cfr. Informe Larosière, pp. 35 y ss., y 38 y ss., respectivamente.

25 Esta revisión concluyó en la adopción de los conocidos como "Acuerdos de Basilea III", formalmente denominados "*Marco internacional para la medición, normalización y seguimiento del riesgo de liquidez*", aprobados el 16 de diciembre de 2010 y disponibles en la página web del Banco de Pagos Internacionales de Basilea: https://www.bis.org/publ/bcbs188_es.pdf (enlace consultado el 8 de diciembre de 2019). Esos Acuerdos fueron actualizados mediante un nuevo documento de fecha 6 de enero de 2013, relativo al ratio de liquidez, disponible en el mismo lugar: https://www.bis.org/publ/bcbs238_es.pdf (enlace consultado el 8 de diciembre de 2019), y por un nuevo documento de octubre de 2014 relativo al coeficiente de financiación estable neta: https://www.bis.org/bcbs/publ/d295_es.pdf (enlace consultado el 8 de diciembre de 2019). Los acuerdos han sido incrementados nuevamente en los años 2016 y 2017, originando reformas de suficiente calado como para que algunos sectores hayan calificado la revisión de un nuevo paquete "Basilea IV" (*vid.* Davies, H., *The last Basel round?*, en *Project Syndicate*, 21 de diciembre de 2017, disponible en: https://www.project-syndicate.org/commentary/basel-committee-new-capital-adequacy-rules-by-howard-davies-2017-12?barrier=accesspaylog –enlace consultado el 17 de enero de 2020–). El CSBB los denomina, sencillamente, *Sixteenth progress report on adoption of the Basel regulatory framework* (https://www.bis.org/bcbs/publ/d464.htm; enlace consultado el 17 de enero de 2020). El conjunto de documentos que se han ido aprobando en seguimiento de estos Acuerdos puede encontrarse igualmente en el siguiente enlace: https://www.bis.org/bcbs/basel3_es.htm (enlace consultado el 8 de diciembre de 2019). El conjunto del marco revisado de Basilea se puede consultar en inglés en el

la UE, quien, por un lado, aprobó los paquetes CRD IV[26] y CRR[27] –que, con las modificaciones experimentadas en la última década[28], conforman el grueso de la ordenación prudencial bancaria vigente–, y, por otro lado, constituyó la llamada "Unión Bancaria"[29], como entramado administrativo para la supervisión homogénea en el conjunto de la UE del cumplimiento, por las entidades de crédito europeas, de aquella ordenación. La Unión Bancaria es, precisamente, el contexto supervisor adecuado para el examen de la resolución bancaria.

4. La Unión Bancaria constituye un sistema de ejercicio coordinado de potestades administrativas de supervisión prudencial bancaria entre distintas Administraciones públicas de la UE y de los Estados miembro articulado sobre tres pilares (el MUS, el MUR y un sistema de garantía de depósitos a nivel europeo que, sin embargo, se en-

---

documento publicado en la misma página web: https://www.bis.org/basel_framework/index.htm?export=pdf&pdfid=15758099914685778 (enlace consultado el 8 de diciembre de 2019).

26 Directiva 2013/36/UE del Parlamento Europeo y del Consejo, de 26 de junio de 2013, relativa al acceso a la actividad de las entidades de crédito y a la supervisión prudencial de las entidades de crédito y las empresas de inversión, por la que se modifica la Directiva 2002/87/CE y se derogan las Directivas 2006/48/CE y 2006/49/CE.

27 Reglamento (UE) n ° 575/2013 del Parlamento Europeo y del Consejo, de 26 de junio de 2013, sobre los requisitos prudenciales de las entidades de crédito y las empresas de inversión, y por el que se modifica el Reglamento (UE) n ° 648/2012.

28 Por lo que a CRD IV se refiere, las modificaciones más significativas fueron la operada por la llamada CRD V (Directiva (UE) 2019/878 del Parlamento Europeo y del Consejo, de 20 de mayo de 2019, por la que se modifica la Directiva 2013/36/UE en lo que respecta a los entes exentos, las sociedades financieras de cartera, las sociedades financieras mixtas de cartera, las remuneraciones, las medidas y las facultades de supervisión y las medidas de conservación del capital) –*vid.* ALBUERNE GONZÁLEZ, Carolina, "Novedades del paquete legislativo "CRD V", *AJUM* nº 53, 2019, pp. 154-157– y, más recientemente, CRD VI (Directiva (UE) 2024/1619 del Parlamento Europeo y del Consejo, de 31 de mayo de 2024, por la que se modifica la Directiva 2013/36/UE en lo referente a las facultades de supervisión, las sanciones, las sucursales de terceros países y los riesgos ambientales, sociales y de gobernanza. Por lo que a CRR respecta, la modificación más relevante fue la operada por el Reglamento (UE) 2019/876 del Parlamento Europeo y del Consejo, de 20 de mayo de 2019, por el que se modifica el Reglamento (UE) n.° 575/2013 en lo que se refiere a la ratio de apalancamiento, la ratio de financiación estable neta, los requisitos de fondos propios y pasivos admisibles, el riesgo de crédito de contraparte, el riesgo de mercado, las exposiciones a entidades de contrapartida central, las exposiciones a organismos de inversión colectiva, las grandes exposiciones y los requisitos de presentación y divulgación de información, y el Reglamento (UE) n.° 648/2012.

29 Para una visión general de la Unión Bancaria, *vid.* GARCÍA DE CAL, J. L., *Crisis financiera y reforma bancaria: el surgimiento de la Unión* Bancaria", Valladolid: Universidad de Valladolid, 2016. Por otro lado, como buena recapitulación de la gestación y aparición del MUS como primer paso de la Unión Bancaria, *vid.* UGENA TORREJÓN, Roberto, "El Mecanismo Único de Supervisión Europeo", *AJUM* nº 36 (2014), pp. 7-18.

cuentra aún en proceso de construcción[30])[31]. La resolución bancaria es, precisamente, uno de los instrumentos incardinados en el MUR mediante los que esas Administraciones públicas europeas y nacionales llevan a cabo la actividad administrativa de supervisión prudencial bancaria.

La Unión Bancaria es el resultado de un proceso de integración supervisora que ha durado más de una década. A comienzos del siglo XXI, la UE acordó la creación de los llamados "Comités de nivel 3" (tres Comités, uno para cada subsector supervisado)[32], cuyas principales funciones consistieron en asistir a la Comisión Europea, primero en el ejercicio de las facultades ejecutivas que tiene atribuidas y, después[33], en la elaboración de los proyectos de normas de supervisión[34].

Este sistema fue objeto de una continua revisión, también –y especialmente– en lo que a la estructura organizativa de la supervisión se refería[35]. En este sentido, el ya

---

30 A este respecto, *vid.* URÍA FERNÁNDEZ, Francisco, "La supervisión bancaria europea en 2014: una Unión Bancaria incompleta", en MARTÍNEZ-PARDO DEL VALLE, Ramiro, y Zapata Cirugeda, Francisco Javier (coords.), *Observatorio sobre la reforma de los mercados financieros europeos*, Madrid, 2013, pp. 57-68.

31 En esta dirección, Marcos POSADA RODRÍGUEZ, define el MUS como un "*sistema de supervisión de las entidades de crédito de la zona euro con un reparto de competencias entre el BCE y las ANCs bajo el que, en esencia, al BCE se le atribuye la vigilancia última del funcionamiento del sistema así como la supervisión prudencial directa de las entidades de crédito consideradas significativas, mientras que a las ANCs les corresponde la supervisión prudencial directa del resto de entidades de crédito, así como la colaboración con el BCE en el funcionamiento del sistema*" ("Los denominados procedimientos comunes en el marco del Mecanismo Único de Supervisión", en GONZÁLEZ VÁZQUEZ, José Carlos; COLINO MEDIAVILLA José Luis; y SALVADOR ARMENDÁRIZ, María Amparo, *Cuestiones controvertidas de la regulación bancaria*, Wolters Kluwer España-La Ley: Madrid, 2018, pp. 91-127).

32 Mediante las Decisiones de la Comisión Europea 2001/527/CE, de 6 de junio de 2001, por la que se crea el Comité de responsables europeos de reglamentación de valores; 2004/5/CE, de 5 de noviembre de 2003, por el que se crea el Comité de supervisores bancarios europeos; y 2004/6/CE, de 5 de noviembre de 2003, por la que se crea el Comité europeo de supervisores de seguros y de pensiones de jubilación.

33 Tras la modificación operada en las Decisiones antecitadas por la Directiva 2005/1/CE, del Parlamento Europeo y del Consejo, de 9 de marzo de 2005, por la que se modifican las Directivas 73/239/CEE, 85/611/CEE, 91/675/CEE,92/49/CEE y 93/6/CEE del Consejo y las Directivas 94/19/CE, 98/78/CE,2000/12/CE, 2001/34/CE, 2002/83/CE y 2002/87/CE, a fin de establecer una nueva estructura organizativa de los comités de servicios financieros.

34 Cfr. GARCÍA-ÁLVAREZ GARCÍA, Gerardo, "La construcción de una Unión Bancaria europea: la Autoridad Bancaria Europea, la supervisión prudencial del Banco Central Europeo y el futuro Mecanismo Único de Resolución", en TEJEDOR BIELSA, Julio César, y FERNÁNDEZ TORRES, Isabel (coords.), *La reforma bancaria en la Unión Europea y España*, Cizur Menor (Navarra): Thomson Reuters-Civitas, 2014, pp. 82-85.

35 Así, en el *Libro Blanco de la Comisión de 1 de diciembre de 2005 sobre la política de los servicios financieros 2005-2010* (COM(2005) 629 final), se proponía avanzar en el debate sobre la estructura de

citado "Informe Larosière" propuso una completa reforma del sistema que, por lo que atañe a las entidades de crédito, se fundamentaba en dos pilares. Por un lado, el Informe proponía conferir al SEBC facultades en lo relativo a la supervisión macroprudencial, para lo cual se proponía la creación de:

> *"Un nuevo grupo, que sustituiría al actual Comité de Supervisión Bancaria (CSB) del BCE, que se denominaría Consejo Europeo de Riesgos Sistémicos (CERS), bajo la égida del BCE y con el apoyo logístico de este. Su función consistiría en formular juicios y recomendaciones sobre política macroprudencial, emitir advertencias sobre riesgos, comparar las observaciones sobre la evolución macroeconómica y prudencial y ofrecer orientaciones sobre estos temas"*[36].

Y, por otro lado, el Informe proponía la creación del SESF, "*formado por una red integrada de supervisores financieros europeos que trabajarían con los nuevos comités de nivel 3 («Autoridades»)*", pero manteniendo en los supervisores nacionales la "*supervisión cotidiana*" y la mayoría de las competencias que hasta entonces ostentaban[37]. De este modo, el Informe proponía la transformación de los antiguos Comités de nivel 3 en tres agencias europeas (la ABE, la AEMV y la AESPJ), con más potestades que las que en ese momento correspondían a aquéllos y cuyo principal papel sería el de coordinar la actividad de los supervisores nacionales[38]. El Informe Larosière rechazaba la posibilidad de que las competencias de supervisión a nivel microprudencial fueran trasladadas al BCE[39].

Fue Herman van Rompuy, entonces Presidente del Consejo Europeo, quien, en el Informe presentado ante esta institución el 26 de junio de 2012, propuso la creación de una "*supervisión bancaria única*", "*un sistema de garantía de depósitos europeo*" y "*un mecanismo de resolución de crisis europeo*", sentando las bases de lo que, posteriormente, se denominaría "Unión Bancaria" [40]. La propuesta del Presidente del Consejo Europeo fue inmediatamente acogida por la Comisión quien, en su Comunicación al Parlamento Europeo y al Consejo titulada "*Hoja de ruta hacia una unión bancaria*"[41], propuso la creación de un "*mecanismo único de supervisión*" basado "*en la transferencia al nivel eu-*

---

comités y mejorar el conjunto del proceso de supervisión, entre otras cuestiones (cfr. pp. 9 y ss.).

36 Informe Larosiére, pár. 177.

37 Informe Larosiére, pár. 184.

38 Cfr. García-Álvarez García, Gerardo, "La construcción...", *óp. cit.*, pp. 85-90. Las tres Autoridades se crearon, respectivamente, mediante los Reglamentos 1093/2010, 1095/2010 y 1094/2010.

39 Cfr. Informe Larosiére, pár. 171.

40 EUCO 120/12, PRESSE 296, PR PCE 102, disponible en: https://www.consilium.europa.eu/media/21556/131290.pdf (enlace consultado el 6 de marzo de 2020). A este respecto, *vid.*, Asmussen, Jörg, "Hacia una Unión Bancaria", *ICE*, núm. 874 (2013); y Gual Solé, Jordi, *Unión Bancaria: ¿de hormigón o de paja?*, Documentos de economía "La Caixa" núm. 26 (julio 2013).

41 COM(2012) 510 final, de 12 de septiembre de 2012.

ropeo de funciones concretas esenciales en materia de supervisión de los bancos establecidos en los Estados miembros de la zona euro" en favor del BCE (cfr. pág. 6).

A partir de ahí, y tras duras negociaciones en las cuales se intentaba conjugar el papel protagonista que el BCE tiene en relación con los Estados miembros de la zona euro y la necesidad de que el sistema estuviera abierto al mercado interior[42], por un lado, y el interés de algunos Estados miembros (como Alemania) por retener la supervisión de algunas de sus entidades de crédito (como las instituciones alemanas equivalentes a las cajas de ahorro españolas), por otro lado, fue aprobado el Reglamento 1024/2013 e implantado el MUS[43].

La creación del MUS fue acompañada de la incorporación al marco supervisor europeo de nuevas herramientas de supervisión que permitieran a las Administraciones competentes hacer frente, de manera más efectiva, a crisis bancarias (como los instrumentos de actuación temprana o la resolución bancaria), a cuyos efectos se aprobó la denominada BRRD[44], y la incorporación de esas herramientas al sistema de ejercicio

---

42 Esta cuestión no era baladí. Al fin y a la postre, el BCE es el banco central de los Estados que han adoptado el euro como moneda y, en cuanto tal, le corresponden competencias exclusivas en materia de política monetaria sólo sobre esos Estados (cfr. art. 3.1-*c)* del TFUE), y el MUS se fundamenta en un precepto (el art. 127.6 del TFUE) que, a pesar de no incluirse entre aquéllos que desarrollan esa competencia exclusiva, guarda una estrecha relación con la política monetaria de esos Estados. Sin embargo, la necesidad de un mecanismo único de supervisión y resolución obedece a la integración de los mercados europeos fruto de la libertad de establecimiento y de circulación de capitales, la cual no se circunscribe a esos Estados, sino a la totalidad de los miembros de la Unión. Por esa razón, circunscribir los nuevos mecanismos por principio a los Estados miembros cuya moneda es el euro encontraba difícil encaje en la creación de un mercado interior (en este caso, de servicios bancarios). Sobre esta problemática, *vid.* Martínez López-Muñiz, José Luis, "Problemas de cobertura jurídica de la supervisión bancaria del BCE en la nueva Unión Bancaria y apuntes para su solución", *REE*, núm. 63 (julio-diciembre), 2013.

43 Uría Fernández, Francisco, *La nueva...*, *óp. cit.*, pp. 158-164; García-Álvarez García, Gerardo, "La construcción...", *óp. cit.*, pp. 94-105; Urbaneja Cillán, Jorge, *La ordenación internacional y europea de las entidades de crédito*, Tirant lo Blanch, Valencia: 2018, pp. 337-340; Alonso Ledesma, Carmen, "Un primer paso hacia la unión bancaria: El mecanismo único de supervisión", en Cuñat Edo, Vicente, Massaguer Fuertes, José, Alonso Espinosa, Francisco José, y Gallego Sánchez, Esperanza (dirs.), *Estudios de Derecho mercantil. Liber amicorum profesor Dr. Francisco Vicent Chuliá*, Tirant lo Blanch, Valencia, 2013, pp. 1.292-1.294; y Ferran E., y Babis, V. "The European Single Supervisory Mechanism", University of Cambridge, Paper No. 10/2013 (disponible en https://papers.ssrn.com/sol3/papers.cfm?abstract_id=2224538&download=yes, enlace consultado el 25 de enero de 2020), pp. 6-9.

44 Directiva 2014/59/UE del Parlamento Europeo y del Consejo, de 15 de mayo de 2014, por la que se establece un marco para la reestructuración y la resolución de entidades de crédito y empresas de servicios de inversión, y por la que se modifican la Directiva 82/891/CEE del Consejo, y las Directivas 2001/24/CE, 2002/47/CE, 2004/25/CE, 2005/56/CE, 2007/36/CE, 2011/35/UE, 2012/30/UE y 2013/36/UE, y los Reglamentos (UE) n ° 1093/2010 y (UE) n ° 648/2012 del Parlamento Europeo y del Consejo.

coordinado de competencias en que consiste la Unión Bancaria, mediante la aprobación del Reglamento 806/2014 y el establecimiento del MUR[45].

Finalmente, la Unión Bancaria se completó con un nuevo marco normativo para los sistemas de garantías de depósitos en el conjunto de la UE[46].

Actualmente, tanto la normativa en materia de gestión de crisis bancarias (la BRRD y el Reglamento 806/2014) como la relativa los sistemas de garantías de depósitos se encuentran inmersas en un proceso de reforma[47].

5. Así las cosas, la resolución bancaria constituye un instrumento de supervisión prudencial bancaria surgido del proceso de reflexión seguido por las autoridades de la UE acerca de la insuficiencia de los sistemas de insolvencia tradicionales para liquidar una entidad de crédito en crisis salvaguardando al tiempo la estabilidad del sistema financiero[48], puesta de manifiesto con ocasión de la crisis económica comenzada 2007[49].

Ahora bien, desde su aparición hace algo más de diez años, la resolución bancaria ha sido objeto de estudio desde distintas perspectivas, sin que, a mi juicio, se haya logrado perfilar completamente los contornos de la institución. A abundar en esa tarea se dedica, pues, la parte central de esta obra, condensada en su Capítulo III, en el que se propone una conceptualización dogmática de la resolución bancaria que permite ubi-

---

45 *Vid.* Uría Fernández, Francisco., *La nueva..., óp. cit.*, pp. 173-193; García-Álvarez García, Gerardo., La construcción...", *óp. cit.*, pp. 131-141; González García, Julio V., "Mecanismo único de resolución bancaria. Aspectos institucionales", *RDBB* núm. 136 (octubre-diciembre 2014), pp. 284-285

46 Directiva 2014/49/UE del Parlamento Europeo y del Consejo, de 16 de abril de 2014 , relativa a los sistemas de garantía de depósitos, transpuesta al ordenamiento español por las mismas normas citadas.

47 La denominada CMDI, por sus siglas en inglés. El proceso legislativo de esta reforma se encuentra disponible en: https://finance.ec.europa.eu/publications/reform-bank-crisis-management-and-deposit-insurance-framework_en (enlace consultado el 6 de julio de 2024).

48 Sobre la identificación de la estabilidad financiera como interés público necesitado de protección en cuanto fundamento último de la potestad resolutoria, *vid.* BCE, *Crisis management and bank resolution. Quo vadis, Europe? (Legal working paper series no. 13–December 2011)*; y Palomar Olmeda, Alberto, "El sistema de resolución de entidades de crédito en España: Aspectos generales de la Ley 11/2015, de 18 de junio", en Ruiz Ojeda, Alberto Luis, y López Jiménez, José María (dirs.), *Estudios..., óp. cit.*, pp.135-176. Sobre la necesidad de atribuir potestades a un centro de poder administrativo para alcanzar el fin, *vid.* FSB, *Key Attributes of Effective Resolution Regimes for Financial Institutions*, 15 October 2014, disponible en: https://www.fsb.org/wp-content/uploads/r_141015.pdf (enlace consultado el 18 de abril de 2021).

49 *Vid., a. e.*, Rodríguez Pellitero, Javier, "Resolución de crisis bancarias", en Muñoz Machado, Santiago; Vega Serrano, Juan Manuel; y Bobes Sánchez, María José (dirs.), *Derecho de la Regulación Económica. X. Sistema Bancario*, Madrid: Iustel, 2013, pp. 827-897; o Peñas Moyano, María Jesús, "La resolución de las entidades de créidto", *RDBB* nº 135 (julio-septiembre 2014), pp. 39-61.

carla adecuadamente en nuestro sistema jurídico y encontrar soluciones a algunos de los problemas prácticos esenciales que plantea su aplicación.

El examen de esta cuestión central se encuentra precedido de dos capítulos dirigidos a contextualizar adecuadamente ese estudio. Por un lado, desde una perspectiva general, en el Capítulo I se define el marco conceptual adecuado para el análisis de la resolución bancaria, que se identifica con la actividad administrativa de supervisión prudencial bancaria. Por otro lado, el Capítulo II examina cómo esa actividad, conceptualmente delimitada, se articula actualmente el marco del MUS y el MUR en el que nace y se desenvuelve la resolución bancaria.

Finalmente, la obra concluye con el examen, en su Capítulo IV, del régimen jurídico de la resolución bancaria en la normativa actualmente vigente, tanto europea como española, según ha sido interpretada por los hasta ahora pocos pronunciamientos producidos sobre ella.

CAPÍTULO I. LA ACTIVIDAD ADMINISTRATIVA DE SUPERVISIÓN PRUDENCIAL BANCARIA COMO MARCO CONCEPTUAL ADECUADO PARA EL ESTUDIO DE LA RESOLUCIÓN BANCARIA

1. EL DERECHO ADMINISTRATIVO COMO PERSPECTIVA DE ANÁLISIS DE LA RESOLUCIÓN BANCARIA

El estudio de cualquier institución jurídica permite distintas perspectivas. Según en cuál se coloque el observador, el resultado del análisis ofrecerá unas conclusiones u otras, todas las cuales juntas ofrezcan una caracterización completa del objeto de estudio. Así, por ejemplo, el Derecho concursal no puede entenderse sin el Derecho mercantil y sin el Derecho procesal: ambas disciplinas aportan elementos de valor que, conjuntamente, delinean adecuadamente la figura del concurso de acreedores.

Lo mismo ocurre con la resolución bancaria: por un lado, en cuanto afectación directa a los elementos patrimoniales de las entidades de crédito o los derechos de propiedad que sus accionistas ostentan sobre ellas, el Derecho mercantil puede constituir una perspectiva adecuada para su examen; por otro lado, en cuanto acto de poder de la Administración que produce efectos jurídicos coactivos sobre la esfera jurídica de los particulares, el Derecho administrativo se presenta como un punto de vista idóneo para su análisis.

El presente trabajo se sitúa, precisamente, en el ámbito del Derecho administrativo, y examina la resolución bancaria atendiendo a su naturaleza como acto de poder de la Administración pública. Ahora bien, este examen no excluye los (por otra parte, más abundantes) estudios que de esta institución se han realizado desde el Derecho mercantil. Antes al contrario, una aproximación a la resolución bancaria desde la dogmática administrativista complementa ésta y aporta elementos de valor para obtener una conceptualización completa de la institución.

Realizada la anterior precisión, dentro de la amplia disciplina en que consiste el Derecho administrativo, entiendo que el marco conceptual adecuado para abordar la resolución bancaria se corresponde con el propio de la actividad administrativa de supervisión prudencial bancaria, caracterizada por tres elementos:

1.° Constituye un género concreto de actividad administrativa, la de supervisión, que, como tal, cuenta con una autonomía conceptual propia y distinta de otras funciones administrativas (así, las actividades de fomento, de policía, de servicio público, por ejemplo).

2.° Consiste en una actividad administrativa que tiene un objeto muy concreto, el bancario o crediticio.

3.° Se trata de una intervención de la esfera jurídica de los particulares que se justifica en la consecución de un interés general determinado, la estabilidad del sistema financiero mediante el aseguramiento de la continuidad en el mercado de los agentes que intervienen en él, condensado bajo el término "prudencial".

En el presente capítulo se examinan estos tres notas que caracterizan la actividad administrativa de supervisión prudencial bancaria a fin de delimitar el marco conceptual adecuado para el estudio de la resolución bancaria desde el Derecho administrativo.

2. LA ACTIVIDAD ADMINISTRATIVA DE SUPERVISIÓN

2.1. El término "supervisión" preside el nuevo modelo de intervención de los poderes públicos en la mayoría de los sectores económicos. El ámbito bancario es un caso paradigmático: a nivel nacional, la norma de referencia es la LOSSEC, que contiene el término "supervisión" en su mismo título y, a nivel europeo, lo es, entre otras normas, el Reglamento 1024/2013, que crea el MUS. En ambos casos, el término "supervisión" se presenta como la idea esencial en torno a la cual pivota la injerencia pública en el sector[1].

El ámbito bancario es representativo del término "supervisión" pero ni mucho menos exclusivo. Esa palabra también aparece en leyes relativas a otros subsectores financieros (así, la LOSSEAR[2] o la LMV[3]) o, en general, a otros ámbitos económicos[4]. La noción de supervisión, por tanto, tiene una importancia capital en el estudio de la intervención pública en la actividad económica.

La presencia del término "supervisión" en las normas que ordenan la intervención de los poderes públicos en la economía, sin embargo, no ha ido acompañada de una depuración del concepto, ni desde el punto de vista legal –en todos los ejemplos citados se asume una determinada concepción de "supervisión", pero no se explica ésta– ni doctrinal. Ello ha ocasionado un empleo asistemático y heterogéneo de la palabra que, en último término, envuelve en cierta oscuridad la forma en la que el legislador concibe la injerencia del poder público en la actividad económica privada.

Cinco son, en mi opinión, las aproximaciones doctrinales esenciales que se han hecho de la actividad administrativa de supervisión: aquélla que la entiende como un título de intervención en la esfera jurídica de los particulares que justifica una más intensa sujeción de éstos a potestades administrativas de marcado carácter discrecional[5]; aquélla que

---

1 Más ejemplos: el Título III de la LOSSEC se titula, directamente, "*supervisión*", y su primer capítulo se dedica a la "*función supervisora*". Igualmente, el Reglamento 1024/2014 tiene por objeto "*atribuir al Banco Central Europeo funciones específicas en lo que respecta a las medidas relativas a la supervisión prudencial de las entidades de crédito*" y articula las bases del MUS.

2 Análogamente al caso de la LOSSEC, su Título IV se refiere a la "*supervisión de entidades aseguradoras y reaseguradoras*", y el Título V a la "*supervisión de grupos de entidades aseguradoras y reaseguradoras*".

3 Ya en su art. 1 la LMV se refiere "*al régimen de supervisión, inspección y sanción a cargo de la Comisión Nacional del Mercado de Valores*", siendo las referencias a la supervisión continuas en ella.

4 Por citar sólo algún ejemplo más, la LCCNMC atribuye a dicha Administración, en su art. 5.1-*a)*, la función de "*supervisión y control de todos los mercados y sectores económicos*"; la LGUM tiene por objeto garantizar una adecuada "*supervisión*" de los agentes económicos en todo el territorio nacional (art. 1.1), y a ello dedica su Capítulo VI; y también las leyes que regulan los sectores de la energía (art. 2.3 de la LSE), las telecomunicaciones (art. 13 de LGT) o el sector postal (art. 50.2 de la LSP) se refieren a la "supervisión" de dichos sectores.

5 Así, la teoría de las relaciones de sujeción especial, defendida entre nosotros por GALLEGO ANABITARTE (*vid.* "Las relaciones especiales de sujeción y el principio de la legalidad de la Administración. Contribución a la teoría del Estado de derecho", *RAP*, nº 34, 1961, pp.11 y ss.) o la teoría de los ordenamientos sectoriales defendida, entre otros, por FERNÁNDEZ RODRÍGUEZ (*vid.* "Los poderes normativos del Banco de España", *RDBB* nº 13, enero-marzo 1984, pp. 7 y ss.; "Supervisión y disciplina bancaria en el Proyecto de Ley sobre Disciplina e Intervención en las Entidades de Crédito", *PEE*, nº 36, 1988,

la concibe como una suerte de actividad de policía especial, orientada al mantenimiento del orden público económico[6]; aquélla que, siguiendo a la doctrina italiana, la identifica, en atención a sus efectos constrictivos, como una actividad general de limitación[7]; aquélla que aborda el examen de la supervisión junto con el de otras actividades públicas, no necesariamente administrativas, como la aprobación de normas (legales o reglamentarias o la gestión del dominio público), que -todas ellas conjuntamente- inciden en el desenvolvimiento de actividades privadas en garantía de un determinado interés general, bajo la expresión general de "regulación económica"[8]; o, finalmente, aquélla que bebe de la doctrina alemana y la entiende como una actividad de verificación del cumplimiento normativo neutral a los fines[9]. Esta última es la opción que, a mi juicio, se identifica mejor con

---

pp. 47 y ss.; "Los poderes públicos de ordenación bancaria y su eficacia preventiva", en GÓMEZ-FERRER MORANT, Rafael (coord.), *Libro homenaje al profesor José Luis Villar Palasí*, Madrid: Civitas, 1989, pp. 399 y ss.; "Estudio preliminar: el ordenamiento crediticio y bancario español: reflexiones después de la crisis", en FERNÁNDEZ RODRÍGUEZ, Tomás Ramón (dir.), *Comentarios a la Ley de Disciplina e Intervención de las entidades de crédito*, Madrid: Fundación Fondo para la investigación económica y social-Obra Social de la Confederación Española de Cajas de Ahorro, 1991, pp. 13 y ss.).

6 *Vid.* GARRIDO FALLA, Fernando, *Tratado de Derecho administrativo, Vol. II*, Madrid: Tecnos, 2012, pp. 173-175; o DE LA CUÉTARA, Juan Manuel, *La actividad de la Administración*, Madrid: Tecnos, 1983, pp. 232 y ss.

7 *Vid.* GARCÍA DE ENTERRÍA, Eduardo, y FERNÁNDEZ RODRÍGUEZ, Tomás Ramón, C *Curso de Derecho administrativo, T. II*, Cizur Menor (Navarra): Thomson Reuters-Civitas, 2017, pp. 131 a 158; o PARADA VÁZQUEZ, Ramón, *Derecho Administrativo, II: Régimen jurídico de la actividad administrativa*, Madrid: Ediciones Académicas, 2017, pp. 287-289.

8 En esta posición se encuentran, entre otros, ESTEVE PARDO, José, y MUÑOZ MACHADO, Santiago, *Derecho de la Regulación Económica (10 volúmenes)*, Madrid: Iustel, 2013; Santiago MUÑOZ MACHADO; *Tratado de Derecho Administrativo y Derecho Público General, T. XIV: La actividad regulatoria de la Administración*, Madrid: Agencia Estatal Boletín Oficial del Estado, 2015; ARIÑO ORTIZ, Gaspar, *Principios de Derecho Público Económico. Modelo de Estado, Gestión Pública, Regulación Económica*, Granada: Comares, 2004; ARIÑO ORTIZ, Gaspar, "Teoría y práctica de la regulación para la competencia. Hacia un nuevo concepto de servicio público", en ARIÑO ORTIZ, Gaspar (dir.), *Regulación económica. Lecturas escogidas*, Cizur Menor (Navarra): Thomson Reuters-Aranzadi, 2012, pp. 81 y ss.; o ARIÑO ORTIZ, Gaspar, y DE LA CUÉTARA MARTÍNEZ, Juan Miguel, "Algunas ideas básicas sobre regulación de sectores estratégicos", *CDP* nº 9, enero-abril, 2000, pp. 9 y ss. *Vid.*, en relación con las diferencias conceptuales existentes entre supervisión (en el sentido que aquí se asume, según se expone a continuación) y regulación económica, LORA GONZÁLEZ, Carlos, "Supervisión administrativa del sector ferroviario tras la entrada en vigor del "cuarto paquete" europeo"", En Ortega Burgos, E., y Pastor Ruiz, F. (dirs.), *Actualidad. Mercados regulados 2021*. Valencia: Tirant lo Blanch, 2021, pp. 888-889.

9 Es el caso de SANTAMARÍA PASTOR, que la denomina "actividad de ordenación" (*Principios de Derecho Administrativo, Vol. II*, Madrid: Iustel, 2018, pp-259-263), SÁNCHEZ MORÓN (*Derecho Administrativo. Parte General*, Madrid: Tecnos, 2011, pp. 641 y ss.), MAGIDE HERRERO (*Límites constitucionales de las Administraciones independientes*, Madrid: INAP, 2000, pp. 315 y ss.); CHINCHILLA MARTÍN ("El régimen de supervisión, inspección y sanción del Banco de España en la Ley 10/2014", *RVAP*, nº 102, mayo-agosto 2015, p. 18); PÉREZ DE ARMIÑÁN (*Legislación bancaria es-*

el espacio de actuación administrativa propio de la supervisión tal y como la configuran las normas citadas (y, particularmente, por lo que aquí interesa para el estudio de la resolución bancaria, las relativas al sector del crédito).

2.2. La conceptualización de la actividad administrativa de supervisión como verificación del cumplimiento normativo con neutralidad a los fines parte de la construcción alemana de la *Wirtschaftsaufsicht*[10].

Como explica Mariano MAGIDE, esta institución ha sido abordada en la doctrina alemana desde dos perspectivas. Para unos, la supervisión constituiría una suerte de actividad de policía especial, cuyo ejercicio se dirigiría, por tanto, a "*la protección del orden y seguridad públicos contra los peligros que puedan amenazarlos*"[11]. Para otros, como BULLINGER, la supervisión constituye una actividad administrativa dirigida a garantizar que los sujetos a cierta ordenación cumplen las normas que les resultan de aplicación, pero no por la consecución de una finalidad en sí misma, como ocurre con la actividad de policía[12].

---

pañola, Madrid: BdE, 1983); o SOLA TEYSSIERE ("Unidad de mercado y supervisión administrativa de las actividades económicas", *RAP*, nº 197, mayo-agosto, 2015, pp. 133 y ss.). Esta tesis parece informar el planteamiento de LAGUNA DE PAZ (*vid.* "Supervisión administrativa de entidades aseguradoras privadas", *REDA* nº 182, enero-marzo 2017; y, del mismo autor, "Supervisión administrativa del mercado de valores", *REDA*, nº 189, enero.-marzo 2018), crítico, según se explicará, con el empleo del término regulación para subsumir en él la noción de supervisión. No obstante, en su *Derecho Administrativo Económico*, estudia la institución como "regulación económica", asumiendo planteamientos propios de la posición anglosajona (*vid.* LAGUNA DE PAZ, José Carlos, *Derecho Administrativo Económico,* Cizur Menor (Navarra): Thomson Reuters-Civitas, 2016). También Martín-Retortillo parece posicionarse en esta tesitura tras denunciar el excesivo estiramiento que ha experimentado el concepto de orden público y, por consiguiente, la dificultad de extender más el radio de acción de la actividad de policía (MARTÍN-RETORTILLO BAQUER, Sebastián, *Derecho administrativo económico, Vol. I,* La Ley, Madrid, 1991, pp. 181 y ss.). PAREJO ALFONSO engarza la función de supervisión con las clásicas actuaciones de inspección y control que, sin embargo, han dado lugar a una actividad autónoma de la estrictamente policial (*vid.* "La vigilancia, la inspección y el control administrativos (reflexiones sobre su formación, evolución y situación actual"), en Agudo González, J., *Control administrativo y justicia administrativa*, Madrid: INAP, 2016, pp. 12 y ss.; y. más recientemente, *La vigilancia y la supervisión administrativas. Un ensayo de su construcción como relación jurídica*, Valencia: Tirant lo Blanch, 2016, p. 27-128).

10 Ello no obstante, la doctrina alemana ha abandonado recientemente estas posiciones asemejando la supervisión a la tónica dominante de la regulación, hasta el punto de que la doctrina ha pasado de hablar de *wirtschaftsaufsicht* a hacerlo de *regulierungsstrategien*. Esta última posición, en línea con la anglosajona explicada *ut supra*, explica con detalle Mercé DARNACULLETA I GARDELLA en "La recepción y desarrollo de los conceptos y fórmulas de la regulación. El debate en la República Federal Alemana", en MUÑOZ MACHADO, Santiago, y ESTEVE PARDO, José, *Derecho de..., óp. cit.*, pp. 349 y ss.

11 MAGIDE HERRERO, Mariano., *Límites ..., óp. cit.*, p. 317. El autor sitúa en este planteamiento, entre otros, a R. STOBER, R. GRÖNSCHNER y W. HENKE.

12 MAGIDE HERRERO, Mariano, *Límites ..., óp. cit.*, p. 318. Éste es el punto de partida que toma también Luciano PAREJO (*La vigilancia y supervisión..., óp. cit.*, pp. 27-32.

Para MAGIDE HERRERO, esta segunda tesis es más acertada y, a partir de ella, define la función de supervisión como:

> "*La actividad de la Administración limitativa de la libertad de los administrados mediante la cual se pretende garantizar que los sujetos privados, o públicos que actúan en régimen de Derecho privado, que operan en determinado sector o desarrollan una determinada actividad se ajusten en su actuación a lo establecido en la ordenación de dicho sector o actividad*"[13].

En este sentido, la actividad administrativa de supervisión entendida de este modo se caracteriza por las siguientes notas:

1.° La supervisión es una "*actividad de la Administración*" en sentido propio, esto es, constituye una forma homogénea y coherente de ordenar el normal ejercicio de varias potestades en el servicio objetivo a un interés general.

2.° Planteada la calificación de la supervisión como una auténtica actividad administrativa, su clasificación no encuentra, sin embargo, completo encaje en ninguna de las categorías tradicionales[14]. En efecto, ni atendiendo a la división tripartita que hiciera en la primera mitad del siglo pasado el profesor JORDANA

13 MAGIDE HERRERO, Mariano, *Límites ...*, *óp. cit.*, p. 324.

14 Cuando el acomodo se fuerza, se produce una deformación de las categorías dogmáticas que termina por desnaturalizarlas. Esta apreciación hace Mariano MAGIDE respecto del intento de reconducir la actividad de supervisión hacia una actividad de policía especial. Según explica el autor, ello comporta bien el estiramiento de la propia noción de policía (hasta desprenderla de su cariz teleológico y desvincularla por completo del orden público), bien la ampliación de la noción de orden público para abarcar en ella algo que encaja más con la propia de fomento o de servicio público, según los casos (*vid. Límites...*, *óp. cit.*, págs. 359 a 365). Pero lo mismo puede predicarse del intento de subsumir la actividad en la categoría de actividad de servicio público: la supervisión no presupone la reserva de un sector económico al Estado, que luego lo devuelve, a través de algún título, a los particulares para que lo gestionen, sino que representa exactamente lo contrario, pues los poderes administrativos entran en juego cuando el Estado no protagoniza la actividad económica en un determinado sector, sin perjuicio de lo cual actúa para preservar la indemnidad de ciertos intereses generales presentes en él que no deben ser dañados por la actuación de los particulares. Por su parte, VILLAR PALASÍ ya advirtió del riesgo de forzar las categorías para encajar en ellas cosas que, por su propia naturaleza, no comparten los rasgos de los elementos incluidos en ellas, cuando explicó la participación del Estado como agente productor de bienes y servicios desde la creación de una cuarta categoría al efecto: "*quizás con la introducción de una nueva categoría en el Derecho Administrativo parezca seguirse el camino más fácil, ya que en realidad toda investigación jurídica se encamina* prima facie *a encasillar el nuevo hecho en los tipos preformados existentes. Ahora bien, cualquier otra solución que pretenda examinar las nuevas realidades a través de prismas anteriores conduce inexorablemente a una de estas dos vías: o bien a deformar los antiguos conceptos, quitándoles relevancia y fecundidad, o bien, negando que el nuevo hecho encaje en los módulos antiguos, a abandonarlo, dejándolo fuera del Derecho administrativo. Ninguna de estas soluciones parece preferible a la que se postula*" (*La intervención administrativa en la industria*, Madrid: Instituto de Estudios Políticos, 1964, p. 61).

DE POZAS (policía, fomento y servicio público) [15], acogida por parte de nuestra doctrina[16], ni a aquellas otras que aumentan o disminuyen el número de categorías atendiendo a criterios dispares[17], la actividad de supervisión aparece como una categoría dogmática autónoma de nuestro Derecho administrativo. Algunos autores, influidos por la situación de monopolio que precedió a la libertad supervisada de muchos de los sectores donde hoy se manifiesta esta actividad, parecen reconducirla a la categoría de servicio público[18] o a una actividad de

---

15 JORDANA DE POZAS, Luis, "Ensayo de una teoría del fomento en el derecho administrativo", *REP*, nº 48, 1949, pp. 41 y ss.

16 Así, por ejemplo, SANTAMARÍA PASTOR (*Principios..., Vol. II, óp. cit.*, pp. 247 y ss.) o GARRIDO FALLA (*Tratado..., Vol. II, óp. cit.*, pp. 166-168).

17 DE LA CUÉTARA realiza una clasificación a dos niveles: actividad interna y actividad externa, y dentro de este segundo grupo identifica seis clases de actividades administrativas (a las tres de Jordana, que sitúa en él, añade el dominio público, expropiación y orientación del uso de la propiedad: cfr. *La actividad..., óp. cit.*, pp. 86 y ss.). ARIÑO, por su parte, concibe cinco clases de actividad distinta (acción reguladora e imperativa, fomento, prestación, producción y planificación: cfr. "El servicio público como alternativa", *REDA*, nº 23 (octubre-diciembre 1979), pp. 543-544). VILLAR PALASÍ, con ocasión de la entrada del Estado en la economía productiva a partir de la mitad del siglo pasado, añadió a la tríada de JORDANA la actividad de producción: cfr. "La actividad industrial del Estado en Derecho Administrativo", *RAP*, nº 3 (1950), p. 61. PARADA escinde de la actividad de policía el ejercicio de la potestad sancionadora y la llamada actividad arbitral: cfr. *Derecho Administrativo II...*, pp. 280 y ss. Lo mismo hace REBOLLO PUIG, quien concibe la inspección como una actividad diferente a la de policía: "La actividad de inspección", en CANO CAMPOS, Tomás (dir.), *Lecciones y materiales para el estudio del Derecho Administrativo, T. III, Vol. II*, Madrid: Iustel, 2009, pp. 53 y ss. En esa misma obra, el propio Tomás CANO parece considerar nominalmente la potestad sancionadora como una actividad autónoma, si bien emplea ambos términos (actividad y potestad) indistintamente ("La actividad sancionadora", en CANO CAMPOS, Tomás (dir.), *Lecciones y materiales para el estudio del Derecho Administrativo, T. III, Vol. II*, Madrid: Iustel, 2009, pp. 87 y ss. Como indica Luciano PAREJO, el criterio clasificatorio finalmente escogido depende en buena parte de la perspectiva en la que uno se sitúe (*Derecho administrativo*, Barcelona: Ariel, 2003, p. 633).

18 El profesor MARTÍNEZ LÓPEZ-MUÑIZ recela en buena medida de que ello sea posible: "*estamos, por tanto, en la realidad de las cosas, algo lejos aún del* desideratum *que lleva a Ariño y a de la Cuétara, y muy especialmente a este último, a postular en las páginas de este mismo libro una sustitución del aludido concepto estricto de servicio público, de sentido eminentemente subjetivo (por ser la reserva en exclusiva de su titularidad al Poder público su elemento definitorio esencial), por otro, de índole objetiva y formal, que certeramente reconduce, en suma, de la Cuétara a lo que serían determinadas* prestaciones *con garantía pública por parte de una Administración Pública; una garantía pública que podrá instrumentarse de distintas maneras, pero en cualquier caso sólo a través de ciertas regulaciones e intervenciones determinadas de la Administración pública correspondiente, y nunca mediante la asunción en exclusiva por ésta del bloque de actividad prestacional constitutivo del servicio*" (ARIÑO ORTIZ, Gaspar, DE LA CUÉTARA MARTÍNEZ, Juan Miguel y MARTÍNEZ LÓPEZ-MUÑIZ, José Luis, *El nuevo servicio público*, Madrid, 1997, p. 187). Más adelante, según se verá, el profesor intuye lo que aquí se sostiene: que, en realidad, esta forma de intervención administrativa en la economía constituye *otra* clase de actividad diferente.

policía especial[19]. En mi opinión, la actividad de supervisión constituye un genuino modo de actuación administrativa que responde a necesidades públicas diferentes a las que se pretende satisfacer con los otros modos de actuación administrativa[20]. La idea no es innovación mía. Han sido varios los autores que desde hace tiempo han previsto el cambio de paradigma y, cuando menos, han intuido que la supervisión era algo nuevo y distinto a lo hasta ahora conocido. MARTÍNEZ LÓPEZ-MUÑIZ, sin llegar a afirmar que la supervisión constituya una categoría nueva y distinta de las existentes, sí percibe el cambio que supone para las tradicionales actividades de policía y servicio público[21]. RIVERO ORTEGA enumera la supervisión de forma separada e independiente al servicio público al enumerar las "técnicas" que emplean los poderes públicos para intervenir en la economía[22]. REBOLLO PUIG, al explicar la actividad de limitación, parece intuir también la singularidad con que cuenta la supervisión administrativa[23].

---

19 Para GARRIDO FALLA, es actividad de coacción, mientras que para SANTAMARÍA o PAREJO, de ordenación, y para GARCÍA DE ENTERRÍA y FERNÁNDEZ RODRÍGUEZ, o REBOLLO PUIG, de limitación.

20 En este sentido, podría decirse que la actividad de supervisión es hija de su tiempo y responde a una nueva concepción de la intervención pública en las libertades de los particulares, consecuencia de la aparición de nuevas necesidades para la vida colectiva. El progreso técnico, las nuevas oportunidades que la era digital proporciona y la multiplicación de las posibilidades de coordinación de los ciudadanos en mercados globales hace innecesarias muchas de las prestaciones que hasta hace bien poco sólo podía proporcionar el Estado. Ahora el mercado las logra en más cantidad, en mayor calidad y a un menor coste. La existencia de necesidades colectivas que pueden verse afectadas por esa proliferación de oferentes y demandantes en un mercado que ya no conoce barreras (por ejemplo, la continuidad del suministro eléctrico que puede verse afectado por la implantación de tecnologías de autoconsumo, o por la aparición de comercializadoras *low-cost*; la estabilidad del sistema financiero, que puede alterarse con la entrada de entidades de crédito virtuales cuya actividad no se ajusta a los patrones básicos del sector; etc.) no se garantiza hoy mediante la monopolización de la actividad por el Estado. El papel de los poderes públicos se ha visto replegado a una función de meros garantes, de vigilantes que sólo intervienen cuando algún participante se salta las reglas del juego y ello puede poner en peligro los bienes jurídicos cuya tutela tienen encomendadas.

21 "*Bajo esta forma de realización histórica del Estado de Derecho, los conceptos interdependientes de policía y orden público se enriquecen y completan, por tanto, hasta abarcar la ordenación constrictiva necesaria para asegurar precisamente esa efectiva accesibilidad permanente de todos los ciudadanos a los bienes materiales y culturales considerados imprescindibles para la dignidad humana en las sucesivas coyunturas espaciotemporales de la historia*" (ARIÑO ORTIZ, Gaspar, DE LA CUÉTARA MARTÍNEZ, Juan Miguel, y MARTÍNEZ LÓPEZ-MUÑIZ, José Luis, *El nuevo...*, óp. cit., p. 210).

22 *Vid.* RIVERO ORTEGA, Ricardo, *Derecho administrativo*, Valencia: Tirant lo Blanch, 2023, p. 19.

23 *Vid.* REBOLLO PUIG, Manuel, "La actividad de inspección", en CANO CAMPOS, Tomás (dir.), *Lecciones y materiales para el estudio del Derecho Administrativo*, T. III, Vol. II, Madrid: Iustel, 2009, pp. 30 y ss. El estudio del contenido de la actividad de limitación que expone el profesor Rebollo Puig se corresponde mucho más con el que aquí atribuyo a la supervisión que con el propio de la actividad de policía. Es por ello por lo que digo que en su concepción se intuye la asunción de una actividad

MONTERO PASCUAL se refiere a la "regulación" como actividad administrativa de control continuo del mercado con bastante precisión[24]. Y MUÑOZ MACHADO, sin apearse del empleo del término "regulación", define esta categoría como una actividad administrativa distinta de las otras que normalmente se atribuyen a la Administración, y la sitúa, de hecho, en el nuevo paradigma en el que se encuentra el Derecho administrativo[25].

3.° Como consecuencia directa de su calificación como una actividad de la Administración, la supervisión se encuentra plenamente sometida al régimen jurídico previsto en garantía de las libertades de los particulares frente a toda la actuación administrativa. Y ello por cuanto un Estado de Derecho se caracteriza porque el Estado, en cuanto constitución orgánica del poder público[26], se dota de reglas que salvaguarden las libertades de los ciudadanos, que sólo pueden ser injeridas por el poder público en la forma prevista en dichas reglas[27]. Esto es, la comuni-

---

singular y distinta de la de policía, que él llama limitación en un esfuerzo por ampliar la categoría a cuestiones distintas del mantenimiento del orden público.

24 *Vid.* MONTERO PASCUAL, Juan José, *Regulación económica. La actividad administrativa de regulación de los mercados*, Tirant lo Blanch, Valencia, 2016, p. 40. La limitación de la actividad de supervisión al control continuo del mercado puede reputarse válida si se entiende que, en realidad, toda la actividad humana se desenvuelve en un mercado, en un sentido praxeológico y no mercantilista del término.

25 "*La novedad es de tanto alcance que una parte influyente de la doctrina alemana ha creído que alrededor de la idea de regulación pueden ordenarse sistemáticamente todas las instituciones que explican las relaciones de la Administración con los ciudadanos, sean económicas o sociales, cualesquiera que sean las formas que revistan. Es decir, el Derecho Administrativo entero. Esta es, en efecto, la orientación que ha tomado el Derecho Administrativo de nuestro tiempo y en las funciones de regulación y garantía que se reservan a los poderes públicos está la clave del nuevo equilibrio de las relaciones entre el Estado y la sociedad y la delimitación del papel que debe aquel desempeñar en relación con los derechos de los ciudadanos (...)*" (MUÑOZ MACHADO, Santiago, *Tratado..., óp. cit.*, p. 25).

26 A lo largo de la Historia, el poder público, en cuanto centro de imputación de potestades, ha conocido diversas formas de organización (*vid.* FUKUYAMA, Francis, *Los orígenes del orden político*, Barcelona: Deusto, 2016), de las cuales hoy subsiste la forma de Estado. A diferencia de otras formas de organización del poder público, el Estado presupone la ilegitimidad de todo ejercicio de coacción o violencia distinta de la que puede realizar el poder público con plena sujeción a la Ley (la certera definición es de WEBER, para quien el Estado es "*aquella comunidad humana que, dentro de un determinado territorio (...), reclama (con éxito) para sí el monopolio de la violencia física legítima*": WEBER, Max, *El político y el científico*, Madrid: Alianza Editorial, 1981, p. 83).

27 "*La sociedad necesita erigir un poder público que dirima definitivamente los conflictos, apaciguándolos con justicia, que esclarezca y determine para todos, en cuanto sea necesario o conveniente, las atribuciones y exigencias que componen el orden jurídico, que actúe previniendo infracciones, procurando lo conveniente para evitarlas y disponiendo los medios para restablecer los derechos lesionados, y que, en fin, promueva las condiciones sociales idóneas para la satisfacción de las necesidades materiales e inmateriales de cuantas personas forman parte de la comunidad correspondiente, la cual, precisamente en razón de su unificación en torno al núcleo más fundamental, al menos, de dicho Poder, se constituye en comunidad*

dad consiente en organizar relaciones de sujeción de unas personas a otras para la consecución de fines comunes siempre y cuando estas relaciones se desenvuelvan bajo ciertas reglas, fuera de las cuales el ejercicio del poder deviene ilegítimo[28]. Pues bien, la Administración, en cuanto centro de poder público[29], también ve constreñida su actividad por ciertas normas, fuera de las cuales ésta deviene ilegítima e inaceptable para los particulares[30], y esas normas resultan de aplicación al desarrollo de la actividad administrativa en toda su extensión, incluyendo, por tanto, también a la actividad administrativa de supervisión. Estos límites al ejercicio del poder administrativo se corresponden, sustancialmente, con los principios de legalidad[31]; revisión judicial[32]; proporcionalidad[33]; previo proce-

---

política más o menos soberana" (Martínez López-Muñiz, José Luis, *Introducción al Derecho Administrativo*, Madrid: Tecnos, 1986, p. 20).

28 Esta concepción ya estaba presente en la definición dada por Bodin, para quien el Estado es "*el recto gobierno de varias familias y de lo que les es común, con poder soberano*" (Bodin, Jean, *Los seis libros de la república*, Madrid: Aguilar SA de Ediciones, 1973, p. 11).

29 El poder público en cuanto sujeto constituye "*instituciones o centros de actividad dotados de ciertas características peculiares propias, y titulares precisamente de poder público en cuanto facultad, con uno u otro alcance*" (Martínez López-Muñiz, José Luis, *Introducción...*, p. 57), y se organiza sobre la base de "*una o varias unidades de actuación organizadas unitariamente, dotadas en su unidad de un grado suficiente de autonomía de decisión o actuación con respecto a cualesquiera otras situadas dentro o fuera de la misma persona jurídica*" (*ídem*, p. 60). La Administración no es más que una de esas unidades de actuación organizadas, titular de ciertas facultades para la consecución de determinados fines. Esta concepción también aparece en De la Cuétara (*vid. La actividad...*, óp. cit., pp. 64 y ss.).

30 Como precisión, cabe indicar que nos referimos aquí a la actividad materialmente administrativa de la Administración, y no a su actividad normativa o jurisdiccional: *vid.* Garrido Falla, Fernando, *Tratado..., óp. cit.*, pp. 37 y ss.

31 El principio de legalidad es calificado por los profesores García de Enterría y Fernández Rodríguez como un "privilegio en menos" de la Administración (*Curso..., óp. cit.*, p. 73). La necesidad del previo reconocimiento normativo de los poderes necesarios para actuar no se constriñe a la Ley en sentido formal, sino que la atribución puede darse mediante una norma de rango reglamentario (cfr. Santamaría Pastor, Juan Alfonso, *Principios..., óp. cit.*, pp. 57 y 62-63) siempre que ésta haya sido dictada con subordinación a aquélla (cfr. art. 97 de la Constitución). Los profesores García de Enterría y Fernández Rodríguez explican que esa investidura no siempre debe venir de la mano de una Ley, pudiendo existir, allí donde exista espacio jurídico para ello, atribución de potestades por la propia Administración (*Curso..., óp. cit.*, pp. 491-492; Muñoz Machado, Santiago, *Tratado..., T. III, óp. cit.*, pp. 225-226).

32 Cfr. Santamaría Pastor, Juan Alfonso, *Principios..., óp. cit.*, pp. 63-66; Magide Herrero, Mariano, "Del Estado prestador al Estado garante", en Burzaco Samper, María, et al., *Derecho Administrativo Económico*, Madrid: Dykinson, 2018, pp. 32-33.

33 Sobre el principio de proporcionalidad es de obligada consulta la obra de Daniel Sarmiento *El principio de proporcionalidad en el Derecho administrativo*, Bogotá: Universidad Externado de Colombia, 2010. A este respeto, *vid.*, también, Magide Herrero, Mariano, *Del Estado..., óp. cit.*, p.

dimiento[34]; eficacia[35]; objetividad e imparcialidad[36]; transparencia[37]; garantía patrimonial[38]; interdicción de la arbitrariedad, seguridad jurídica e irretroactividad de las disposiciones sancionadoras no favorables o restrictivas de derechos fundamentales; e igualdad. No existe motivo alguno –ni fundamento constitucional que lo soporte– para defender que la actividad administrativa de supervisión puede zafarse de estos límites. La Constitución los establece en garantía de los derechos y libertades de los particulares frente a toda la actuación administrativa, lo que incluye las formas existentes al tiempo de su promulgación (fomento, policía y servicio público) y las nuevas categorías a las que evoluciona según se adapta el actuar de la Administración a las transformaciones socioeconómicas que experimenta la sociedad a la que sirve. Cambian los modos, pero el sustrato –el estricto control del ejercicio poder administrativo– permanece.

4.° La actividad administrativa de supervisión se caracteriza por su neutralidad a los fines, esto es, en la circunstancia de que la Administración no puede valorar el ejercicio de las potestades de supervisión en función del resultado que se alcance con él. Ese resultado viene dado por la ordenación que pauta la conducta de los particulares, cuyo cumplimiento es lo único que debe preocupar a la Administración. En otras palabras, la supervisión no tiene más finalidad que la de evaluar la adecuada observancia de las normas que se supervisan, sin pretender la obtención de un resultado material concreto distinto del cumplimiento nor-

---

30; Laguna de Paz, J. C., *Derecho..., óp. cit.*, pp. 114-117; Montero Pascual, Juan José, *Regulación..., óp. cit.*, pp. 98-101.

34 Como explica Mariano Magide, la aplicación del principio de previo procedimiento en el ámbito de la supervisión administrativa pone de manifiesto su propia naturaleza como tal principio en cuanto mandato de maximización (*Del Estado..., óp. cit.*, p. 32). Este aspecto ya fue apuntado tiempo atrás por Sebastián Martín-Retortillo, quien refería la necesaria flexibilidad con que debe actuar la Administración económica, sin que ello pueda suponer una merma en las garantías de los particulares y en la observancia de los límites constitucionales que delimitan la legalidad de la actuación administrativa (*Derecho administrativo económico, T. I*, Madrid: La Ley, 1988, pp. 60-62).

35 *Vid.* Santamaría Pastor, Juan Alfonso, *Principios..., óp. cit.*, pp. 73-74.

36 *Vid.* Santamaría Pastor, Juan Alfonso, *Principios..., óp. cit.*, pp. 85-86.

37 *Vid.* Santamaría Pastor, Juan Alfonso, *Principios..., óp. cit.*, pp.87-92); y, sobre la creciente importancia de este principio, *vid.* Muñoz Machado, Santiago, *Tratado..., T. XIV, óp. cit.*, pp. 64-70

38 *Vid.* Santamaría Pastor, Juan Alfonso, *Principios..., óp. cit.*, pp. 66-68; García de Enterría, Eduardo, y Fernández Rodríguez, Tomás Ramón, *Curso..., óp. cit.*, p. 73

mativo[39]. Los fines son, por tanto, exógenos a la actividad administrativa[40]. Esta neutralidad a los fines no significa que la actividad de supervisión carezca de un fundamento material que quepa identificar con el título que ampara la intervención de la Administración en la actividad económica, sino que éste le viene dado por la legislación cuya observancia verifica. Es el legislador el que determina qué resultado de interés general debe alcanzarse y, para ello, establece las normas que deben seguir los particulares que ejerzan actividades que puedan afectar a ese interés general. Evidentemente, esas normas se han establecido en atención a la garantía de un interés general involucrado en una actividad, de forma que su observancia produce concretos resultados materiales dirigidos a realizar ese interés general[41], pero la Administración no supervisa con el propósito de obtener esos concretos resultados materiales, sino con el solo objetivo de garantizar que los particulares observan las normas que les resultan de aplicación. En otras palabras, la carga teleológica de la ordenación (y los resultados materiales que se derivan de la observancia de esas normas) no constituye un elemento definitorio de la actividad de supervisión. Esta neutralidad a los fines característica de la actividad de supervisión ha sido advertida por algunos autores como el elemento esencial que impide caracterizar a la actividad de supervisión como una clase especial de actividad de policía, en la medida en que, a diferencia de la supervisión, la actividad de policía se justifica en un fin material concreto (la seguridad y protección del orden público)[42].

---

39 "*En cuanto a la finalidad última de la supervisión, dependerá del telos de la ordenación o regulación que la supervisión garantice. Dicha ordenación puede ir dirigida exclusivamente a la defensa del orden y seguridad públicos, y en consecuencia ésta será la finalidad última que anime la supervisión, emparentando así con la policía definida en su modo más tradicional. Pero puede igualmente tener como objetivo el fomento de determinadas actividades y la promoción de ciertos intereses, con lo que la supervisión estará en última instancia orientada hacia esos fines de fomento y promoción*" (Magide Herrero, Mariano, *Límites ..., óp. cit.*, pp. 324 y 325).

40 Dice Luciano Parejo que, en la gestación de la actividad de supervisión administrativa en Alemania, la fijación de los fines como manifestación soberana de un único poder "*hubo de pasar a ser un cuerpo extraño desde luego en el ámbito* ad extra *o fuera de los muros de las estructuras públicas articuladas jerárquicamente, pues ya solo el bien común definido en o en virtud de la Ley podía otorgar cobertura y ser medida de cualquier vigilancia, cuidado o inspección de la actividad de los súbditos*" (*La vigilancia y supervisión..., óp. cit.*, p. 29).

41 Por ejemplo, en materia financiera, la normativa prudencial persigue garantizar la estabilidad del sistema financiero ("*se puede decir que el fundamento último de toda la legislación financiera consiste en la necesidad de garantizar la estabilidad y el eficiente funcionamiento de los mercados financieros*", dice la EM, I, de la LOSSEC), mientras que la normativa conductual tiene el fin "*de proteger a los agentes implicados, en especial a los clientes e inversores*" (EM, I., de la LOSSEC). Pero ambos fines lo son de la ordenación, no de la actividad administrativa de supervisión, que es neutral a esos fines.

42 *Vid.* Magide Herrero, Mariano, *Límites..., óp. cit.*, págs. 359 a 365.

5.° La actividad de supervisión es algo diferente de la ordenación[43]. Así, la ordenación de una actividad constituye una tarea anterior y previa a la supervisión, de la cual a ésta sólo importa su producto final, con independencia del proceso seguido para la aprobación de las normas en cuestión[44]. Ordenación y supervisión son, por tanto, tareas diferentes, que tienen lugar de forma sucesiva y autónoma: la ordenación establece qué reglas deben regir cierta actividad y la supervisión comprueba que esas reglas se cumplen[45]. Ambas tareas competen a centros de poder público diferenciados: la supervisión es una tarea esencialmente administrativa, mientras que la ordenación es primordialmente legislativa, sin

---

43 En este sentido, la LOSSEC o la LOSSEAR, ya desde el título, se refieren separadamente a la "ordenación" y a la "supervisión" de las entidades de crédito o de seguros, evidenciado la existencia de dos tareas diferentes. Y esa dicotomía se reproduce en las principales normas reguladoras de otros sectores económicos: la LMV señala que tiene por objeto "*la regulación del mercado de valores y los servicios y actividades de inversión en España*" y establece separadamente el régimen de supervisión de la actividad (cfr. art. 1 de la LMV); la LSE tiene por objeto "*establecer la regulación del sector eléctrico*" (cfr. art. 1.1 de la LSE), y atribuye a los poderes públicos potestades de "*control*" (supervisión) del sector (cfr. art. 2.3 de la LSE); la LSP pretende igualmente establecer "*la regulación de los servicios postales*" (cfr. art. 1.1 de la LSP), y distribuir las competencias para regular y supervisar el sector (cfr. art. 50.2 de la LSP); etcétera. Esta distinción emplea Izquierdo Carrasco para distinguir una noción estricta de supervisión (la así propiamente dicha) de una noción amplia (la que se refiere conjuntamente a ordenación y supervisión *stricto sensu*): *vid.* "La supervisión...", *óp. cit.*, pp. 174-177. Ahora bien, las normas que determinan la conducta a la que debe ajustarse la conducta de los particulares no deben confundirse con las normas que regulan el ejercicio de las potestades administrativas de supervisión. La ordenación de un sector opera en el ejercicio de las potestades supervisoras de la Administración como un parámetro de medida fijo que permite verificar al supervisor si una determinada conducta se ajusta o no a ellas; las normas que regulan el ejercicio de las potestades de supervisión constituyen el canon de legalidad de la actuación administrativa.

44 *Vid.* Magide Herrero, Mariano, "Del Estado...", *óp. cit.*, pp. 26-30.

45 Así pues, ordenación y supervisión cumplen misiones distintas. La primera determina la afección directa a la esfera jurídica de los particulares necesarias para garantizar los intereses generales involucrados en una actividad y establece las prescripciones que deben seguirse para evitar daños a tales intereses generales. La supervisión sencillamente comprueba el cumplimiento por los particulares de las normas establecidas durante la fase anterior, pero no efectúa valoraciones relativas a la presencia de intereses generales en la actividad supervisada ni a eventuales afecciones derivadas de la conducta de los particulares. La precisión anterior tiene una importante consecuencia práctica. Las categorías dogmáticas sobre las que se asienta cada uno de los conjuntos normativos (las que ordenan la actividad de los particulares y las que rigen el desarrollo de la actividad administrativa de supervisión) son diferentes (las primeras, en cuanto rigen relaciones entre particulares, son las propias del Derecho privado –Derecho societario, por lo que a las relaciones de una sociedad con sus accionistas se refiere; Derecho de contratos, por lo que respecta a las relaciones entre un operador económico y sus clientes; etc.–; las segundas, en la medida en la que regulan el ejercicio de potestades administrativas, son netamente normas de Derecho administrativo). Por tanto, la solución que se dé a los problemas que cada uno de esos bloques normativos será notablemente distinta, y deberá buscarse en la disciplina a la que pertenece cada uno de ellos.

perjuicio de la participación que la Administración puede tener en ella en ejercicio de la potestad reglamentaria que, empero, carece de capacidad originalmente ordenadora[46]. Las evidentes diferencias que existen entre ordenación de una actividad y supervisión del cumplimiento de esa ordenación no hacen aconsejable subsumir la actividad de supervisión en una general actividad pública de regulación que abarque, como categoría unitaria, ambas fases. El sistema constitucional de separación de poderes exige que las limitaciones a las libertades corran a cargo del poder legislativo y las concretas afecciones a las esferas jurídicas de los particulares lo hagan por cuenta de la Administración[47].

---

46 PARADA VÁZQUEZ señala que la potestad reglamentaria está naturalmente limitada (PARADA VÁZQUEZ, Ramón, "Derecho administrativo, Derecho privado, Derecho garantizador", *RAP*, nº 52 (1967), pp. 62 a 64). Esta característica encuentra perfecto engarce constitucional: la labor ordenadora comporta de suyo la limitación de los derechos constitucionales de los particulares involucrados en la actividad que se regula (particularmente, el derecho de propiedad y de libertad de empresa). Y eso, de acuerdo con el art. 53.1 de la Constitución, es algo reservado al legislador. La Administración, al ordenar, debe hacerlo en todo momento con plena sujeción a la Ley (cfr. arts. 97 y 103.1 de la Constitución) sin tener capacidad de alterar el contenido de la legislación. Por otro lado, Mariano MAGIDE refiere una segunda forma de participación de la Administración en la ordenación de una actividad: la producción de actos administrativos con un margen de discrecionalidad suficiente para que sean capaces de contribuir a configurar el *status jurídico* al que debe someterse la actuación de los particulares (por ejemplo, otorgando autorizaciones discrecionales; a esto lo denomina *discrecionalidad configuradora*) (*vid.* MAGIDE HERRERO, Mariano, *Límites..., óp. cit.*, pp. 247 y siguientes).

47 En realidad, opino que aquello que un sector de la doctrina denomina "regulación económica" se corresponde, en realidad, con tres actividades administrativas distintas, cada una de los cuales cuenta con su propia construcción dogmática en nuestro sistema y un amplio desarrollo en cuanto a técnicas y fórmulas de actuación (*vid.* LORA GONZÁLEZ, Carlos, "Supervisión...", *óp. cit.*, pp. 888-889). Así, la actividad de regulación abarca, en primer lugar, la potestad reglamentaria constitucionalmente reconocida a la Administración (art. 97 de la Constitución), que debe ser ejercitada con arreglo a los procedimientos y límites establecidos al efecto en nuestro ordenamiento jurídico (incluidas las limitaciones aplicables a su ejercicio por parte de las llamadas Administraciones independientes). La participación de la Administración en la normación de una actividad no deja, empero, de ser ejercicio de potestad reglamentaria, (o ejercicio de discrecionalidad configuradora) plenamente sometida a la Ley y sin que existan espacios de autonomía al margen de ésta. En segundo lugar, también forma parte de la regulación la actividad de gestión de los bienes públicos (demaniales –habitualmente– o patrimoniales), clásica en nuestro Derecho como categoría dogmática (*vid.* DE LA CUÉTARA MARTÍNEZ, Juan Miguel, *La actividad..., óp. cit.*, pp. 94-103), aunque no en cuanto a su aplicación a los sectores estratégicos que, tradicionalmente, han estado reservados en su integridad (y no solo en la propiedad de ciertos bienes) al Estado. De este modo, determinados sectores liberalizados publifican la propiedad de los insumos esenciales para la realización de la actividad (líneas ferroviarias, espacio aéreo, espacio radioeléctrico, red de transporte de energía eléctrica, etc.) y organizan un sistema de aprovechamiento no discriminatorio entre los participantes privados mediante técnicas (concesión y autorización demanial) ya conocidas desde hace décadas para esa clase de actividades (*vid.* LORA GONZÁLEZ, Carlos, "Nuevo paradigma de la gestión de los bienes públicos en los sectores en red: ¿hacia una entidad pública empresarial gestora del espacio radioeléctrico?", en Ortega Burgos, E., y Pastor Ruiz, F. (dirs.), *Actualidad. Mercados regulados 2023*, Valencia: Tirant lo Blanch, 2023, pp.

6.° La actividad administrativa de supervisión se desarrolla a través del ejercicio de diferentes potestades administrativas (autorizatoria –control previo–[48], inspectora –vigilancia y control–[49], interventora o correctora –imposición de alteraciones coactivas de la esfera jurídica de los particulares–[50] y sancionadora –represión y punición–[51])[52], en buena medida (quizá con la sola excepción de la resolución bancaria que aquí se examina) ya conocidas por la dogmática jurídico-administrativa[53]. Todas ellas deben ejercitarse de acuerdo con las normas

390). En tercer lugar, la actividad de regulación económica se encuentra integrada por lo que la doctrina alemana denominaba "actividad de supervisión" en sentido estricto, esto es, un conjunto de potestades dirigidas simple y llanamente a verificar que los particulares cumplen con las normas que rigen su actividad y, por tanto, se realiza la indemnidad del bien jurídico protegido perseguido por ellas. Como se comprueba, la regulación es, en consecuencia, mucho más que la sola función de supervisión a la que se refieren las leyes, lo que evidencia la inconveniencia de asimilar una y otra noción.

48 Tradicionalmente, la potestad autorizatoria se ha concebido como la remoción de obstáculos establecidos por la Ley para el ejercicio de un derecho subjetivo preexistente o como excepción al principio general de libertad. En cualquier caso, la autorización presupone un control previo de una actividad, donde la Administración pública comprueba que quien lleva a cabo una acción, reúne las condiciones impuestas por la Ley para ello y, a partir de ahí, permite expresamente la realización de dicha actividad.

49 Bajo esta expresión, ampliamente examinada por la doctrina, suelen agruparse los poderes administrativos que permiten obligar a ciertos sujetos (quienes realizan una determinada actividad), bien requiriendo documentación a los interesados, bien realizando investigaciones e inspecciones *in situ* en las dependencias de dicho interesado, o bien realizando cualesquiera otras acciones dirigidas a comprobar la realidad fáctica bajo la cual se desarrolla una determinada actividad. Son, de este modo, poderes que permiten a la Administración obtener información que, de otro modo, el interesado podría reservarse para sí, sin que ello suponga una intromisión en la esfera jurídica de éste. *Vid.*, a este respecto, Santamaría Pastor, J. A., *Principios...*, *óp. cit.*, pp. 263 y ss. ("*técnicas de información*") y 267 y ss. ("*las comprobaciones*", integradas en las "*técnicas de condicionamiento*").

50 En un sentido amplio, me refiero con este término al conjunto de poderes de diversa clase cuyo ejercicio es susceptible de alterar la esfera jurídica de los particulares de forma coactiva, esto es, toda facultad que permite a la Administración imponer cierta conducta al destinatario de la medida. Santamaría Pastor las denomina "*técnicas ablatorias*": *vid.* Santamaría Pastor, J. A., *Principios...*, *óp. cit.*, pp. 279 y ss.

51 Técnica bien conocida por nuestro Derecho administrativo, consiste en la represión y prevención de los eventuales incumplimientos mediante la imposición de sanciones, de naturaleza económica o no, a los incumplidores.

52 Magide Herrero, Mariano, *Límites ...*, *óp. cit.*, pp. 327 y ss.

53 "*Las técnicas de intervención pública* [administrativa], *sin embargo, aunque han cambiado algunos nombres y algunas cuestiones de detalle, en el fondo, siguen siendo las mismas*" (*vid.* Ureña Salcedo, J. A., "Crisis y transformación del sistema bancario español", *RGDA*, núm. 40 (2015), p. 10). El autor revisa las transformaciones experimentadas por las técnicas de supervisión, y llega a la conclusión de que todas ellas ya son sobradamente conocidas por nuestro Derecho administrativo, aunque experimenten los cambios y las adaptaciones que las circunstancias les exigen. En este sentido también es

establecidas para ello en garantía de los derechos y libertades de los particulares que constituyen la fuente de legitimidad del supervisor: la esfera jurídica de los particulares puede ser afectada en tanto en cuanto el supervisor la afecte en la forma prescrita para el ejercicio de sus potestades. En caso contrario, la actuación supervisora será ilegítima.

3. EL SECTOR BANCARIO COMO OBJETO DE SUPERVISIÓN

La actividad administrativa de supervisión prudencial bancaria se proyecta sobre un ámbito concreto de la realidad social, el bancario o crediticio, cuyos operadores principales, las entidades de crédito, constituyen, en la forma definida en las normas aplicables, el sujeto de aquella actividad.

Tal y como se expone a continuación, el examen de lo bancario o crediticio puede abordarse desde dos perspectivas: la de la realidad material (de naturaleza económica) en que consiste la actividad bancaria y la de la realidad jurídica que configuran las normas crediticias. Dado que el presente trabajo es de contenido jurídico, es la segunda de estas aproximaciones la que resulta relevante, sin perjuicio del interés que puede tener una referencia meramente descriptiva a la primera a fin de contextualizar adecuadamente el análisis de la forma en que las normas aplicables regulan la realidad bancaria.

3.1. PERSPECTIVA ECONÓMICA: SECTOR BANCARIO Y MERCADO DE CRÉDITO

3.1.3. Sector financiero y sector bancario

Los términos “banco” o “crédito” conducen inmediatamente a pensar en el dinero. Ello es lógico si se tiene en cuenta que los “bancos” constituyen el centro de la vida dineraria de una sociedad: a través de ellos se realizan las principales transacciones económicas, se pagan recibos, se cobran nóminas, se obtienen préstamos, etc.

Ahora bien, en estrictos términos, no todo lo relacionado con el dinero puede considerarse como bancario o crediticio. Antes al contrario, existen otras actividades directamente involucradas en la movilización de recursos (en su obtención o en su puesta a disposición en favor de terceros) que no comparten esa naturaleza bancaria, tales como la emisión de títulos-valor y el aseguramiento de riesgos.

---

interesante el análisis de Carrillo Donaire, J. A., *Nuevo paradigma de la intervención pública sobre la banca*, RDBB, nº 137 (enero-marzo, 2019), que se centra especialmente en cómo ha evolucionado la tradicional potestad de intervención hasta dar lugar a la potestad de resolución de entidades de crédito.

Al conjunto de actividades relacionadas con el dinero se les suele denominar "actividades financieras", y, congruentemente, al conjunto de operadores que realizan esas actividades "sistema financiero" [54]. Dentro de ellas, existe una actividad que se relaciona con el dinero de un modo específico (captando el dinero del público en forma de depósitos u otros fondos reembolsables y empleándolo en la concesión de préstamos) que se denomina "actividad crediticia" o "actividad bancaria" y, consecuentemente, al conjunto de operadores que la realizan, "sector bancario" o "sector del crédito". De este modo, los términos sector financiero y sector bancario guardan entre sí una relación de todo a parte[55].

Las entidades que conforman el sector financiero (y, por tanto, también las entidades bancarias) intermedian en la asignación de recursos: obtienen recursos de los agentes económicos superavitarios y los ponen a disposición de los agentes deficitarios. Las

---

54 Existen distintas definiciones teóricas de sistema financiero. Para GONZÁLEZ GARAGORRI, es el "*conjunto de autoridades, instituciones y mercados que proporcionan a una economía: los mecanismos para canalizar el ahorro hacia la inversión, los medios de pago y la infraestructura que los soporta, cobertura frente a determinados riesgos y el mecanismo de transmisión de la política monetaria*" (*Sistema financiero*, Madrid: Ediciones CEF, 2018, p. 15); para CALVO BERNARDINO *et al.* consiste en "*el conjunto de instituciones, medios y mercados, cuyo fin primordial es canalizar el ahorro que generan las unidades de gasto con superávit, hacia los prestatarios o unidades de gasto con déficit*" (Calvo Bernardino, Antonio, *et al.*, *Manual del sistema financiero español*, Barcelona: Ariel, 2018, p. 1); o para AFI Asesores Financieros Internacionales, aquél que tiene por función primordial "*poner en contacto a los agentes económicos que quieren invertir, por tener fondos disponibles para ello, con los que necesitan dichos fondos para adquirir bienes, emprender nuevos negocios o ampliar los ya existentes, para lo cual deben endeudarse o emitir valores*" (*Guía del Sistema Financiero Español*, Barcelona: Ediciones AFI, 2015). Dos precisiones cabe hacer al respecto. Primera, la alusión al sistema financiero como correa de transmisión de la política monetaria de un país no tiene por qué darse necesariamente para que pueda hablarse de sistema financiero, sino que estará presente en la medida en la que dicho sistema se encuentre intervenido o mediatizado por los poderes públicos. Segunda, el sistema financiero abarca también las actividades conducentes a cubrir el riesgo de eventos futuros que puedan amenazar la situación financiera de una persona. Aunque *a priori* esta actividad parezca ajena a la actividad financiera, no lo es; de hecho las primas del seguro no se calculan sólo atendiendo a la probabilidad de ocurrencia del evento asegurado, sino a la rentabilidad que el asegurador prevé obtener de invertir esas cantidades hasta que se produzca el siniestro (cfr. GONZÁLEZ GARAGORRI, Íñigo, *óp. cit.*, pp. 25 y ss.). No faltan tampoco aproximaciones jurídicas a la definición de mercado financiero. Así, la Sentencia del Tribunal Constitucional 133/1997, de 16 de julio (TOL80.756), al aproximarse a la noción de "mercado de valores", señaló que: "*el concepto de mercado de valores no se entiende si no es integrado en el concepto más amplio de «sistema financiero», del que forma parte. Si por sistema financiero se tiene al conjunto de instituciones, entidades y operaciones a través de los cuales se canaliza el ahorro hacia la inversión, suministrando (oferta) dinero u otros medios de pago para financiar las actividades de los operadores económicos (demanda), el mercado de valores no es sino un elemento o parte integrante del sistema financiero*" (FJ 3).

55 Por su parte, las actividades dirigidas a la movilización de recursos mediante la emisión de títulos-valor comprenden el sector de servicios de inversión, y el aseguramiento de riesgos el sector de los seguros.

entidades bancarias obtienen recursos de una forma concreta: mediante la captación de depósitos del público. E, igualmente, los ponen a disposición mediante la concesión de créditos por su cuenta y riesgo.

No obstante lo anterior, las entidades bancarias también participan de otras actividades financieras no crediticias (por ejemplo, la emisión de títulos-valores o el aseguramiento de riesgos), bien de forma directa, bien creando sociedades filiales especializadas[56]. Por esa razón, se suele referir el modelo de sector bancario español con la expresión "banca universal"[57].

3.1.2. Estudio económico del negocio bancario

A) Dinámica económica de la actividad crediticia

El negocio bancario sigue el siguiente esquema[58]: las entidades de crédito reciben fondos reembolsables del público (normalmente en forma de depósitos[59]) que prestan

---

56 Una entidad de crédito con filiales que operan en otros sectores del sistema financiero se denomina "conglomerado financiero", y se sujeta a una normativa especial dirigida a coordinar las distintas ordenaciones aplicables a cada actividad: *vid.* GONZÁLEZ GARAGORRI, Íñigo, *óp. cit.*, pp. 37 y ss.

57 El modelo de banca universal implica aprovechar los canales de venta que constituyen el elevadísimo número de oficinas comerciales que tienen abiertas las entidades bancarias en todo el territorio nacional para comercializar instrumentos financieros consistentes en acciones, bonos u otra clase de valores, así como pólizas de seguros y reaseguros (*vid.* GONZÁLEZ GARAGORRI, Íñigo, *óp. cit.*, pp. 35 y ss.). La expresión "banca universal" no debe confundirse, empero, con la circunstancia de que, en España, las entidades de crédito no se dividen entre "banca comercial" y "banca de inversión" según la clase de depósitos y fondos que capten del público, como sí ocurre, por ejemplo, en el mundo anglosajón (donde la banca comercial limita su actividad al mercado monetario y de corto plazo, mientras que la banca de inversión realiza su actividad mediante la captación de fondos a largo plazo). No obstante, es relativamente habitual que las entidades de crédito españolas empleen ambos términos (banca comercial y banca de inversión) para referirse a la atención a particulares y empresas, respectivamente.

58 Sin ánimo de exceder el objeto de estas páginas, es preciso apuntar que el negocio que aquí se describe es el que actualmente desarrollan los bancos, pero no el que motivó su nacimiento. Como es conocido, las entidades de crédito surgieron al albur de la expansión del comercio durante la Alta Edad Media como negocios de descuento de letras de cambio: las transacciones se documentaban mediante estos instrumentos que los comerciantes hacían efectivos a su regreso a sus localidades de origen, de modo que podían realizar el viaje sin tener que cargar con las sumas de dinero obtenidas en las distintas operaciones. Aunque las entidades de crédito hoy en día aún descuentan letras de cambio, éste hace tiempo que dejó de ser su negocio nuclear.

59 Aunque no sólo, sino que a los depósitos (que pueden ser cuentas corrientes a la vista, depósitos a plazo, depósitos de otras entidades de crédito –llamados "interbancarios"– o depósitos del banco central) pueden acompañar valores emitidos por las propias entidades (bonos, pagarés, valores especialmente garantizados –como las cédulas hipotecarias, en las que el bono está respaldado por un

a otros agentes de la economía por su cuenta y riesgo[60]. Este proceso, denominado "creación de dinero" o "proceso de expansión crediticia", se repite con cada suma de recursos movilizada, multiplicando por tanto las posibilidades al alcance de los operadores económicos[61].

Las entidades de crédito abonan a los depositantes una remuneración (que será, lógicamente, más alta cuanto mayor sea el tiempo durante el cual los depositantes renuncian a disponer de sus recursos), y reciben una compensación de sus prestatarios por la puesta a disposición de fondos. La diferencia entre ambas cantidades (el interés que cobran y el que pagan) constituye su margen de negocio.

B) Riesgos económicos presentes en la actividad bancaria

La naturaleza bidireccional del negocio bancario (esto es, la existencia de relaciones "hacia atrás" –con los depositantes– y "hacia adelante" –con los prestatarios–) implica la existencia de dos importantes riesgos para la entidad de crédito en el desarrollo de la actividad bancaria[62]:

1.° Riesgo de liquidez: se refiere a la posibilidad de que, llegado el momento de vencimiento del depósito, la entidad no pueda devolver al depositante la cantidad depositada y los intereses prometidos. El riesgo de liquidez aparece porque, en las economías desarrolladas, las entidades de crédito sólo están obligadas a retener una mínima parte de las cantidades depositadas para atender las demandas de liquidez ordinarias de sus clientes, pero no más. A esa mínima proporción de depósitos que deben conservar en tesorería se le denomina "coeficiente de caja".

---

préstamo con garantía hipotecaria, o las emisiones avaladas por el Estado– u otros títulos más complejos) o mediante instrumentos de patrimonio neto (principalmente el capital, pero también otros como las participaciones preferentes, los bonos convertibles o la deuda subordinada): *vid.* González Gorigorri, Íñigo, *Sistema...*, *óp. cit.*, pp. 130 y ss., y Calvo Bernardino, Antonio, *et al.*, *Manual...*, *óp. cit.*, pp. 188 y ss.

60 El préstamo se hace a través de instrumentos de distinta naturaleza, diferentes en función del prestamista, el objeto de la financiación, etc. Puede encontrarse una breve relación de ellos en González Gorigorri, Íñigo, *Sistema...*, *óp. cit.*, pp. 152 y ss., o en Calvo Bernardino, Antonio, *et al.*, *Manual...*, *óp. cit.*, pp. 193 y ss.

61 *Vid.* al respecto Mochón Morcillo, Francisco, *Economía, Teoría y Política*, Aravaca (Madrid): McGraw Hill, 2009, pp. 352 y ss. El proceso de expansión crediticia encuentra cierta crítica en la doctrina económica: *vid.* Huerta de Soto, Jesús, *Dinero, crédito bancario y ciclos económicos*, Unión Editorial, Madrid, 2016.

62 A continuación se explican el riesgo de crédito y el riesgo de liquidez en cuanto exclusivos de la actividad bancaria. Evidentemente, el negocio del crédito puede comportar otros riesgos que, sin embargo, no derivan de la particular naturaleza de la actividad ni son exclusivos de ese sector (riesgos operativos, de mercado, de tipo de interés, de tipo de cambio o de reputación, entre otros).

Es decir, el riesgo de liquidez se presenta en relación con todas aquellas cantidades depositadas que excedan el coeficiente de caja mantenido por la entidad.

2.° Riesgo de crédito: se refiere a la posibilidad de que, vencido el crédito mediante el que se han prestado parte de los fondos depositados en la entidad, el prestatario no devuelva el capital, colocando a la entidad bancaria en apuros para reintegrar al depositante la cantidad dada en custodia al vencimiento del depósito. Este riesgo puede evitarse procurando que la entidad cuente siempre con un número de activos suficientes que pueda hacer líquidos, en caso de impago, para cumplir, a través del resultado de su venta, con las obligaciones asumidas con el depositante.

La forma natural mediante la que una entidad bancaria puede cubrir esos riesgos parece sencilla: basta con que el periodo de préstamo coincida con el periodo de depósito, y con que el riesgo que representa el crédito para el banco sea equivalente al riesgo asumido por el depositante frente a la entidad.

Sin embargo, la realidad es mucho más compleja. La estrechez de los márgenes de negocio de las entidades bancarias (la diferencia entre el interés abonado a los depositantes y el interés recibido de los prestatarios) incentiva a las entidades de crédito a captar depósitos a corto plazo y sin expectativas de pérdida (pues deben abonar un interés menor) y, en cambio, a prestar a largo plazo con niveles de riesgo más elevados (pues reciben por ello mayores intereses).

Esta dinámica hace frecuente la materialización de los riesgos de liquidez y de crédito. Como es lógico, una entidad de crédito que apueste por una política agresiva en términos de plazos y nivel de riesgo puede acabar quebrando, toda vez que se sucederán vencimientos de depósitos a corto plazo en los que los depositantes han asumido un bajo nivel de riesgos cuando gran parte de los recursos de la entidad estarán comprometidos a largo plazo y a niveles de riesgo más altos. Esa amenaza de quiebra disciplina a las entidades, toda vez que un empeoramiento de su situación emite al mercado señales desfavorables que le obligan a replantearse la política de créditos si quiere seguir recibiendo depósitos del público.

C) El papel del banco central en el negocio bancario

En este contexto, es significativo el papel que desempeña actualmente el banco central, toda vez que su intervención en el negocio bancario distorsiona la percepción que el mercado tiene de los riesgos de liquidez y de crédito y, en consecuencia, atenúa la disciplina intrínseca a la dinámica económica del negocio.

Antes de analizar el específico papel que, hoy por hoy, tiene el banco central en el negocio bancario, es preciso realizar una importante matización. En las economías desarrolladas, los bancos centrales pueden realizar funciones distintas (participar en la determinación de la política monetaria, supervisar las entidades de crédito y, como se ha apuntado, participar del negocio bancario)[63]. A los efectos que nos ocupan, sólo interesa el papel que desempeñan en el negocio bancario, sin que ello signifique que las demás funciones no produzcan también efectos sobre la actividad crediticia.

Los bancos centrales cumplen hoy la función de servir de respaldo financiero a las entidades de crédito. De este modo, las entidades de crédito acuden al banco central solicitando financiación para cubrir su actividad y el banco central se la presta. Los fondos que moviliza el banco central proceden no sólo de la captación de depósitos constituidos por las entidades de crédito sino de la prerrogativa que tienen de *crear* nuevo dinero, esto es, de imprimir nuevos títulos dinerarios (billetes y monedas) que ponen en circulación. En todo caso, los préstamos del banco central se conceden a tipos de interés inferiores a los que marca el mercado para las operaciones similares entre las entidades bancarias y los particulares.

Como se comprueba, la participación de los bancos centrales en el negocio del crédito relaja considerablemente los riesgos de liquidez y crédito al que se enfrentan las entidades bancarias. En la medida en que éstas cuentan siempre con el respaldo de su banco central, las probabilidades de que un vencimiento anticipado de un depósito o un impago imprevisto de un crédito avoquen a la quiebra a la entidad se reducen considerablemente, pues no tiene más que acudir al banco central, quien la financia en condiciones favorables.

---

63 Sobre el papel de los bancos centrales como ejecutor de la política monetaria, *vid.* Mochón Morcillo, Francisco, *óp. cit.*, pp. 366 y ss., Calvo Bernardino, Antonio, *et al.*, *óp. cit.*, pp. 113 y ss. y AFI Asesores Financieros Internacionales, *óp. cit.*, pp. 341 y ss. Sobre su función como supervisor, puede consultarse Deprés Polo, Mario, *et al.*, *Manual de regulación bancaria en España*, Madrid: Funcas, 2017, pp. 48 y ss. El BCE respalda expresamente que los bancos centrales asuman estas últimas funciones (lo cual, como enseña la teoría de la elección pública, no es de extrañar, pues a más funciones, mayor presupuesto que manejar): *vid.* BCE, *The role of central banks in prudential supervision*, Revista de prensa del BCE, 22 de marzo de 2001. Esta diversidad de funciones trae causa de la evolución histórica que han experimentado los bancos centrales. Originalmente, los bancos centrales no eran más que "bancos de bancos", esto es, entidades que descontaban las letras de cambio que, a su vez, habían descontado sus bancos-clientes (*vid.* Merchán Aparicio, Carlos, "Nuevos datos sobre los orígenes del Banco de España", *Vergentis. Revista de Investigación de la Cátedra Internacional Conjunta Inocencio III*, 2015-12, Repositorio Institucional de la Universidad Católica de Murcia). Posteriormente, se convirtieron en entidades que aceptaban depósitos de los bancos superavitarios para prestar a los bancos deficitarios. Durante todo este primer periodo, los bancos centrales no eran necesariamente instituciones públicas. Sin embargo, su importancia aumentó cuando los Estados pasaron a integrarlos como parte de ellos, atribuyéndoles importantes prerrogativas en régimen de monopolio (como la emisión de la moneda y, posteriormente, las potestades administrativas de supervisión), de las cuales los poderes públicos obtenían importantísimas ventajas (por ejemplo, al sustituir el patrón oro por dinero fiduciario permitieron a los Estados obtener dinero sin necesidad de contar con el correlativo respaldo en términos de riqueza real). Su participación en el negocio bancario se ha visto mediatizada también por ese proceso de publificación.

La financiación de respaldo que proporciona el banco central no se acomoda a la naturaleza de los préstamos otorgados por el banco financiado en términos de plazos y nivel de riesgo[64]. Por esa razón, la participación de los bancos centrales en el negocio crediticio distorsiona la percepción del riesgo por las entidades y equivoca la información que éstas emiten al mercado, toda vez que la posibilidad de que no puedan atender obligaciones que, por su propia naturaleza, podrían verse afectadas por eventuales impagos en plazo, se reduce considerablemente. La consecuencia es evidente: la disciplina del mercado se relaja y el incentivo de las entidades de crédito a prestar a largo plazo a proyectos arriesgados y captar recursos a corto plazo y bajo riesgo se acentúa[65].

Y, en este contexto, la posición del banco central difícilmente puede verse comprometida en la medida en que, en cuanto órgano estatal, es complicado que alcance una situación de insolvencia tal que le conduzca a la quiebra.

3.2. PERSPECTIVA LEGAL (I): DELIMITACIÓN DEL SECTOR DEL CRÉDITO FRENTE AL RESTO DE SECTORES DEL SISTEMA FINANCIERO

3.2.1. Concepto legal de entidad de crédito

La definición de las entidades de crédito no es homogénea en el tiempo y en el espacio. En el tiempo, porque la evolución de la realidad económica conduce al legislador a adaptar el ámbito de aplicación objetiva de las normas, dejando de considerar entida-

---

64 El banco central, como banco comercial de los bancos comerciales, debería descontar medios de pago a un tipo de descuento correlativo al plazo y al riesgo que entrañe la promesa que descuenta. Si el tipo es inferior (y, por tanto, los recursos que obtiene el banco comercial "cliente" del banco central son superiores a los que serían en el mercado), el banco comercial dispondrá, proporcionalmente, de más recursos para prestar de los que respaldan sus depósitos, y ello le permitirá asumir mayores riesgos de los que se corresponderán con ellos: si quiebra, el banco central le descontará medios de pago, con independencia de su calidad, y le proporcionará liquidez necesaria para atender sus obligaciones.

65 Donde sí se producen efectos perjudiciales es en la economía real, toda vez que la alteración de plazos y riesgos que ampara esta práctica genera importantes desajustes en la asignación de recursos por la economía productiva. *Vid.*, a este respecto, FRIEDMAN, Milton, y SCHWARTZ, Anna Jacobson, *A monetary History of the United States: 1867-1960*, United States of America: Princeton University Press, 1971; y BERNANKE, Ben Shalom, "Non-monetary effects of the financial crisis in the propagation of the Great Depression", *Working Paper nº 1053, National Bureau of Economic Research*, 1983. Es por ello que la participación de los bancos centrales en esas condiciones de privilegio ha encontrado críticas de la doctrina económica. En España, puede consultarse al respecto HUERTA DE SOTO, Jesús, *Dinero..., óp. cit.*, pp. 135 y ss.

des de crédito empresas que hasta ese momento tenían dicha condición[66] o pasando a incluir en tal concepto otras que, hasta entonces, estaban excluidas de él[67]. Y en el espacio, porque las realidades nacionales, fuertemente influidas por su trayectoria histórica, cuentan con especialidades que condicionan la inclusión de ciertas entidades en el concepto.

En este contexto, el término "entidad de crédito" fue introducido en Derecho español como consecuencia de la asunción del acervo comunitario en la materia en 1986[68], cuando sustituyó a la tradicional noción de "establecimiento de crédito", "establecimientos bancarios"[69] o, simplemente, "banca privada"[70].

Actualmente, la normativa española define las entidades de crédito del modo que sigue[71]:

> *"a) Las empresas autorizadas cuya actividad consiste en recibir del público depósitos u otros fondos reembolsables y en conceder créditos por cuenta propia;*
>
> *b) Las empresas autorizadas referidas en el artículo 4.1.1.b) del Reglamento (UE) n.° 575/2013 del Parlamento Europeo y del Consejo de 26 de junio de 2013 sobre los requisitos prudenciales de las entidades de crédito, y por el que se modifica el Reglamento (UE) n.° 648/2012"*[72].

66 Así ocurrió en España en 2013 con los establecimientos financieros de crédito, que perdieron su condición como entidades de crédito como consecuencia del cambio en las fronteras del concepto que introdujo el nuevo paquete normativo comunitario (*vid.* art. segundo del RDL 14/2013).

67 Previsiblemente, eso ocurra con algunas entidades que hoy llevan a cabo actividades incluidas en el ámbito de la banca "en la sombra". Al menos las principales recomendaciones internacionales apuntan en esa dirección.

68 Cfr. RDLeg 1298/1986 y, posteriormente, Ley 26/1988.

69 Cfr. base séptima de la Ley 2/1962.

70 Cfr. art. 37 de la LOB de 31 de diciembre de 1946.

71 Cfr. art. 1.1 de la LOSSEC.

72 Las entidades referidas en la letra b) se corresponden con empresas de servicios de inversión que llevan a cabo cualquiera de las actividades mencionadas en el Anexo I, sección A, puntos 3 a 6, de la BRRD, relativos a "*negociación por cuenta propia*"; "*gestión de carteras*"; "*asesoramiento en materia de inversión*" y "*aseguramiento de instrumentos financieros o colocación de instrumentos financieros sobre la base de un compromiso firme*" (y que, por tanto, es una empresa de servicios de inversión, en los términos que más adelante se expondrán), siempre y cuando **(i)** la empresa no sea un operador en materias primas y derechos de emisión, un organismo de inversión colectiva o una empresa de seguros; y **(ii)** una de tres: *(a)* el valor total de sus activos consolidadas es igual o superior a 30.000 millones de euros; *(b)* ese valor es inferior a esa cota pero la empresa forma parte de n grupo en el que el valor total de los activos consolidados de todas las empresas del grupo que posean cada una de ellas por separado un total de activos inferior a 30.000 millones de euros y que realicen alguna de las actividades señaladas es igual o superior a esa cifra; o *(c)* el valor de sus activos es inferior a esa cota pero la empresa forme parte de un grupo en el que el valor total de los activos consolidados de todas las empresas del grupo que realicen alguna de las actividades mencionadas sea igual o superior a esa cifra, siempre que

Por lo que se refiere al concepto de entidad de crédito contenido en la letra *a)* del art. 1 de la LOSSEC, la ABE, a solicitud de la Comisión Europea, ha puesto de manifiesto algunas de las limitaciones que presenta[73], particularmente en lo relativo al distinto tratamiento que los Estados miembros dan a los términos "depósito"[74], "otros fondos reembolsables"[75], "concesión de créditos"[76] y "público"[77] en sus respectivas legislaciones

el supervisor en base consolidada, en consulta con el colegio de supervisores, así lo decida, a fin de subsanar posibles riesgos de elusión y para la estabilidad financiera de la UE.

73 *Vid. Opinion of the European Banking Authority on matters reating to the perimeter of credit institutions* EBA/OP/2014/12, *Report to the European Comission on the perimeter of credit institutions established in the Member States*, de 27 de noviembre de 2014 y, más recientemente, *Opinion of the European Banking Authority on elementos of the definition of credit institution under Article 4(1), point 1, letter (a) of Regulation (EU) No 575/2013 and on aspects of the scope of authorisation* EBA/OP/2020/15 (esta última poniendo de manifiesto las divergencias que existe en los Derechos nacionales de los estados miembros en relación con algunos de los aspectos que integran la definición de entidad de crédito). En estos documentos, la ABE advierte de la necesidad de depurar el concepto a fin de determinar qué concretas entidades dedicadas a la intermediación crediticia (que caracteriza fundamentalmente por producir la transformación de plazos, de liquidez y de crédito y estar fuertemente apalancadas) deben ser consideradas entidades de crédito y cuáles no (*Report...*, 27 de noviembre de 2014, *óp. cit.*, pág. 2). En este sentido, la ABE analiza casos que existen en algunos Estados miembros (como, por ejemplo, en España con los establecimientos financieros de crédito) donde entidades que realizan actividades asimilables a las bancarias no se encuentran, sin embargo, sujetas a la ordenación del sector. La ABE pone de manifiesto la necesidad de que estas entidades sean sometidas a una regulación nacional en materia prudencial, así como la necesidad de avanzar en la consolidación contable de esas entidades cuando son vehículos de entidades sujetas a dicha normativa (cfr. *Report...*, 27 de noviembre de 2014, *óp. cit.*, págs. 16 y ss.).

74 Tras analizar la definición que de esta expresión se hace en los Estados miembros y en otras normas europeas (por ejemplo, en la Directiva UE/2014/49), propone definirlos como aquellas sumas de dinero, repagables a demanda o en el momento pactado contractualmente, con o sin interés, y recibidas de terceros en el curso de una actividad mercantil. Además, la ABE propone listar una serie de exclusiones (como las cantidades entregadas en concepto de arras en los negocios traslativos de la propiedad, por ejemplo), así como clasificar los depósitos entre transferibles (intercambiables por anotaciones bancarias o dinero a demanda sin penalizaciones o restricciones de ninguna clase) u otros (cfr. *Report...*, 27 de noviembre de 2014, *óp. cit.*, págs. 7 a 9).

75 La ABE constata que, a pesar de que se trata de un concepto apenas desarrollado por los Estados miembros, puede realizarse una interpretación ampliamente homogénea en todos ellos que incluya bonos y valores, así como certificados de depósitos negociables (no nominativos). En este sentido, la ABE pone en relevancia la definición que ofreció el Tribunal de Justicia de la UE en su Sentencia de 11 de febrero de 1999 (caso C-366/97) (TOL105.230) (cfr. *Report...*, 27 de noviembre de 2014, *óp. cit.*, págs. 9 y 10).

76 La ABE apunta la necesidad de definir "concesión de créditos" en términos amplios, así como la conveniencia de ofrecer un listado, ilustrativo o exhaustivo, de las actividades que pueden ser consideradas tales. Igualmente, la ABE advierte de la necesidad de concretar qué significa concesión de créditos "por cuenta propia" (cfr. *Report...*, 27 de noviembre de 2014, *óp. cit.*, pág. 11).

77 La ABE indica que, en su opinión, este matiz debería conducir a determinar un nivel de depositantes por debajo del cual quien capta depósitos o fondos reembolsables no debe tener la consideración de

nacionales[78]. Sobre esa base, la ABE ha propuesto algunas modificaciones que terminen por definir la frontera entre lo que es entidad de crédito y lo que no lo es[79].

Por otro lado, la Sentencia del Tribunal de Justicia de la UE de 16 de noviembre de 2023 (TOL9.887.037)[80] ha arrojado luz en cuanto a la necesaria vinculación que existe entre la captación de depósitos u otros fondos reembolsables del público y la concesión de créditos para que una entidad pueda ser calificada como "entidad de crédito". Así, el Tribunal concluye sólo aquellas entidades que realizan ambas actividades de forma que entre ambas exista cierto nexo causal (sin perjuicio de que, eventualmente, alguno de los préstamos concedidos puedan provenir de otras fuentes) deben ser consideradas "entidades de crédito" en el sentido establecido en el CRR (y, por tanto, también en la LOSSEC, que replica aquélla definición). Así razona el Tribunal:

> *"Además, si bien no cabe excluir que los créditos se concedan a partir de fondos procedentes de fuentes distintas de los depósitos u otros fondos reembolsables recibidos del público, por regla general existe necesariamente una relación entre la recepción de depósitos y la concesión de créditos.*
>
> *Así lo confirma la finalidad del artículo 4, apartado 1, punto 1, letra a), del Reglamento n.° 575/2013 modificado, que consiste en proporcionar una definición funcional del concepto de «entidad de crédito».*
>
> *En efecto, esta disposición tiene su origen en el artículo 1, primer guion, de la Directiva 77/780/CEE del Consejo, de 12 de diciembre de 1977, Primera Directiva sobre la coordinación de las disposiciones legales, reglamentarias y administrativas referentes al acceso a la actividad de las entidades de crédito y a su ejercicio (DO 1977, L 322, p. 30; EE 06/02, p. 21).*
>
> *Pues bien, de la génesis de esta última disposición se desprende que la definición del concepto de «entidad de crédito» se basa en la función que ejercen, en particular, los bancos en el circuito monetario de las economías nacionales, ya que su tarea esencial consiste en establecer un vínculo entre el ahorro y la inversión, es decir, en reunir fondos y prestarlos [propuesta de Directiva del Consejo sobre la coordinación de las disposicio-*

---

entidad de crédito (cfr. *Report...*, 27 de noviembre de 2014, *óp. cit.*, págs. 11 y 12).

78 En el caso español, la expresión "depósitos u otros fondos reembolsables" viene a sustituir a la referencia a "*fondos del público (...) que lleven aparejada la obligación de su restitución*" presente en el art. 1.2 del RDLeg 1298/1986 o a la tradicional mención a "depósito irregular" contemplada en el art. 37 de la LOB de 31 de diciembre de 1946.

79 En este sentido, la ABE opina que la concesión de créditos por cuenta propia es una *posibilidad*, y no un mandato de necesario cumplimiento (cfr. *Report...*, 27 de noviembre de 2014, *óp. cit.*, pág. 12).

80 Asunto C-427/22, cuestión prejudicial elevada por el *Varkhoven kasatsionen sad* (Tribunal Supremo, Bulgaria), en el procedimiento penal contra persona de iniciales "BG", que concedía préstamos sin contar con la debida autorización (para el caso de que la actividad de concesión de préstamos sirva para considerarla como entidad de crédito) o registro (para el caso de que no sea así y, en consecuencia, se trate de una simple entidad financiera, en el sentido del Derecho de la UE que más adelante se expondrá).

nes legales, reglamentarias y administrativas referentes al acceso a la actividad de las entidades [de crédito] y a su ejercicio [COM(74)2010 final, p. 6].

De ello se deduce que una empresa que no recibe del público depósitos u otros fondos reembolsables y que se limita así a conceder créditos a partir de fondos procedentes de otras fuentes no está comprendida en el concepto de «entidad de crédito», en el sentido del artículo 4, apartado 1, punto 1, letra a), del Reglamento n.° 575/2013 modificado.

(...) Por lo demás, por lo que respecta a las dudas del órgano jurisdiccional remitente relativas al artículo 9, apartado 1, de la Directiva 2013/36 y al anexo I de la misma Directiva, procede señalar, por un lado, que dicho artículo 9, apartado 1, establece la prohibición expresa, para las personas o empresas que no sean entidades de crédito, de recibir del público depósitos u otros fondos reembolsables, sin mencionar también la actividad consistente en conceder créditos, y, por otro lado, que los puntos 1 y 2 de dicho anexo I identifican por separado la recepción de depósitos y la concesión de créditos. Sin embargo, esto no afecta a la interpretación adoptada del concepto de «entidad de crédito», en el sentido del Reglamento n.° 575/2013.

Habida cuenta de las consideraciones anteriores, procede responder a la primera cuestión prejudicial que el artículo 4, apartado 1, punto 1, letra a), del Reglamento n.° 575/2013 modificado debe interpretarse en el sentido de que una empresa solo está comprendida en el concepto de «entidad de crédito», a efectos de dicho artículo 4, apartado 1, punto 1, cuando su actividad consiste, de forma acumulativa, en recibir del público depósitos u otros fondos reembolsables y en conceder créditos por cuenta propia, con la precisión de que esos depósitos u otros fondos recibidos del público están destinados a la concesión de créditos, sin que quede excluida la concesión de créditos también a partir de fondos procedentes de otras fuentes" (nn. 59 a 67).

En consecuencia, no cabe entender que aquellas entidades que sólo se dediquen a la concesión de préstamos pero no capten depósitos o fondos reembolsables del público, o en las que no exista relación causal entre una y otra actividad, deban ser consideradas entidades de crédito de acuerdo con el primero de los conceptos que ahora se examinan. En España, esta conclusión tiene relevancia, por ejemplo, para el ámbito de los establecimientos financieros de crédito que, como acertadamente hace el ordenamiento nacional, no pueden ser incluidas en el concepto de entidades de crédito (sin perjuicio de que su régimen regulador propio remita muchas de las cuestiones a la normativa establecida para aquéllas) y, por tanto, no forman parte del sector bancario a los efectos de la delimitación del ámbito objetivo de la actividad administrativa de supervisión prudencial bancaria que ahora nos ocupa.

Por lo que se refiere al concepto de entidades de crédito que proporciona la letra *b)* del art. 1 de la LOSSEC, cabe señalar que no responde a la tradición bancaria española ni de buena parte de los Estados miembros de la UE. Posiblemente, su razón de ser se encuentre en que, ante la ausencia de un supervisor europeo homologable al BCE en el marco del MUS para las empresas de servicio de inversión, el legislador europeo haya entendido necesario adscribir la supervisión de algunas de estas entidades (las que realizan las actividades más sensibles para la estabilidad financiera y las mayores en volumen de activos) a la supervisión prudencial del BCE, mediante el expediente de considerarlas, a efectos legales, "entidades de crédito" y sujetarlas, de ese modo, a la ordenación de la actividad de ésta.

En mi opinión, a pesar de lo pragmático de la medida, esta definición altera las bases sobre las que debe definirse la actividad bancaria, que no pone el acento tanto en lo que hace la entidad (prestar dinero, dicho sencillamente) como en de dónde recibe los fondos (de depósitos y otros fondos reembolsables del público). En este sentido, la definición que articula ahora el nuevo apartado b) del art. 4.1.1 del CRR se realiza desde el prisma de la actividad que desarrolla la entidad (una de las contenidas en los apartados 3 a 6 de la sección A de la Directiva 2014/65/UE) y el volumen de negocio total de la entidad o del grupo al que pertenece, pero sin tener en cuenta la procedencia de los fondos con los que realiza esas actividades. Esta forma de definir alternativamente a las entidades de crédito incorpora, por tanto, una nota de heterogeneidad que puede plantear problemas a la hora de aplicar a estas entidades unas normas de ordenación y supervisión concebidas para garantizar en su conjunto la estabilidad del sistema bancario en atención a la singularidad que tiene su actividad en cuanto a la procedencia de los fondos con que realizan sus actividades (principalmente crediticias, pero podrían ser otras).

3.2.2. *Delimitación respecto de otras entidades del sistema financiero*

La normativa relativa al sector del crédito contiene, junto al término "entidad de crédito", otros conceptos relacionados con operadores del sistema financiero que, no obstante, pueden llamar a la confusión. Es por ello que las entidades de crédito deben diferenciarse de:

1.° Empresas de inversión (o, en la normativa española, empresas de servicios y actividades de inversión[81]), que son aquéllas que llevan a cabo actividades de intermediación financiera a través de la emisión y comercialización de ciertos instrumentos financieros[82]. Las empresas de inversión se corresponden con los agentes

---

81 Cfr. art. 1 de la LMV.

82 Es decir, tanto la normativa europea como la normativa española ofrecen una *definición funcional* de las empresas de inversión, esto es, una conceptualización en razón de las actividades que llevan a cabo. Cfr. art. 4.1.1 de la BRRD (por expresa remisión del art. 4.1.2 del CRR), que define "*empresa de inversión*" como "*toda persona jurídica cuya profesión o actividad habituales consisten en prestar uno o más servicios de inversión o en realizar una o más actividades de inversión con carácter profesional a terceros*", identificando tales servicios y actividades de inversión con las enumeradas en la sección A del Anexo I de la BRRD, en relación con los instrumentos recogidos en la sección C del mismo Anexo (cfr. art. 4.1.2 de la BRRD). En el mismo sentido, el art. 1 de la LMV delimita su objeto como

que operan, dentro del sistema financiero, en el sector de los valores. Según se ha expuesto, la diferencia no impide a las entidades de crédito llevar a cabo también actividades relacionadas con los valores, sin que ello pueda conducir a calificarlas como empresas de inversión[83].

A la suma de entidades de crédito y de las empresas de inversión que además hayan sido autorizadas como entidades de crédito[84] la normativa europea las denomina, simplemente, entidades[85].

2.° Entidades financieras, que son aquéllas que, no ostentando la condición de entidad de crédito o de empresa de inversión (es decir, de entidad), ni siendo una mera sociedad de cartera industrial, adquieren participaciones o llevan a cabo ciertas actividades de intermediación financiera distintas de las propias de las referidas entidades y empresas[86].

En mi opinión, bajo el término entidad financiera, el legislador europeo pretende referirse al conjunto de entidades que en España solemos denominar auxiliares financieros[87], con algunos matices. En este sentido, los establecimientos

---

la regulación y supervisión de las empresas de servicios y actividades de inversión, entendiendo por tales las que negocian con los instrumentos financieros que se definen en su art. 2.

83 *Vid.* González Garagorri, Í., *Sistema..., óp. cit.*, pp. 35 y ss. El art. 4.1.2 de CRR excluye expresamente a las entidades de crédito de la consideración como "empresas de inversión".

84 De acuerdo con lo previsto en el nuevo art. 8 bis de la CRD IV.

85 Cfr. art. 4.1.3 de CRR.

86 En concreto, las relacionadas en los puntos 2 a 12 y en el punto 15 de la CRD IV (cfr. art. 4.1.26 del CRR). La ABE ha aclarado que tienen esta consideración las empresas que llevan a cabo esas actividades con carácter principal, aunque también desarrollen, secundariamente, otras tareas no financieras (es decir, industriales), pero no aquéllas cuya actividad principal es, precisamente, de naturaleza "puramente industrial" (cfr. EBA Q&A 2014_857). Por otro lado, la ABE recuerda que estas entidades están sujetas a consolidación a los efectos de la normativa de ordenación prudencial del sector bancario, en aplicación de lo dispuesto en el art. 18 de CRR (cfr. EBA Q&A 2013_310).

87 Empresas que, no desarrollando el negocio bancario en toda su extensión, realizan ciertas actividades (otorgan determinadas clases de préstamos, gestionan medios de pago, etc.) que inciden en el mercado del crédito: *vid.* González Garagorri, Í., *Sistema..., óp. cit.*, pp. 106 y ss. No debe confundirse este concepto con el de *empresa de servicios auxiliares* a que se refiere el art. 4.1.18 de CRR, que se circunscribe a empresas que prestan servicios esenciales para el desarrollo del negocio bancario (como los servicios informáticos) pero que nada tienen que ver con él.

financieros de crédito[88], las entidades de pago[89] o las entidades de dinero electrónico[90] pueden calificarse sin mayor problema como entidades financieras[91]. Sin embargo, las importantes sociedades de tasación[92] resultan difícil de encajar en ese concepto[93]. Por su parte, las sociedades de garantía recíproca y de rea-

88 Estas empresas, que perdieron su condición como entidades de crédito en el año 2013 (por mor del RD-ley 14/2013) y se encuentran actualmente regulados en la Ley 5/2015, se caracterizan por poder realizar algunas de las operaciones activas propias de la banca pero sin poder captar depósitos del público para ello. Habitualmente, los establecimientos financieros del público se dedican a conceder crédito al consumo, a financiar compraventas a plazos y a poner a disposición de los consumidores bienes y servicios bajo especiales condiciones de financiación (contratos de *leasing*, *factoring* o *renting*). En ocasiones, los establecimientos financieros de crédito también proveen de medios de pago propios, sujetándose entonces a una ordenación más severa (*vid.*, sobre estos auxiliares financieros, Calvo Bernardino, A. *et al.*, *Manual...*, *óp. cit.*, pp. 308 y ss. y González Garagorri, Í., *Sistema...*, *óp. cit.*, pp. 106 y ss.).

89 Son empresas que se dedican exclusivamente a proveer de alguno de los servicios de pago enumerados en el art. 1.2 del RD-ley 19/2018, por ejemplo, permitir el ingreso o retirada de efectivo de una cuenta de pago, ejecutan operaciones de pago (incluidas las transferencias de fondos) a través de una cuenta de pago o ejecutan esas operaciones cuando los fondos están cubiertos por una línea de crédito abierta para un usuario de servicios de pago. No obstante, estos servicios de pago también pueden ser proveídos por entidades de crédito, entidades de dinero electrónico y la Sociedad Estatal Correos y Telégrafos, S. A. (cfr. art. 5.1 del RD-ley 19/2018). Sobre los servicios de pago y las entidades de pago, *vid.* Calvo Bernardino, A. *et al.*, *Manual...*, *óp. cit.*, pp. 323 y ss.

90 Son aquellas empresas autorizadas para emitir dinero electrónico (cfr. art. 3.1 de la Ley 21/2011), esto es, "*todo valor monetario almacenado por medios electrónicos o magnéticos que represente un crédito sobre el emisor, que se emita al recibo de fondos con el propósito de efectuar operaciones de pago (...) y que sea aceptado por una persona física o jurídica distinta del emisor de dinero electrónico*" (art. 1.2 de la Ley 21/2011). Este dinero electrónico puede almacenarse en soportes físicos o *hardware* (por ejemplo, una tarjeta-monedero emitida para pagar el transporte público) o informáticos o *software* (el ejemplo más conocido es una cuenta abierta en la empresa *PayPal*). Sobre esta cuestión, *vid.* BCE, *Cuestiones suscitadas por la aparición del dinero electrónico*, Boletín Mensual del BCE, noviembre de 2000, pp. 39 y ss., y , Calvo Bernardino, A. *et al.*, *Manual...*, *óp. cit.*, pp. 330 y ss.

91 Los establecimientos financieros de crédito realizan las actividades incluidas en los puntos 2 y 3 del Anexo I de la CRD IV ("*préstamos, incluidos, en particular, el crédito al consumo, los contratos de crédito relativos a bienes inmuebles, la factorización con o sin recurso y la financiación de transacciones comerciales (incluido el forfaiting)*" y "*arrendamiento financiero*", respectivamente) a la que remite el propio art. 4.1.26 de CRR; los servicios de pago se refieren expresamente en su punto 4; y la emisión de dinero electrónico se incluye en el punto 15 del citado Anexo.

92 Entidades especializadas en la valoración de inmuebles cuya decisión tiene efectos legales en materia de ejecución de garantías inmobiliarias, por ejemplo, y por ello están sujetas a un especial régimen legal (contenido en la Ley 2/1981). Sobre estas entidades, *vid.* Calvo Bernardino, Antonio, *et al.*, *Manual...*, *óp. cit.*, pp. 339 y ss. y González Garagorri, Íñigo, *óp. cit.*, *Sistema...*, pp. 115 y ss.

93 Ni son empresas cuya actividad principal consiste en adquirir participaciones, ni se dedican a las actividades recogidas en los puntos 2 a 12 y 15 del Anexo I de la CRD IV.

fianzamiento[94], los establecimientos de cambio y transferencia de dinero[95] o las entidades de emisión de tarjetas de crédito[96] podrían entenderse incluidas en esa categoría tras una adecuada exégesis de la definición legal[97].

En sentido inverso, la normativa europea también califica como entidad financiera aquellas empresas constituidas al solo objeto de adquirir y gestionar la participación en otras compañías (las llamadas sociedades patrimoniales, que en España no se consideran parte del sector del crédito ni de los valores, ni se encuentran sujetas a una especial regulación más que a efectos fiscales[98]). A la luz de lo anterior, no cabe duda de que resulta necesaria una clarificación en este punto de las categorías de empresas financieras y auxiliares financieros que permita obtener un concepto depurado y aglutinador de aquellas empresas que, sin desarrollar el negocio bancario, inciden en el sector del crédito.

En cualquier caso, el concepto europeo de entidad financiera es confuso, toda vez que ese término suele emplearse en España, sobre todo en un lenguaje coloquial, para referirse bien al conjunto de entidades que operan en el sector financiero, bien singularmente a las entidades de crédito.

3.° Entidades del sector financiero, que abarcan todo el conjunto de empresas que operan en cualquiera de los tres subsectores del sistema financiero (crédito, valores o seguros), así como todas aquellas que lleven a cabo actividades de intermediación financiera[99]. Este término amplía lo que hasta ahora se conocía como

---

94 Empresas cuya actividad principal consiste en avalar (o reavalar) a sus socios, permitiendo con ello una transferencia de parte de los riesgos de una operación, favoreciendo las transacciones económicas. Estas empresas cuentan con un régimen especial recogido en la Ley 1/1994, modificada en distintas ocasiones (*vid.* Calvo Bernardino, Antonio, *et al.*, *Manual...*, *óp. cit.*, pp. 316 y ss. y González Garagorri, Íñigo, *Sistema...*, *óp. cit.*, pp. 111 y ss).

95 Cuyo negocio consiste fundamentalmente en cambiar monedas de curso legal en un país por monedas de curso legal en otro, a cambio de una comisión. Están regulados en el RD 1816/1991 (*vid.* Calvo Bernardino, Antonio, *et al.*, *Manual...*, *óp. cit.*, pp. 328 y ss.).

96 Entidades que emiten un medio de pago específico que, al ser empleado en distintas transacciones o al retirar efectivo mediante él, le proporciona ingresos en forma de comisiones (*vid.* Calvo Bernardino, Antonio, *et al.*, *Manual...*, *óp. cit.*, pp. 334 y ss.).

97 Las sociedades de garantía recíproca y reafianzamiento podrían ser empresas dedicadas a la "*concesión de garantías y suscripción de compromisos*" a que se refiere el punto 6 del Anexo I de la CRD IV; los establecimientos de cambio y transferencia de dinero podrían realizar las transacciones a que se refiere el punto 7 del mismo Anexo, entre las que se encuentran aquéllas que tienen por objeto las divisas; y las entidades emisoras de tarjetas pueden homologarse con facilidad a las que emiten cheques también incluidas en ese epígrafe 7, aunque no se las mencione expresamente.

98 Cfr. art. 5.2 de la LIS.

99 Cfr. art. 4.1.27 de CRR.

"entidad regulada"[100], incluyendo otras entidades que desarrollan actividades de intermediación financiera distinta del crédito, los valores o los seguros.

4.° Sociedades financieras de cartera, es decir, aquéllas sociedades cuyas filiales sean, exclusiva o principalmente, entidades de crédito, empresas de servicios de inversión autorizadas como entidades de crédito de acuerdo a la nueva definición contenida en el art. 4.1.1-*b)* de CRR o entidades financieras (si bien en este último caso debe contar, al menos, con una entidad de crédito o una empresa de servicios de inversión entre sus filiales), sin que tengan la condición de sociedades mixta de cartera[101]. Si la sociedad tiene como filial una empresa de seguros y forma un conglomerado financiero, pasa a denominarse sociedad financiera mixta de cartera[102]. Y si la matriz de una entidad no tiene la condición de entidad de crédito ni de empresa de inversión, y no puede ser calificada como sociedad financiera de cartera o como sociedad financiera mixta de cartera, tiene la consideración de sociedad mixta de cartera[103].

5.° Conglomerados financieros, que son grupos de empresas a cuyo frente hay una entidad regulada o una de cuyas filiales, al menos, tiene dicha condición (y, en el primer caso, sea una entidad matriz del sector financiero); cuenta con actividad, como mínimo en el sector de los seguros *y* en el del crédito o los valores; y las actividades en ambos grupos de sectores son significativas, de acuerdo con los criterios establecidos para ello[104]. La complejidad intrínseca a esta clase de grupos empresariales (que cuentan con empresas sujetas a distintas ordenaciones) hace

---

100 Cfr. art. 2.4 de la Directiva CE/2202/87. El término entidad regulada reunía a las entidades de crédito, empresas de inversión y empresas de seguros, dejando fuera, sin embargo, a las entidades que, de acuerdo a la normativa vigente, son calificadas como "entidades financieras".

101 Cfr. art. 4.1.20 de CRR. Aunque el artículo habla de que sus filiales sean "*exclusiva o principalmente*" entidades o entidades financieras, la reforma operada por el CRR, acogiendo la opinión de la EBA (EBA Q&A 2014_796), ha precisado que: "*las filiales de una entidad financiera son, principalmente, entidades o entidades financieras cuando al menos una de ellas es una entidad y cuando más del 50 % del capital, los activos consolidados, los ingresos, la dotación de personal u otros indicadores de la entidad financiera considerados pertinentes por la autoridad competente está asociado a filiales que son entidades o entidades financieras*".

102 Cfr. art. 4.1.21 de CRR.

103 Cfr. art. 4.1.22 de CRR.

104 Cfr. art. 2.1.14 de la Directiva CE/2002/87. Los criterios de significación de las actividades se recogen en el art. 3.2 y 3.3 de dicha norma, y pivotan en torno al peso que tienen en balance, en relación con los requisitos de solvencia que les son aplicables, los negocios de cada subsector dentro del conglomerado.

necesario contar con unos mecanismos de coordinación a la hora de supervisar el cumplimiento de toda esa normativa[105].

6.° La normativa europea también incorpora los términos de: **(i)** "entidad matriz de un Estado miembro", que se corresponde con una entidad de un Estado miembro que tenga como filial una entidad, una entidad financiera o una empresa de servicios auxiliares, o que participe en cualquiera de éstas sin que no sea a su vez filial de otra entidad autorizada en el mismo Estado miembro o de una sociedad financiera de cartera o sociedad financiera mixta de cartera establecida en ese Estado miembro[106]; y **(ii)** entidad matriz de la UE, que se corresponde con una entidad matiz de un Estado miembro que no sea filial de otra entidad autorizada en cualquier Estado miembro o de una sociedad financiera de cartera o sociedad financiera mixta de cartera establecida en cualquier Estado miembro[107].

Las sociedades financieras de cartera y las sociedades financieras mixtas de cartera también pueden tener las condiciones, cada una de ellas, de matriz de un Estado miembro o matriz de la UE[108].

Cuando la entidad matriz es una entidad de crédito, una sociedad financiera de cartera o una sociedad financiera mixta de cartera (siempre que el coordinador del conglomerado financiero sea una autoridad competente para la supervisión de entidades de crédito y sea además el coordinador en su función de supervisor de dichas entidades) que tengan, en todos los casos, su sede central en un Estado miembro participante, el conjunto formado por la entidad matriz y sus filiales se denomina "grupo supervisado", y constituye un sujeto de supervisión[109].

7.° Finalmente, el Derecho de la UE reconoce como sujeto de supervisión al denominado "organismo central"[110], entendiendo como tal aquella entidad que, con

---

105 En España, esos mecanismos se encuentran recogidos en la Ley 5/2005, si bien tanto la normativa ordenadora del sector bancario –por lo que aquí interesa– como la que configura la función de supervisión incluye reglas especiales al respecto.

106 Cfr. art. 4.1.28 de CRR.

107 Cfr. art. 4.1.29 de CRR. Adicionalmente, los nuevos apartados 29 bis a 29 quinquies del art. 4.1 de CRR definen, respectivamente, "empresa de servicios de inversión matriz de un Estado miembro", "empresa de servicios de inversión de la UE", "entidad de crédito matriz de un estado miembro" y "entidad de crédito matriz de la UE", respectivamente, para los casos correlativos en los que la matriz correspondiente tiene la condición bien de empresa de servicios de inversión, bien de entidad de crédito.

108 Cfr. art. 4.1.30 a 33 de CRR.

109 Cfr. art. 2.21-*a)* y *b)* del Reglamento 468/2014.

110 Cfr. art. 2.21-*c)* del Reglamento 468/2014.

independencia de que tenga o no la consideración de entidad de crédito[111], se encuentren afiliadas varias de ella sobre la base de que **(i)** los compromisos entre sí y con el organismo central constituyen obligaciones conjuntas y solidarias, o los de aquéllas están completamente garantizados por éste; **(ii)** la solvencia y liquidez del organismo central y de todas las entidades afiliadas están supervisadas en su conjunto sobre la base de las cuentas consolidadas de esas entidades; y **(iii)** la dirección del organismo central está habilitada para dar instrucciones a la dirección de las entidades afiliadas. De acuerdo con el Derecho de la UE, cuando concurran estos requisitos las autoridades competentes podrán eximir a las entidades de crédito afiliadas a un organismo central del cumplimiento de algunos de los requisitos impuestos por la ordenación de solvencia del sector[112], que serán exigibles únicamente respecto del organismo central[113].

El art. 1 bis de la LOSSEC, introducido por el RD-ley 7/2021, ha introducido ciertas previsiones a la hora de cohonestar sus previsiones con la terminología empleada por el Derecho de la UE y, en particular, para garantizar una aplicación homogénea de los términos "*entidad*", "*entidad matriz de un Estado miembro*", "*entidad matriz de la UE*" y "*empresa matriz*".

3.2.3. Entidades de crédito y banca en la sombra

El concepto de entidad de crédito es legal, esto es, una noción definida por la ordenación bancaria: es el legislador quien decide qué es entidad de crédito y qué no lo es. Evidentemente, todas las instituciones incluidas en el perímetro de la definición son, desde el punto de vista económico, entidades bancarias o crediticias, toda vez que todas ellas llevan a cabo una actividad económica que reúne las características esenciales del negocio bancario (esto es, la intermediación financiera captando recursos de los agentes deficitarios para entregarlos a los agentes superavitarios y transformando, en el camino, plazos y riesgos), si bien de una específica forma (captando depósitos o fondos reembolsables del público y prestándolos por cuenta propia).

Ahora bien, en las economías modernas esa forma no es la única en la que puede llevarse a cabo el negocio bancario. En efecto, la función de intermediación propia de las entidades de crédito viene siendo desempeñada por otras entidades que, en lugar de

---

[111] Así lo ha declarado el Tribunal de Justicia de la UE en su Sentencia de 2 de octubre de 2019 (asuntos acumulados C-152/18 P y C-153/18 P; *Crédit mutuel Arkéa vs. BCE, Comisión Europea y Confédératon nationale du Crédit mutuel*) (TOL9.909.966).

[112] Cfr. art. 10 de CRR.

[113] Cfr. art. 11.4 de CRR.

captar depósitos o fondos reembolsables del público, emplean otros instrumentos en la intermediación crediticia (la titulización de préstamos hipotecarios, por ejemplo). Estas empresas, a pesar de no reunir las notas con que la normativa define a las entidades de crédito, cumplen una función económica similar (intermedian entre agentes superavitarios y deficitarios transformando plazos y riesgos), sin sujetarse, sin embargo, a la normativa ordenadora del sector. Ello explica su denominación con la gráfica expresión de "banca en la sombra"[114].

Según se señala, la banca en la sombra participa en el negocio bancario descomponiendo la actividad crediticia tradicional en una mucho más compleja, mediante la titulización de los activos bancarios creados por el sistema bancario "en la luz" en activos más estructurados que emplea para captar fondos, los cuales, a su vez, se destinan a adquirir nuevos activos que titulizar, financiando con ello a las entidades que poseen tales activos. De este modo, la banca en la sombra transforma créditos de riesgo elevado y a largo plazo en instrumentos de menor riesgo y de corto plazo que, por ello, resultan mucho más atractivos para el mercado.

El término "banca en la sombra", sin embargo, no debe conducir a entender que las entidades que conforman el sistema viven al margen de la legalidad. Antes al contrario, en todos los casos se trata de empresas perfectamente legales. Habitualmente, las entidades integradas en la banca en la sombra son creadas por las propias entidades de crédito autorizadas con el fin de encontrar una vía de financiación rápida y acotar los riesgos, o por otros intervinientes en el mercado financiero. En algunos casos incluso los propios Gobiernos recurren a ellas para alimentar de liquidez el sistema financiero tradicional[115].

---

114 Dos de los mejores análisis que existen de este fenómeno son los elaborados por Tobias ADRIAN, Adam ASHCRAFT, Hayley BOESKY y Zoltan POZSAR, personas todas ellas relacionadas con el sector financiero estadounidense (con el banco central de Nueva York los dos primeros, con *Bank of America Merill Lynch* el tercero y con el Departamento del Tesoro de los Estados Unidos el cuarto): "Shadow banking", *Revue d'économie financière* nº 105, 2012, pp. 157 a 184; y "Shadow banking", *Federal Reserve Bank of New York Economic Policy Review*, diciembre de 2013. Entre nosotros, *vid.* PALÁ LAGUNA, Reyes, "Shadow banking", en TEJEDOR BIELSA, Julio César,. y FERNÁNDEZ TORRES, Isabel, (coords.), *La reforma bancaria en la Unión Europea y España: el modelo de regulación surgido de la crisis*, Cizur Menor (Navarra): Civitas, 2014, pp. 377 y ss.

115 Es el caso de la *Federal National Mortgage Association* (Fannie Mae), creada en 1938 por el Gobierno federal de los Estados Unidos, y de la *Federal Home Loan Mortgage Corporation* (Freddie Mac), erigida en 1970 por el mismo Gobierno. Estas compañías, que protagonizaron buena parte de los abusos cometidos durante la crisis financiera de 2007, lograban transformar el riesgo de los créditos que titulizaban por su condición de entidades respaldadas por el Gobierno, quien, implícitamente, reconocía que, en caso de apuros, asistiría financieramente a las entidades (como así ocurrió). Con ello, se produjo un efecto nocivo para el sistema, al alimentar la concesión de préstamos hipotecarios de elevado riesgo (las llamadas "hipotecas *subprime*") que inmediatamente eran adquiridos por esta

La banca en la sombra tuvo un protagonismo nada desdeñable en el proceso de expansión crediticia que precedió a la crisis financiera de 2007. Según se ha apuntado, la banca en la sombra contribuyó a financiar a las entidades bancarias que participaban de la intermediación crediticia ordinaria, adquiriendo las carteras de préstamos que éstas concedían y proveyéndoles, de ese modo, de recursos que inmediatamente éstas podían dedicar a la concesión de nuevos préstamos. La banca en la sombra titulizaba esas carteras y las colocaba en el mercado, obteniendo, a su vez, nuevos fondos con los que repetir el proceso.

Contra lo que puede pensarse, a pesar de su negativo papel en la mencionada crisis financiera, la importancia de la banca en la sombra no ha hecho más que crecer[116]. En efecto, el endurecimiento de las normas con arreglo a las cuales las entidades de crédito deben llevar a cabo su actividad ha incrementado el arbitraje regulatorio, incentivando a las entidades de crédito a crear sociedades vinculadas a las que transmitir muchos de sus activos para emplearlos en la captación de recursos de forma distinta de los depósitos o fondos reembolsables del público y escapando, en consecuencia, de la normativa que ordena esta última actividad.

El continuo aumento de la importancia de estas entidades ha empezado a preocupar a las autoridades reguladoras y supervisoras del sector bancario que, no obstante, no han acometido aún ninguna reforma dirigida a ordenar este subsector del negocio bancario. Aunque existen varias propuestas[117], todavía no se ha alcanzado un consenso político relativo a la futura ordenación de la banca en la sombra.

---

clase de entidades bancarias en la sombra, que los titulizaban y vendían en el mercado con el respaldo, en último término, del Estado que, según ya se ha indicado, no tiene problemas de solvencia.

116 Cfr. FSB, *Global shadow banking monitoring report 2017*, 5 de marzo de 2018. El informe expone cómo el sector crediticio en la sombra ha experimentado un continuo crecimiento desde los años de crisis en todas las categorías de entidades que intermedian al margen de la ordenación bancaria.

117 En 2009, la banca central neoyorquina emitió el informe elaborado por Tobias Adrian y Hyun Song Shin, "The Shadow Banking System: Imlications for Financial Regulation", *Staff Report nº 382*, julio de 2009. En 2012, la Comisión Europea elaboró el *Libro verde: el sistema bancario en la sombra*, COM(2012) 102 final, donde se dan algunas pautas para la futura ordenación de la banca en la sombra dirigida, sobre todo, a evitar que el proceso de intermediación crediticia esté mediatizado por entidades que no reúnan los requisitos de solvencia y liquidez necesarios para garantizar la estabilidad del sistema financiero. La ABE se ha referido a la necesidad de sujetar a estas entidades a las normas de solvencia existentes para las entidades de crédito (cfr. opinión sobre el libro verde de la Comisión ya citado EBA/BS/2012/139).

3.3. PERSPECTIVA LEGAL (II): TIPOLOGÍA DE ENTIDADES DE CRÉDITO EN DERECHO ESPAÑOL

En España (y en Europa) no existe una sola forma de entidad de crédito, sino que, por el contrario, esta condición puede corresponder a distintas clases de personas jurídicas que, si bien se sujetan a una ordenación y supervisión comunes en cuanto tales entidades de crédito, presentan particularidades en sus regímenes jurídicos.

3.3.1. Bancos

El banco es la entidad de crédito por excelencia, en España y en el mundo. Configurados como sociedades anónimas, los bancos representan, hoy por hoy, el paradigma de entidades de crédito, hasta el punto de que el uso de ese término se ha generalizado para referirse, incluso, a las entidades de crédito que no son, en puridad, bancos.

En cuanto tales sociedades anónimas, los bancos se sujetan a la normativa en materia de sociedades de capital (esto es, al TRLSC y sus normas de desarrollo), con algunas especialidades relativas al régimen de sus acciones o cotización en bolsa[118].

3.3.2. Cajas de ahorro (y fundaciones bancarias)

Las cajas de ahorro son peculiares entidades de crédito conocidas en la mayor parte de los países europeos[119]. Nacidas con adscripción a ciertas finalidades benéfico-sociales (en España, a la financiación de los préstamos otorgados por los montes de piedad[120]), las cajas de ahorro desempeñan el negocio bancario de igual forma que las entidades

---

118 *Vid.* Calvo Bernardino, Antonio, *et al.*, *Manual...*, *óp. cit.*, pp. 243 y ss., González Garagorri, Íñigo, *Sistema...*, *óp. cit.*, pp. 78 y ss. y AFI Asesores Financieros Internacionales, *Guía...*, *óp. cit.*, pp. 215 y ss.

119 *Vid.* Belmonte Ureña, Luis Jesús, *El sector de cooperativas de crédito en España. Un estudio por comunidades autónomas*, Sevilla: Consejo Económico y Social de Andalucía, 2007, p. 214.

120 *Vid.* Calvo Bernardino, Antonio, *Manual...*, *et al.*, *óp. cit.*, pp. 247 y ss., González Garagorri, Íñigo, *Sistema...*, *óp. cit.*, pp. 79 y ss. Las cajas de ahorro nacen para financiar los préstamos con garantía pignoraticia que los montes de piedad concedían a los estratos más humildes de la población, permitiéndoles, así, huir de la *usura* que se atribuía a bancos y banqueros. La primera caja de ahorros que existió fue la de Jerez, creada en 1834, y en el último tercio del siglo XIX se extendieron por todo el territorio nacional impulsadas por los poderes públicos.

de crédito, pero los beneficios los destinan no al lucro de sus propietarios (de los que carecen[121]), sino a obras de carácter social[122].

Aunque la LCAFB proclama el carácter fundacional de las cajas de ahorros[123], la determinación de su naturaleza jurídica ha sido el gran asunto pendiente de la doctrina[124]. Tampoco la normativa o la jurisprudencia (incluida la constitucional) han arrojado, en las décadas precedentes, luz sobre el asunto[125]. Esa indefinición complica conocer cuál es el régimen jurídico al que deben someterse, más allá de las cuestiones relativas al de-

121 La cuestión de la falta de propiedad de las cajas de ahorro ha sido, precisamente, uno de los grandes puntos flacos de su configuración legal (*vid.* ARIÑO ORTIZ, Gaspar, *La necesaria reforma de la Ley de Cajas de Ahorros*, Cizur Menor (Navarra): Civitas, 2010, pp. 47 y 48.

122 Esta cuestión ha provocado no escasos problemas de competencias entre Estado y Comunidades Autónomas, derivados de la distribución de competencias que el texto constitucional y los Estatutos de autonomía hacen para aprobar las normas de ordenación bancaria (que son de indudable aplicación a las cajas de ahorros, dado que son auténticas entidades de crédito) y en materia de política social. Ello, en definitiva, supone la intensificación del grado de intervención pública a que se ven sometidas las cajas de ahorro en el ejercicio de la actividad que les es propia (*vid.* FERNÁNDEZ RODRÍGUEZ, Tomás Ramón, "La doble dependencia de las cajas de ahorro", *RDBB* nº 108 (octubre-diciembre, 2007), pp. 153 y ss.).

123 "*Las cajas de ahorros son entidades de crédito de carácter fundacional y finalidad social (...)*", dice su art. 2.1.

124 Es recomendable el repaso que hace Gaspar ARIÑO por las distintas aproximaciones que se han realizado a la cuestión, todas ellas infructuosas: "*se ha dicho de todo sobre ellas. Desde que tienen una «naturaleza verdaderamente enigmática» (A. Nieto) hasta que «ni son públicas ni son privadas, sino público-privadas al mismo tiempo» (Aragón Reyes y otros); que constituyen un* tertium genus *como forma de participación e la sociedad en los asuntos públicos (Font i Llovet); que son «establecimientos» (Díez Picazo) término este confuso y ambivalente como pocos; y la mayoría las califican como «Fundación-empresa», tipo inexistente como tal en nuestro derecho público, que García de Enterría considera «figura convencional y no demasiado sólida» (...). Ante semejante cuadro, los más recientes tratadistas concluyen que «son arcanos difícil de explorar» y que lo mejor es «escapar a toda prisa de este debate sobre la naturaleza y forma de las Cajas» (...)*" (ARIÑO ORTIZ, Gaspar, *La necesaria reforma..., óp. cit.*, pp. 54 a 56).

125 Y eso que, al menos desde la perspectiva de la jurisprudencia constitucional, son muchas las ocasiones en las que ese Alto Tribunal se ha pronunciado al respecto. Debe citarse, junto a las célebres Sentencias núm. 48 y 49/1988, de 22 de marzo (TOL80.159 y TOL80.160, respectivamente), que analizan la constitucionalidad de la Ley de Cajas de Ahorros de Cataluña y de la LORCA, respectivamente, la Sentencia 18/1984, de 7 de febrero (TOL79.309), que resolvió un recurso de amparo presentado por varias personas físicas que habían visto rechazada su candidatura para formar parte de los órganos de gobierno de la Caja de Ahorros de Asturias, y donde el Tribunal Constitucional perfila la naturaleza de las cajas de ahorros sin entrar, no obstante, en la médula de la cuestión (cfr. Fundamentos de Derecho Tercero y Cuarto). Más recientes son las Sentencias núm. 118, 138 y 139/2011, de 5 de julio la primera y de 14 de septiembre las otras dos (TOL2.209.751, TOL2.253.567 y TOL2.253.570, respectivamente) donde se dilucidan cuestiones competenciales en materia de cajas de ahorros y, sin embargo, se mantiene el silencio acerca de su naturaleza jurídica.

sarrollo de negocio bancario (donde aplican las mismas reglas que las demás entidades de crédito).

Las dudas que existen en cuanto a ese régimen jurídico se ponen de manifiesto en el hecho de que, a pesar del proclamado carácter fundacional de las cajas de ahorros, el Derecho de aplicación supletoria es el rector de las sociedades de capital[126], y no el propio de las fundaciones[127]. Aunque, desde el punto de vista práctico, es fácil comprender que resulta mucho más adecuado aplicar supletoriamente a las cajas de ahorros la normativa de las sociedades de capital, no deja de suponer una inconsistencia dogmática cuya resolución requiere la clarificación de la naturaleza jurídica de las cajas de ahorro[128].

Las cajas de ahorros nacieron con un fuerte arraigo al territorio en el que operaban, y desde el comienzo se dedicaron a desarrollar el negocio bancario entre lo que hoy bien podría calificarse como pequeños y medianos consumidores y empresarios. A finales de los años setenta, las cajas de ahorros vieron liberalizada su expansión[129] y experimentaron un crecimiento nunca antes visto, llegando, en algunos casos, a emular a los grandes bancos en el desarrollo de la actividad crediticia. Se produjo, en realidad, una bancarización de hecho de las cajas de ahorros que ha conducido, en la última reforma, a su bancarización de derecho[130].

---

126 Cfr. art. 2.3 de la LCAFB.

127 Como sí ocurre con las fundaciones bancarias (cfr. art. 33 de la LCAFB). Ello no obstante, las fundaciones bancarias se someten a particulares reglas de gobierno corporativo y contabilidad distintas de las comunes para el resto de fundaciones (*vid.*, en este sentido, Circular 6/2015 del BdE y Orden ECC/2575/205).

128 En este debate, el profesor ARIÑO propone diseñar "*una figura legal de nuevo cuño que roma ese lecho de Procusto, bastante anticuado, que son los artículos 35 y 36 del Código Civil*", donde se clasifican las personas jurídicas en asociaciones, fundaciones y corporaciones, mientras que, en opinión del autor, las cajas de ahorros no se corresponden en puridad con ninguna de ellas (ARIÑO ORTIZ, Gaspar, *La necesaria reforma...*, *óp. cit.*, pp. 58 y 59).

129 Cfr. art. 20 del RD 2290/1977, de 27 de agosto, por el que se regulan los órganos de gobierno y las funciones de las Cajas de Ahorros.

130 El profesor FERNÁNDEZ RODRÍGUEZ atribuye la crisis por la que ha atravesado el sector a la indicada reforma legislativa y las que le siguieron, y sentencia la transformación que están experimentando las cajas de ahorros del siguiente modo: "*se empeñaron en imitar a los Bancos y han conseguido, en definitiva, ser Bancos o dueñas de bancos*" (FERNÁNDEZ RODRÍGUEZ, Tomás Ramón, "Las cajas de ahorro: el principio del fin", en DE LA CUÉTARA MARTÍNEZ, Juan Miguel, y MARTÍNEZ LÓPEZ-MUÑIZ, José Luis, *Derecho administrativo y regulación económica. Liber Amicorum Profesor Doctor Gaspar Ariño Ortiz*, Las Rozas (Madrid): La Ley, 2011, p. 1274). Para el profesor SÁNCHEZ-CALERO GUILARTE, la naturaleza también es legislativa, aunque coloca el acento en la reforma operada por la LORCA en 1985 y la politización de los órganos de gobierno de las cajas de ahorros que le siguió (*vid.* SÁNCHEZ-CALERO GUILARTE, Juan, "La crisis de las cajas y la respuesta legislativa", en COLINO MEDIAVILLA, José Luis, y GONZÁLEZ VÁZQUEZ, José Carlos (dirs.), *Las cajas de ahorros y la prevención y tratamiento de la crisis de las entidades de crédito*, Albolote (Granada): Comares, 2014).

En efecto, el régimen actual devuelve a las cajas de ahorro a sus orígenes[131], y limita geográfica y cuantitativamente el negocio[132], si bien no les impide crecer, transformándose –eso sí– en una fundación (bancaria u ordinaria[133]) y cediendo el negocio financiero a una nueva entidad que revista la forma de banco[134]. Las cajas de ahorros en

---

131 La EM de la LCAFB es clara al respecto: "*se ha propuesto una vuelta al modelo tradicional de cajas*", en línea con lo cual "*esta Ley introduce la exigencia de que las cajas de ahorros desarrollen sus actuaciones en el ámbito local y tengan un tamaño reducido*" (III). El Consejo de Estado ha valorado positivamente la orientación de la reforma (*vid.* Dictamen de 30 de mayo de 2013 -expte. ref. 512/2013-).

132 El art. 2.1, párrafo segundo, de la LCAFB dispone que "*su ámbito no excederá el territorio de una comunidad autónoma. No obstante podrá separarse este límite siempre que se actúe sobre un máximo total de diez provincias limítrofes entre sí*". Por su parte, del art. 34.2 de la LCAFB se colige con claridad que las cajas de ahorros no pueden tener un activo con un valor total consolidado superior a los diez mil millones de euros ni una cuota de mercado en su ámbito geográfico de actuación superior al 35% de los depósitos. A este respecto, *vid.* Díaz Ruiz, Emilio, "El nuevo régimen jurídico y de actuación de las cajas de ahorros", en Colino Mediavilla, José Luis, y González Vázquez, Juan Carlos (dirs.), *Las cajas..., óp. cit.*, pp. 39 y ss.

133 La diferencia objetiva radica en si ostentan o no más del 10% del capital o del control de los derechos políticos en el banco segregado: cfr. 32.1 de la LCAFB. La diferencia jurídica se encuentra en que las fundaciones bancarias se someten a un régimen especial respecto del general contenido en la normativa de fundaciones en algunos aspectos, como, por ejemplo, el nombramiento de los miembros del patronato, donde se trata de hacer extensivas las reglas previstas para las cajas de ahorros en materia de gobierno corporativo. A este respecto, el Consejo de Estado, en el dictamen citado de 30 de mayo de 2013, advirtió que no deben introducirse constricciones muy rígidas en el régimen especial de las fundaciones bancarias, toda vez que, con ello, podrían comprometerse los derechos de propiedad y fundación reconocidos en los arts. 33 y 34 de la Constitución, así como el principio de igualdad establecido en el art. 14.

134 La razón de la *bancarización de derecho* obedece a que el crecimiento continuado de las cajas de ahorros en los últimos cuarenta años provocó que muchas de ellas alcanzaran un tamaño suficiente para ser considerado sistémico (esto es, susceptible de provocar daños al sistema financiero en su conjunto), mientras que su configuración no contaba con los elementos suficientes para hacer frente a una eventual crisis de la entidad, fundamentalmente en términos de recursos propios y gobierno corporativo. En particular, las cajas de ahorros no podían hacer, como los bancos, responsables últimos a los accionistas u otros titulares de instrumentos de capital ante situaciones problemáticas para la entidad, toda vez que carecían de propietarios. Para evitar los problemas derivados de la imposibilidad de acudir a esos instrumentos para resolver eventuales crisis, se obliga a las cajas de ahorros a transformarse en bancos una vez superan ciertos volúmenes de negocio (*vid.*, a este respecto, La Casa García, Rafael, "El sector de las Cajas de Ahorros tras la Ley 26/2014, de 2 de diciembre, de Cajas de Ahorros y Fundaciones Bancarias", *RDBB*, núm. 137 -enero-marzo, 2015-). Todas estas consideraciones fueron tenidas en cuenta en el Memorando de Entendimiento sobre condiciones de Política Sectorial Financiera, hecho en Bruselas y Madrid el 23 de julio de 2012, mediante el cual se articuló la asistencia financiera concedida por las instituciones europeas a España en ayuda de –precisamente– las cajas de ahorros que se encontraban en una calamitosa situación, padre último de la reforma. En relación con ello, Javier Martínez Rosado apunta que el proceso toma la idea de la reforma operada en el sector financiero de los EEUU algunos años atrás (*vid.* Martínez Rosado, Javier, "El carácter no sistémico de las cajas de ahorros tras la Ley 26/2013", en Colino Mediavilla, José Luis, y González Vázquez, José Carlos (dirs.), *Las cajas..., óp. cit.*, pp. 63 a 66).

cuanto tales quedan reducidas a pequeños negocios condenados a estancarse. Cuando estos crecen, son las fundaciones (bancarias u ordinarias) quienes asumen el papel social que correspondía a las cajas de ahorro a través de los réditos que obtienen de su participación en el accionariado del banco segregado, el cual, como tal banco, tiene capacidad suficiente para hacer frente a las turbulencias que puedan aparecer.

La consecuencia de esa reforma ha sido que el sector de las cajas de ahorros ha quedado reducido a una mínima expresión[135], toda vez que la mayoría de ellas han convertido su negocio crediticio en bancos y se han transformado en fundaciones[136]. Las limitaciones al crecimiento de la actividad, unido a los nuevos y más altos requisitos que la nueva normativa impone para la constitución de cajas de ahorros han puesto la puntilla a un sector que, durante más de siglo y medio, ha dejado un importantísimo beneficio social[137].

3.3.3. Cooperativas de crédito

Las cooperativas de crédito, nacidas para promover el crédito, primero, en el sector agrario y, después, en ciertos sectores profesionales o populares de las ciudades[138], son

---

135 "*Este nuevo marco normativo ha terminado por relegar a las cajas de ahorros a una posición marginal en el sistema financiero español. En su lugar ha emergido una institución de nuevo cuño, la fundación bancaria, llamada a ser principalmente la forma jurídica resultante de la transformación forzosa de las cajas*" (La Casa García, Rafael, "El sector...", *óp. cit.*).

136 Sólo dos cajas de ahorro subsisten: la Caixa d'Estalvis de Pollença, en Baleares, y la Caja de Ahorros y Monte de Piedad de Ontinyent, en la Comunidad Valenciana. Incluso la asociación que agrupaba a las cajas de ahorros (la CECA) y hacía las veces de punta de lanza del subsector ha segregado su actividad crediticia a un banco (CecaBank). Curiosamente, el conjunto de bancos originados como consecuencia del proceso de transformación sufrido por las cajas de ahorro continúa teniendo una patronal (CECA) separada de la de propiamente bancaria (AEB) cuando, más allá de tener unos particulares accionistas (las fundaciones bancarias u ordinarias), no presentan ninguna especialidad respecto de los bancos tradicionales.

137 El profesor Prieto Álvarez califica la reforma como la "*sentencia de muerte para estas entidades tal y como las conocemos*" (Prieto Álvarez, Tomás, "Cajas de ahorro: de la tradición a su bancarización", en De la Cuétara Martínez, Juan Miguel, y Martínez López-Muñiz, José Luis, *Derecho administrativo..., óp. cit.*, p. 1332.

138 Sobre el origen de las cooperativas de crédito, *vid.* Ruiz Parra, Emilio, "Las cooperativas de crédito: presente y futuro", *PEE* núm. 54 (1993). Como explica el autor, las cooperativas de crédito se introdujeron en España a comienzos del siglo XX al albur de la normativa de sindicatos agrarios y al amparo de la Iglesia Católica con el fin de financiar las actividades agrícolas. Más tarde se extendieron también a las ciudades en forma de cajas populares, de obreros o profesionales. El modelo español de cooperativas de crédito sigue el patrón alemán, denominado "sistema *Raiffeisen*" en tributo a su ideólogo, y consiste en la agrupación de las pequeñas cooperativas existentes en torno a una nacional (o regional, y de éstas en torno a una ya sí nacional, como ocurre en Francia), con la que tienen dependencia operativa. En España, esa punta de lanza del subsector del crédito cooperativo sólo existe en el

sociedades cooperativas en el sentido mercantil del término y, en consecuencia, se rigen por la normativa aplicable a esta clase de entidades[139]. Las cooperativas de crédito se caracterizan por la particularidad de que no pueden desarrollar más de un 50% del negocio bancario con terceros distintos de sus socios[140]. Además, parte del beneficio deben destinarlo a crear un fondo de educación y promoción[141].

3.3.4. ICO

El ICO es una entidad pública empresarial[142] de doble naturaleza[143]: por un lado, es una entidad de crédito[144] especializada en el cumplimiento de los fines que le son propios[145] y, por otro lado, tiene la consideración de agencia financiera del Estado[146].

Llama la atención que el ICO merezca la condición de entidad de crédito cuando no cumple una de las notas esenciales de dicho concepto, cual es financiarse mediante

---

ámbito de las cajas rurales (el Grupo Caja Rural), mientras que las cajas populares y profesionales no han constituido agrupaciones de esa clase.

139 Cfr. art. 2 de la LCC. *Vid.* Calvo Bernardino, Antonio, *et al.*, *Manual...*, *óp. cit.*, pp. 262 y ss., González Garagorri, Íñigo, *Sistema...*, *óp. cit.*, pp. 85 y ss. y AFI Asesores Financieros Internacionales, *Guía...*, *óp. cit.*, pp. 227 y ss. Un muy buen análisis de las cooperativas de crédito, desde una doble perspectiva jurídica y económica, se encuentra en Belmonte Ureña, Luis José, "El sector...", *óp. cit.*

140 Cfr. art. 4.2 de la LCC.

141 Cfr. art. 8.3 de la LCC.

142 Cfr. art. 1 de sus Estatutos, aprobados por el RD 706/1999. De acuerdo con el art. 103.1 de la LEREJUSP, las entidades públicas empresariales son "*entidades de Derecho público, con personalidad jurídica propia, patrimonio propio y autonomía en su gestión, que se financian mayoritariamente con ingresos de mercado y que junto con el ejercicio de potestades administrativas desarrollan actividades prestacionales, de gestión de servicios o de producción de bienes de interés público, susceptibles de contraprestación*".

143 Art. 1 de sus Estatutos.

144 Actualmente, el ICO es la única entidad de crédito estatal que pervive, tras la venta de Argentaria (Corporación Bancaria de España, que aglutinaba a todos los bancos estatales existentes hasta entonces, a saber: Banco Exterior de España, Caja Postal de Ahorros, Banco Hipotecario de España, Banco de Crédito Local, Banco de Crédito Agrícola y Banco de Crédito Industrial) en 1999, culminada después de un proceso de progresiva privatización. *Vid.* Carreras de Odriozola, Albert, y Tafunell, Xavier, *Estadísticas históricas de España, s. XIX y XX*, Fundación BBVA, Bilbao, 2005, pp. 652 y 653.

145 Estos fines son: "*el sostenimiento y la promoción de las actividades económicas que contribuyan al crecimiento y a la mejora de la distribución de la riqueza nacional y, en especial, de aquellas que por su trascendencia social, cultural, innovadora o ecológica, merezcan su fomento*" (art. 2 de sus Estatutos).

146 *Vid.* Calvo Bernardino, Antonio, *et al.*, *Manual...*, *óp. cit.*, pp. 305 y ss., González Garagorri, Íñigo, *Sistema...*, *óp. cit.*, pp. 94 y ss. y AFI Asesores Financieros Internacionales, *Guía...*, *óp. cit.*, pp. 233 y ss.

la captación de depósitos u otros fondos reembolsables procedentes del público general. En efecto, sus Estatutos prohíben taxativamente al ICO financiarse mediante la captación de esa clase de recursos[147], limitando su financiación a la que pueda obtener en los mercados nacionales y extranjeros (siempre con la garantía del Estado detrás[148]) y al producto de su patrimonio[149]. Quizá razones parecidas a las que condujeron a dejar de considerar a los establecimientos financieros de crédito como entidades de crédito[150] debería conducir al ICO a seguir el mismo camino, por muy estatal que sea su propiedad.

4. LO PRUDENCIAL COMO TÍTULO DE INTERVENCIÓN PÚBLICA EN EL SECTOR DEL CRÉDITO

4.1. FUNDAMENTO DE LA INTERVENCIÓN PÚBLICA DE LAS ACTIVIDADES PRIVADAS

Los principales trabajos que estudian la intervención pública de las actividades económicas privadas localizan su fundamento en conclusiones propias de la teoría económica[151]. Así, fallos en la asignación de recursos mediante mecanismos de mercado, la existencia de externalidades negativas que deben ser asumidas por los operadores económicos, monopolios naturales que no pueden replicarse libremente por todas las empresas que realizan una actividad, necesidad de evitar prácticas anticompetitivas que generan ineficiencias, o la existencia de bienes públicos cuyo empleo no puede realizarse a través del libre concurso de la oferta y la demanda son, entre otras, las razones

---

147 Cfr. art. 24.7: "*en ningún caso el Instituto de Crédito Oficial captará fondos mediante depósitos del público en general*".

148 Cfr. art. 24.2 de sus Estatutos.

149 Cfr. art. 24.1 y 3 de sus Estatutos.

150 *Vid.* al respecto nota al pie 98.

151 Cfr. MUSGRAVE, Richard Abel, *The theory of public finance*, Nueva York: McGraw Hill, 1959; MUSGRAVE, Richard Abel, y MUSGRAVE, Peggy B., *Public finance in theory and practice*, Nueva York: McGraw Hill, 1989; BATOR, Francis M., "The anatomy of market failure", *The quarterly journal of economics, vol. 72*, 1958, pp. 351 a 379; ARROW, Kenneth Joseph, "The organization of economic activity: issues pertinent to the choice of market versus non-market allocation", en *The Analysis and Evaluation of Public Expenditures: The PBB-System*, Joint Economic Committee, 91° Congreso, 1969; STIGLITZ, Joseph Eugene, "Market, market failures and development", *American Economic Review*, no. 79, 1989, pp. 198 y ss., entre otros muchos.

repetidas en todos ellos para justificar la ordenación de las actividades económicas de los particulares[152].

A mi juicio, este planteamiento ocasiona uno de dos problemas: o el jurista adopta una posición pasiva y arriesga la razón de ser del sistema jurídico objeto de su examen a la validez de premisas exógenas a él, o –lo que es peor– se pretende economista al querer justificar ciertos postulados emanados del método científico propio de la Economía. En el primer caso, la doctrina jurídica apuesta su suerte a la certeza de la teoría económica que la sustenta: en el momento en que ésta se revele fallida, la construcción jurídica en ella fundada también decaerá[153]. En el segundo caso, el resultado puede ser directamente catastrófico: los conceptos económicos y jurídicos se confunden y las mi-

---

152 Santiago MUÑOZ MACHADO se refiere a esas y otras cuestiones sobre la base de los estudios preexistentes de teoría económica: "*los teóricos de la economía han producido una bibliografía amplísima sobre los supuestos en que procede la intervención pública condicionando las actuaciones de los agentes económicos (...). Los economistas se han ocupado de evaluar los motivos o causas determinantes de la regulación (...). Por alguno de los motivos indicados puede justificarse la regulación (...). La seguridad de que el mercado tiene fallos sirve para justificar la intervención pública*" (*Fundamentos..., óp. cit.*, págs. 111 a 115). Gaspar ARIÑO explica que: "*la regulación, en general, hace siempre su aparición ante la inexistencia, los fracasos o los fallos del mercado. Cuando éste funciona, no hay mejor regulación (...). Así pues, la regulación –en especial, la regulación económica– es pues un sustitutivo del mercado*" (ARIÑO ORTIZ, Gaspar, "Teoría y práctica de la regulación para la competencia. Hacia un nuevo concepto de servicio público", en ARIÑO ORTIZ, Gaspar, *Regulación..., óp. cit.*, p. 111). José Carlos LAGUNA DE PAZ también fundamenta la regulación en las conclusiones alcanzadas por la teoría económica: "*la ciencia económica explica que la regulación es necesaria para corregir los fallos de mercado. En el fondo, las razones que aporta son las mismas por las que la ciencia jurídica, con distintas palabras, justifica la intervención pública*" (LAGUNA DE PAZ, José Carlos, *Derecho administrativo..., óp. cit.*, p. 35. RIVERO ORTEGA responde a la pregunta "*¿por qué regular?*" del siguiente modo: "*es una cuestión sobradamente tratada por la teoría económica, siendo bien conocidas las respuestas sobre fallos del mercado: competencia insuficiente, externalidades negativas o carencias de información*" (*Derecho administrativo..., óp. cit.*, p. 22). José Luis MELIÁN Gil, contraponiendo el fundamento de la actividad de supervisión con el de la actividad de servicio público, señala: "*el* [título habilitante] *de la regulación económica es el mercado, con el principio de la libre competencia, en el que se concreta el fin justificador de la actividad de la Administración pública, de servicio al interés general, desarrollada, en parte, por unos entes que se configuran como Administraciones independientes, o Agencias reguladoras. Esto es lo fundamental. El Estado actúa como garantía de que el mercado cumpla con esa finalidad, sin desarrollar la actividad, sin declararla pública*" ("Una aproximación jurídica a la regulación económica y financiera", *RAAP*, núm. 75 (septiembre-diciembre 2009), pp. 24 y 25).

153 Y las teorías económicas no son absolutamente certeras e inmutables. Frente a las obras citadas *ut supra*, niegan la existencia de fallos de mercado, por ejemplo, James Buchanan en su extensa obra (se cita, como ejemplo, la recopilación de trabajos en BUCHANAN, James McGill (ed.), *The economic and ethics of economic order*, Ann Arbor: The University of Michigan Press, 1991); la escuela austríaca de economía (pueden citarse las obras de VON MISES, Ludwig, *La acción humana*, Madrid, Unión Editorial, 2018; o de VON HAYEK, Friedrich August, *Camino de servidumbre*, Madrid: Alianza Editorial, 2015); o KIZNER, Israel, *Discovery and the capitalism process*, Chicago: The Chicago University Press, 1985.

siones de ambas disciplinas se diluyen obteniendo una construcción dogmática desnaturalizada[154].

Ambos problemas pueden, sin embargo, evitarse si el fundamento de la intervención pública de las actividades económicas privadas, en cuanto técnica jurídica que es, se localiza en la propia ciencia jurídica. Ello permite al jurista realizar un ejercicio intelectual propio de su disciplina y, consecuentemente, producir un *corpus* teórico consistente.

Este planteamiento no significa que el examen del fundamento de la intervención pública en las actividades privadas deba abstraerse de la realidad que presentan esas actividades. Antes al contrario, la aproximación jurídica que se realice al fenómeno de la intervención pública aporta otra perspectiva para examinar una misma realidad; realidad que, por las razones extrajurídicas que sean (las económicas citadas, pero también sociales, culturales, etc.), llama la atención a los poderes públicos, que, valiéndose de técnicas jurídicas de distinta naturaleza (legislativas y ejecutivas), arman un sistema de mediatización de esas actividades que se explica, en cuanto tal sistema, desde categorías propiamente jurídicas.

Así las cosas, el fundamento jurídico de la intervención pública de las actividades económicas privadas debe resultar de la exégesis de los principales títulos de intervención que, en el específico ámbito económico, el ordenamiento jurídico reconoce a los poderes públicos.

En el ámbito constitucional, tanto la declaración general de subordinación de la riqueza del país al interés general (art. 128.1 de la Constitución[155]) como la habilitación expresa a los poderes públicos para participar en la actividad económica, reservar para sí ciertos sectores o eliminar la iniciativa privada (art. 128.2 de la Constitución[156]) encuentran en la protección de bienes jurídicos relevantes para la comunidad su razón de ser. En el mismo sentido se pronuncian el art. 131.1 de la Constitución, al permitir

---

154 El profesor RUIZ OJEDA expresa este riesgo de una forma muy gráfica refiriéndose del siguiente modo al jurista dedicado al Derecho público venido a economista: "*si un jurista que no sabe economía es ya en sí mismo un peligro, cuando se trata de un iuspublicista, hay que otorgarle con toda propiedad la condición de peligro público. Mucha razón tenía G. J. Stigler cuando decía que ningún académico puede considerarse exento de soltar alguna monserga, pero, cuando la perorata adquiere la forma de tratado, por ejemplo, de eso que suele denominarse Derecho administrativo económico, nos encontramos ante auténticas armas de destrucción masiva*" (RUIZ OJEDA, Alberto, "La regulación económica y sus eslabones perdidos", en DE LA CUÉTARA MARTÍNEZ, Juan Miguel; MARTÍNEZ LÓPEZ-MUÑIZ, José Luis; y VILLAR ROJAS, Francisco José, *Derecho administrativo y regulación económica: liber amicorum Gaspar Ariño Ortiz*, Madrid: La Ley, 2011, p. 1198).

155 "*Toda la riqueza del país en sus distintas formas y sea cual fuere su titularidad está subordinada al interés general*".

156 "*Se reconoce la iniciativa pública en la actividad económica. Mediante ley se podrá reservar al sector público recursos o servicios esenciales, especialmente en caso de monopolio y asimismo acordar la intervención de empresas cuando así lo exigiere el interés general*".

a los poderes públicos desplazar la iniciativa privada vía planificación cuando resulte adecuado para atender "las necesidades colectivas" (o, lo que es lo mismo, el interés general)[157], o el art. 38 de la Constitución[158], al que más adelante se volverá, cuando limita la libertad de empresa a "las exigencias de la economía general", esto es, a la tutela de bienes jurídicos del conjunto de la comunidad.

También en el ámbito del Derecho de la UE la posibilidad de que los poderes públicos intervengan las actividades económicas privadas encuentra su razón de ser en la salvaguarda de determinados intereses merecedores de protección jurídica para la comunidad. En efecto, si se acude a la categoría de los llamados "servicios económicos de interés general"[159] –que constituyen el título sobre el cual el Derecho europeo permite excluir la aplicación de las normas que regulan el mercado interior y el principio general de libre competencia para alcanzar ciertos objetivos de interés general mediante la ordenación de una concreta actividad[160]–, se comprueba que, para el legislador europeo, la intervención de actividades, por principio, libres se explica porque su realización afecta

---

157 "*El Estado, mediante ley, podrá planificar la actividad económica general para atender a las necesidades colectivas, equilibrar y armonizar el desarrollo regional y estimular el crecimiento de la renta y de la riqueza y su más justa distribución*".

158 "*Se reconoce la libertad de empresa en el marco de la economía de mercado. Los poderes públicos garantizan y protegen su ejercicio y la defensa de la productividad, de acuerdo con las exigencias de la economía general y, en su caso, de la planificación*".

159 Los servicios de interés económico general son actividades prestacionales (no vinculadas con la soberanía nacional), esenciales (indispensables para la vida en sociedad) y de naturaleza estrictamente económica (cfr. LAGUNA DE PAZ, José Carlos, *Servicios de interés económico general*, Cizur Menor (Navarra): Aranzadi, 2009, pp. 34 y ss.). La definición del profesor LAGUNA DE PAZ contrasta con la definición que hace de los servicios de interés económico general la Comisión, que los vincula a la existencia de "obligaciones de servicio público" impuestas en garantía del interés general tutelado: "*frente a ello, hay que aclarar que el concepto de SIEG no se limita a aquellos que tienen encomendadas obligaciones de servicio público, sino que tiene un carácter material. La producción de energía eléctrica es un SIEG, con independencia de que, en la situación concreta, sea o no precisa la imposición de prestaciones forzosas a alguna de las empresas que operan en el sector*" (LAGUNA DE PAZ, José Carlos, *Derecho...*, *óp. cit.*, p. 92). Esta última característica permite distinguir este título de los llamados "servicios sociales de interés general", cuya relevancia para el Derecho europeo es considerablemente menor (cfr. LAGUNA DE PAZ, José Carlos, *Derecho...*, *óp. cit.*, pp. 99 y ss.). Unos y otros conforman los "servicios de interés general"*: vid. COM (96) 443 final*, de 11 de septiembre de 1996, de la Comisión Europea; *COM (2011) 900 final*, de 20 de diciembre de 2011, de la Comisión Europea; y *SWD (2013) 53 final/2*, de 29 de abril de 2013, de la Comisión Europea.

160 "*Las empresas encargadas de la gestión de servicios de interés económico general o que tengan el carácter de monopolio fiscal quedarán sometidas a las normas de los Tratados, en especial a las normas sobre competencia, en la medida en que la aplicación de dichas normas no impida, de hecho o de derecho, el cumplimiento de la misión específica a ellas confiada. El desarrollo de los intercambios no deberá quedar afectado en forma tal que sea contraria al interés de la Unión*" (art. 106. 2 TFUE). "*Los SIEG no son tanto un régimen jurídico, cuanto un título de intervención*" (LAGUNA DE PAZ, José Carlos, *Derecho...*, *óp. cit.*, p. 94).

a bienes jurídicos merecedores de protección jurídica para la colectividad a la que sirven los poderes públicos.

A la luz de las consideraciones expuestas, considero que el fundamento de la intervención pública de una actividad económica privada se encuentra, pura y simplemente, en la existencia de bienes merecedores de protección jurídica para la comunidad que pueden verse afectados por esa actividad[161]. Tanto más da la naturaleza económica o de otra clase de las razones que conduzcan a encontrar esos bienes susceptibles de protección involucrados en cierta actividad[162]; lo importante es que, determinada su existencia, puede justificarse la sujeción de las conductas privadas a unas concretas normas en garantía de su indemnidad[163].

---

161 Muñoz Machado, a pesar de desarrollar la justificación económica clásica de la regulación (en el sentido anglosajón), concluye afirmando que "*la regulación persigue intereses públicos en beneficio de la colectividad*" (*Fundamentos...*, *óp. cit.*, p. 115). Montero Pascual parece acoger esta tesis al referir: "*el modelo regulador* [de ordenación y supervisión] *parte de la existencia de unos intereses generales en una determinada actividad económica. Este interés general es el que justifica la intervención pública ablatoria de derechos individuales de los operadores presentes en el mercado y también es el límite de dicha intervención*" (*Regulación...*, *óp. cit.*, p. 84). Y, más adelante, realiza una completa exégesis de los servicios de interés económico general que configura el Derecho de la UE partiendo también de la presencia de un interés general en ellos: "*el punto de partida del nuevo régimen jurídico es la identificación del interés general que la intervención pública pretende proteger*" (*Regulación...*, *óp. cit.*, p. 142). No obstante, el autor identifica la ordenación y supervisión de las actividades económicas con la *regulation* anglosajona, postura en la que el papel del interés general consiste sencillamente en servir de parangón de medida para el juicio de proporcionalidad que los tribunales pueden hacer de la actividad administrativa, por principio, discrecional (cfr. *Regulación...*, *óp. cit.*, pp. 82 y ss.), algo que, según se ha expuesto más arriba, no termina de encajar en nuestro sistema jurídico.

162 Una eficiente asignación de recursos o un desenvolvimiento del mercado bajo un modelo de competencia perfecta pueden ser dos intereses generales merecedores de protección, pero también puede serlo la redistribución de la renta, la reducción de la desigualdad o la universalidad de cierto bien o servicio. En todos esos casos, en los que existen razones puramente económicas y en los que pesan otras más filosóficas o ideológicas, la ordenación de las conductas cuenta con el mismo fundamento: la apreciación de intereses generales involucrados en la actividad y la necesidad de que sean protegidos de cualquier eventual daño.

163 Mariano Magide explica la justificación de la intervención pública de las actividades privadas en los siguientes términos: "*las concretas medidas de regulación y supervisión de una determinada actividad económica responden a la finalidad de proteger y promover muy diferentes intereses y bienes públicos, o determinados derechos de los particulares (...). Haciendo una abstracción, se podría afirmar que la regulación y supervisión de un sector o actividad económica, que supone una injerencia limitativa de la libertad de los particulares (en concreto de la libertad de empresa y el derecho de propiedad) y una excepción a la libre regulación de las relaciones entre los particulares de conformidad con el Derecho privado, viene justificada por la insuficiencia de ese Derecho privado para resolver adecuadamente: (i) la protección de bienes o intereses públicos difusos, que, aunque tengan reflejo en la esfera de derechos de los particulares tutelada por el Derecho privado, no se encuentra suficientemente protegidos por éste (...); y (ii) situaciones*

Lo anterior supone que las conclusiones alcanzadas por la teoría económica pueden ser una herramienta al servicio del legislador a la hora de apreciar la existencia de bienes jurídicos necesitados de esa tutela, pero los análisis económicos, por sí mismos, no fundamentan toda la intervención de una actividad, por principio, libre. Y, además, la existencia de bienes merecedores de protección jurídica también puede identificarse a la luz de consideraciones distintas de las económicas, como las políticas (distribución de la renta), las filosóficas (la dignidad de la persona), etc.

4.2. FUNDAMENTO DE LA INTERVENCIÓN PÚBLICA EN EL SECTOR DEL CRÉDITO: LO PRUDENCIAL COMO TÍTULO DE INTERVENCION

En el contexto expuesto, encontrar el fundamento de la intervención pública en el sector del crédito pasa, pues, por determinar qué bienes jurídicos presentes en la actividad del crédito merecen protección para la comunidad política. Cabe apuntar que el análisis subsiguiente se limita a los bienes jurídicos que el legislador actualmente considera que pueden verse afectados por la actividad crediticia, sin entrar a discutir las razones que le han conducido a ello.

Con carácter previo, debe aludirse al papel que el sector bancario juega como correa de transmisión de los objetivos de política monetaria que persiguen los bancos centrales en todas las economías desarrolladas (normalmente, la estabilidad de precios[164]). Y ello por cuanto, con la finalidad de que las decisiones de política monetaria adoptadas

de asimetría entre particulares (en ocasiones, vinculadas también de uno u otro modo a los intereses mencionados), que la regulación y la consiguiente supervisión pretenden compensar" (MAGIDE HERRERO, Mariano, "Del Estado...", *óp. cit.*, pp. 25 y 26).

164 "*En suma, la Ley configura al Banco de España como un ente de la Administración del Estado de naturaleza especial que, subordinado al Gobierno en términos generales, gozará empero de plena autonomía en el ámbito de la política monetaria, precisamente con la finalidad de preservar mejor el objetivo de la estabilidad de precios consagrado en la propia Ley*" (Exposición de motivos, LABdE). "*Sin perjuicio del objetivo principal de mantener la estabilidad de precios y del cumplimiento de las funciones que ejerce en tanto miembro del SEBC en los términos del artículo 105.1 del Tratado, el Banco de España apoyará la política económica general del Gobierno*" (art. 7.2 de la LABdE). "*El artículo 5.1 de los Estatutos establece que el BCE, asistido por los Bancos centrales nacionales, recopilará la información estadística necesaria para realizar las funciones del Sistema Europeo de Bancos Centrales, denominado en lo sucesivo «SEBC», obteniéndola de las autoridades nacionales competentes o directamente de los agentes económicos; que para facilitar la ejecución de estas tareas, fijadas en el artículo 105 del Tratado, y, en particular, la conducción de la política monetaria (...)*" (Reglamento 2533/1998, considerando 1). *Vid.* DE LAROSIÈRE, Jacques, *Thoughts on Monetary Policy: a European perspective*, Group of Thirty, Occasional Paper 93. En algunas economías, con la estadounidense, la política monetaria también persigue otros objetivos, como el crecimiento económico.

por los bancos centrales sean plenamente efectivas, las entidades de crédito sujetan su actividad a ciertas normas (que, en no pocos casos, son dictadas por los propios bancos centrales, esto es, por Administraciones públicas en el ejercicio de potestades ejecutivas –piénsese, por ejemplo, en la fijación de los tipos de interés interbancario–), y su cumplimiento es objeto de supervisión (normalmente, por los mismos bancos centrales que determinan la política monetaria).

De este modo, los objetivos de política monetaria podrían identificarse como un primer bien jurídico protegido que da lugar a una intervención pública, conformada por una ordenación y una supervisión administrativa, dirigida a garantizar su indemnidad. Sin embargo, la gran complejidad que presenta la determinación de qué parte de la política monetaria es ordenación, qué parte es supervisión, y qué parte es, en realidad, una actividad administrativa distinta (que quizá podríamos calificar de servicio público), destinada a gestionar en régimen de monopolio público la emisión de moneda, dificulta su encaje en el esquema conceptual de la ordenación y supervisión del sector del crédito. Así las cosas, en el presente trabajo no se abordarán las cuestiones relativas a política monetaria, sin perjuicio de las referencias que puedan resultar necesarias para su adecuada contextualización.

Hecha la anterior puntualización, cabe ubicar el fundamento de la intervención pública en el sector del crédito en la estabilidad del sistema financiero en beneficio de los sujetos que actúan con él. En la práctica, la indemnidad de este bien jurídico protegido se alcanza mediante la intervención de dos dimensiones de la actividad de las entidades de crédito: su continuidad en el mercado, mediante la aplicación de rigurosos estándares de solvencia y liquidez, y la protección de sus clientes, con el objetivo de eliminar las asimetrías presentes en el mercado[165]:

---

165 Estas dos dimensiones de la estabilidad del sistema financiero que persigue tutelar la intervención pública en el sector del crédito, junto con las cuestiones sobre política monetaria, se encuentran, de una forma u otra, implícitos en la mayor parte de los estudios que existen sobre el fundamento de la ordenación bancaria: García-Andrade Gómez, Jorge, "Fundamento y características de la regulación bancaria", en Muñoz Machado, Santiago, y Esteve Pardo, José, *Derecho de..., óp. cit.*, págs. 59 y ss. (estabilidad del sistema financiero, defensa de la clientela y participación en la política macroeconómica y en la estabilidad de precios); Lastra Leralta, Rosa María, "Principles of financial regulation", en De la Cuétara Martínez, Juan Miguel; Martínez López-Muñiz, José Luis; y Villar Rojas, Francisco José, *Derecho administrativo..., óp. cit.*, págs. 1.275 y ss. (protección de la confianza del sistema bancario); Uría Fernández, Francisco, *La nueva..., óp. cit.*, pág. 66. (proteger a los depositantes y garantizar el mantenimiento de un nivel de crédito que permita el crecimiento económico, estabilidad económica en general y protección de los contribuyentes) y pág. 142 (la protección del cliente bancario); Carbajales, Mariano, *La regulación del mercado financiero: hacia la regulación del mercado de valores*; Madrid: Marcial Pons, 2006, págs. 11 y ss. (protección contra monopolios y corrección de asimetrías en la información, comportamiento adverso con la clientela y estabilidad financiera); Salvador Armendáriz, María Amparo, "Transformaciones en

1.° Por lo que a la garantía de la *continuidad de las entidades de crédito en su actividad* se refiere[166], la intervención pública del sector del crédito persigue la minimización de los riesgos inherentes a su actividad (de crédito y de liquidez), y la evitación de la quiebra de las entidades[167]. A tal fin, la ordenación bancaria impone restricciones a la libertad de empresa y al derecho de propiedad de las

---

la regulación bancaria: una perspectiva desde el Derecho público", en COLINO MEDIAVILLA, José Luis, y GONZÁLEZ VÁZQUEZ, José Carlos, (dirs.), *Las cajas..., óp. cit.*, págs. 113 y ss. y, de la misma autora, "El riesgo sistémico en la regulación bancaria: respuestas tras la crisis", en DE LA CUÉTARA MARTÍNEZ, Juan Miguel, MARTÍNEZ LÓPEZ-MUÑIZ, José Luis; y VILLAR ROJAS, Francisco José, *Derecho administrativo..., óp. cit.*, págs. 1.357 y ss. (evitación de riesgos sistémicos y estabilidad del sistema financiero en su conjunto); MARTÍN-RETORTILLO BAQUER, Luis, ""Estudio preliminar", en Martín-Retortillo Baquer, Sebastián (dir.), *Estudios de Derecho Público Bancario*, Madrid: Ceura, 1987, pp. 19 y ss. (objetivos de política monetaria); ALEPUZ SÁNCHEZ, José Antonio, *Banca central y regulación bancaria, ¿dónde estamos?*, VIII reunión de Abogados de Banca central, CEMLA-BdE, 27 de junio de 2007 (disponible en: https://ideas.repec.org/a/cml/boletn/vliiiy2007i2p71-76.html, enlace consultado el 20 de octubre de 2019) (seguridad, solvencia y estabilidad, en razón de la función creadora de dinero secundario de las entidades bancarias); BARRIOS PÉREZ, Víctor Enrique, "¿Son los bancos empresas especiales a los efectos de su regulación?", BOLETÍN ECONÓMICO DE ICE núm. 2.801 (5 a 18 de abril de 2004), págs. 21 y ss., y, del mismo autor, "Supervisión bancaria: supervisión pública versus disciplina del mercado", *Boletín económico del ICE* núm. 2.789 (8 al 14 de diciembre de 2003), págs. 47 y ss. (riesgo de quiebra de las entidades y riesgo sistémico para el conjunto del sistema bancario); FREIXAS DARGALLO, Xavier, "Fundamentación teórica de la regulación de los mercados financieros", *Moneda y crédito*, núm. 190, 1990 (págs. 11 y ss.) (riesgo sistémico de quiebra derivado de la existencia de fallos de mercado).

166 "*Corresponde al ordenamiento jurídico articular, con una profundidad interventora mayor que las empleadas en otras áreas de actividad económica, la regulación necesaria para la mejor prevención y gestión de los riesgos financieros y, al tiempo, el fomento de las más favorables condiciones de financiación de la economía. Se puede decir que el fundamento último de toda la legislación financiera consiste en la necesidad de garantizar la estabilidad y el eficiente funcionamiento de los mercados financieros (...)*" (Exposición de motivos, I, de la LOSSEC). "*El presente Reglamento debe recoger, entre otras cosas, aquellos requisitos prudenciales aplicables a las entidades que se refieran exclusivamente al funcionamiento de los mercados de servicios bancarios y financieros, y que tengan por objeto garantizar (...) la estabilidad financiera de los operadores en esos mercados (...)*" (CRR, considerando 7). "*La supervisión de las entidades en base consolidada tiene como objetivo proteger los intereses de los depositantes e inversores de entidades de crédito o de empresas de inversión y asegurar la estabilidad del sistema financiero*" (CRD IV, considerando 47).

167 Jorge GARCÍA-ANDRADE estudia el fundamento de la ordenación bancaria como Derecho de la gestión de riesgos (*vid.*, "Fundamento y características de la regulación bancaria", en MUÑOZ MACHADO, Santiago; VEGA SERRANO, Juan Manuel; y BOBES SÁNCHEZ, María José (dirs.), *Derecho de la Regulación Económica. X. Sistema Bancario*, Madrid: Iustel, 2013). A tal efecto, el autor sigue el planteamiento realizado por José ESTEVE PARDO, quien construye el nuevo paradigma de la ordenación y supervisión como una reconversión de la tradicional actividad de policía en una actividad de gestión de riesgos (*vid.* ESTEVE PARDO, José, "De la policía administrativa a la gestión de riesgos", *REDA* núm. 119, 2003, especialmente pp. 327 y ss.).

entidades bancarias para evitar que éstas se coloquen en una situación patrimonial que pueda perjudicar al conjunto de la sociedad, habida cuenta de la enorme dependencia que tiene la vida económica del sistema crediticio.

La tutela de la estabilidad del sistema bancario, si bien no es nueva[168], ha cobrado aún más protagonismo a raíz de los efectos provocados por la crisis que comenzó en 2007[169].

Las normas que ordenan la actividad de los particulares para tutelar la estabilidad del sistema financiero se denominan "ordenación prudencial", y cuentan con dos derivadas perfectamente distinguibles aunque imbricadas entre sí: la estabilidad y el saneamiento de cada entidad de crédito individualmente considerada (nivel microprudencial), y la estabilidad del sistema bancario en cuanto conjunto complejo de todas las entidades de crédito (nivel macroprudencial o sistémico)[170]. Congruentemente, la supervisión del cumplimiento de este cuerpo normativo se denomina "supervisión prudencial" de las entidades de crédito.

2.° En relación con la *protección de los clientes de servicios crediticios*, la intervención pública del sector pretende eliminar la asimetría de información que existe entre esos clientes y las entidades de crédito mediante la regulación de la forma en la que éstas deben comercializar y contratar los productos bancarios que ofrezcan a

---

168 *Vid.* WARE, Darrick, *Principios básicos de supervisión bancaria*, México, D. F.: Centro de Estudios Monetarios Latinoamericanos, 1997 (versión original en inglés publicada por el Centro de Estudios de Banca Central, Banca de Inglaterra, Londres, 1996); LATTER, Anthony, *Las causas de las crisis bancarias y su manejo*, México, D. F.: Centro de Estudios Monetarios Latinoamericanos, 1998 (versión original en inglés publicada por el Centro de Estudios de Banca Central, Banca de Inglaterra, Londres, 1997); KAUFMAN, George G., *Does bank regulation retard or contribute to systemic risk?, working paper no. 211, John M. Olin Program in Law and Economics*, Stanford Law School, 2000.

169 Por ejemplo, muchos de los temas tratados en las XXXI Jornadas de Estudio de la Abogacía General del Estado celebradas en Madrid en 2009 versaban sobre las nuevas respuestas necesarias para garantizar una mejor tutela de este bien jurídico. Cabe destacar, por lo que a este tema se refiere, GUITARD MARÍN, Juan, "Elementos esenciales de la regulación bancaria"; y MARTÍN FERNÁNDEZ, Miguel, "La regulación bancaria prudencial", ambos disponibles en *Actas de las XXXI Jornadas de Estudio de la Abogacía General del Estado. La regulación de los mercados (II): ordenación bancaria*, Ministerio de Justicia, 2009. Más recientemente, *vid.* PÉREZ, José, "La estabilidad financiera: en la médula de la regulación pública", *Papeles de la FEF*, núm. 53, 2015, págs. 33 y ss.

170 Para Víctor BARRIOS, ambas dimensiones tienen una unidad de causa que conduce a hacer coherente una unidad de solución: "*ambos están amenazados por la misma cadena de acontecimientos que afectan a la solvencia de las instituciones bancarias. Además, las mismas medidas adoptadas para preservar dicha solvencia (coeficiente de recursos propios) o el respaldo de la entidad en caso de crisis permitirán la consecución de ambos objetivos simultáneamente*" (BARRIOS PÉREZ, Víctor Enrique, "Supervisión bancaria: supervisión pública versus disciplina del mercado", Boletín económico del ICE n° 2.789 (8 al 14 de diciembre), 2003, pp. 48-49).

sus clientes[171]. Esta tuición de los clientes, además, se complementa con la correspondiente a la ordenación de otras actividades (particularmente, las relativas a los servicios de inversión), también llevadas a cabo con frecuencia por las entidades de crédito pero que no cuentan con una naturaleza propiamente crediticia.

La normativa del sector del crédito dirigida a proteger a los clientes suele denominarse "ordenación conductual" del sector, y la supervisión administrativa desarrollada para verificar su cumplimiento, "supervisión conductual".

La ordenación y supervisión conductual del sector bancario confluye con la ordenación y supervisión previstas en materia de consumo que, pretendiendo la tutela de un bien jurídico protegido distinto a la estabilidad del sistema financiero (la protección de los consumidores reconocida como principio rector de la política económica y social en el art. 51.1 de la Constitución), también constriñen la actividad de las entidades de crédito a la hora de comercializar y contratar los distintos productos que ofrecen con sus clientes.

Finalmente, es preciso recordar que la actividad bancaria también puede afectar a la consecución de una competencia perfecta en el mercado, bien jurídico que también protege el legislador mediante la ordenación existente al respecto (la general de defensa

---

171 "*La transparencia en el funcionamiento de los mercados ha supuesto históricamente uno de los objetivos más perseguidos por el ordenamiento jurídico de cualquier sector económico. La correcta asignación de los recursos no puede producirse de manera auténtica, ni es factible garantizar plenamente la competencia, si no existe un marco adecuado de protección para los clientes que, limitando los efectos de la asimetría de información, les permita adoptar sus decisiones económicas de la forma más conveniente. (...) Por otro lado, la legislación financiera cuenta también con un sistema especial de protección directa del cliente. Al margen de la protección de los usuarios de servicios de inversión y de seguro, que poseen regulaciones muy completas y sistemáticas, y más allá de la defensa general de los consumidores, la protección del cliente de servicios bancarios trata de paliar los efectos que produce la desventaja informativa, fomentando la transparencia en las relaciones entidad-cliente a lo largo de todo el tracto de la negociación bancaria*" (Orden EHA/2889/2011, Exposición de motivos). "*Esta Ley tiene por objeto establecer determinadas normas de protección de las personas físicas que sean deudores, fiadores o garantes, de préstamos que estén garantizados mediante hipoteca u otro derecho real de garantía sobre bienes inmuebles de uso residencial o cuya finalidad sea adquirir o conservar derechos de propiedad sobre terrenos o inmuebles construidos o por construir*" (art. 1 Ley 5/2019). "*Con el fin de elevar al máximo la protección a los inversores y garantizar la seguridad jurídica y la homogeneidad en la normativa de transparencia aplicable a la comercialización de servicios de inversión, se anticipa en España la extensión de este régimen de información al cliente, en línea con los proyectos normativos de la Unión Europea en materia de mercados de instrumentos financieros*" (LOSSEC, Exposición de motivos). Y, el art. 5 de la LOSSEC, rubricado "*protección del cliente de entidades de crédito*", establece que "*la persona titular del Ministerio de Economía y Empresa, con el fin de proteger los legítimos intereses de los clientes de servicios o productos bancarios, distintos de los de inversión, prestados por las entidades de crédito, y de los de préstamo objeto de dicha Ley, podrá dictar disposiciones (...)*". *Vid.* DEPRÉS POLO, Mario, *et al.*, *Manual..., óp. cit.*, pp. 535 y ss.

de la competencia). No obstante, su carácter transversal al conjunto de mercados que conforman la economía aconseja no considerarlo una ordenación particular del sector del crédito, sin perjuicio de la aplicación de sus normas al desarrollo de la actividad bancaria[172].

172 Este punto debe matizarse, sin pretensión de hacer de esta cuestión el centro del debate. La doctrina económica considera que proteger a la vez la competencia en el mercado y la estabilidad del sistema financiero puede ser, en ciertos grados, incompatible, lo cual puede conducir a ponderar qué bien jurídico es más relevante para la sociedad y a sacrificar el otro en pos de la garantía del primero. Ese juicio suele saldarse en favor de la estabilidad del sistema financiero (*vid.* VIVES, Xavier, "Competencia, regulación y estabilidad del sistema bancario", *PEE*, núm. 94, 2002, pp. 28 y ss.; GONZÁLEZ-PÁRAMO, José Manuel, "Competencia y sector financiero", Jornadas de Economía y Derecho de la Competencia de la Universidad de Málaga, 23 de marzo de 2012, disponible en: https://www.ecb.europa.eu/press/key/date/2012/html/sp120323_1.es.html –consultado el 25 de octubre de 2019–). Ello explica que, ante situaciones que amenazaban la estabilidad del sistema financiero, los poderes públicos hayan autorizado lo que Fernando URÍA ha dado en llamar, con todo acierto, un "*derecho de la competencia de excepción*" (*La Nueva...*, *óp. cit.*, p. 47), y permitido unas ayudas de Estado al sector normalmente prohibidos (*vid.* a este respecto NAVARRO, Edurne, y MOSCOSO DEL PRADO GONZÁLEZ, Luis, "Ayudas públicas al sector financiero", *AJUM*, núm. extraordinario 1, 2012, pp. 18 y ss.; HASAN, Iftekhar, y MARINC, Matej, "Should competition policy in banking be amended during crises? Lessons from the EU", *European Journal of Law and Economics*, abril de 2013). En general, sobre la relación entre Derecho de la Competencia y regulación sectorial, *vid.* CASES, Lluis, *Regulación y competencia. Límites y conexiones*, en MUÑOZ MACHADO, Santiago, y ESTEVE PARDO, José, *Derecho de...*, *óp. cit.*, *Vol. I*, pp. 425 y ss., y LAGUNA DE PAZ, J. C., *Servicios...*, *óp. cit.*, pp. 65 y ss.

CAPÍTULO II. LA ACTIVIDAD DE SUPERVISIÓN PRUDENCIAL BANCARIA EN EL MARCO DEL MUS Y EL MUR

1. CARACTERIZACIÓN JURÍDICO-ADMINISTRATIVA DEL MUS Y EL MUR

El MUS y el MUR constituyen un sistema de ejercicio coordinado de las potestades administrativas que conforman la actividad administrativa de supervisión prudencial bancaria (esto es, esa actividad consistente en la verificación del cumplimiento normativo con neutralidad a los fines que se proyecta sobre el sector del crédito para garantizar la estabilidad del sistema financiero mediante el aseguramiento de la continuidad en el mercado de quienes operan en él)[1].

---

1 Marcos Posada Rodríguez lo denomina "*sistema de supervisión de las entidades de crédito de la zona euro con un reparto de competencias entre el BCE y las ANCs bajo el que, en esencia, al BCE se le atribuye la vigilancia última del funcionamiento del sistema así como la supervisión prudencial directa de las entidades de crédito consideradas significativas, mientras que a las ANCs les corresponde la supervisión prudencial directa del resto de entidades de crédito, así como la colaboración con el BCE en el funcionamiento del sistema*" ("Los denominados procedimientos comunes en el marco del Mecanismo Único de Supervisión", en González Vázquez, José carlos; Colino Meediavilla José Luis; y Salvador Armendáriz, María Amparo, *Cuestiones controvertidas de la regulación bancaria*, Wolters Kluwer España-La Ley: Madrid, 2018, pp. 91-127). El sistema de ejercicio coordinado de potestades administrativas que, en el ámbito de la supervisión prudencial, conforman el MUS y el MUR encuentra como precedente el SEBC en cuanto mecanismo de ejercicio coordinado de potestades administrativas, por Administraciones nacionales y europeas, en el ámbito de la política monetaria.

Partiendo de esta aproximación al MUS y el MUR puede afirmarse que, desde una perspectiva jurídico-administrativa, estos mecanismos tienen por objeto ordenar la forma en que esas potestades son ejercidas sobre las entidades de crédito sujetas a ellos por distintos centros de poder público en función de determinados criterios reglados predefinidos por las normas aplicables.

Por tanto, la principal virtualidad que tienen el MUS y el MUR no se encuentra tanto en el contenido material de las facultades de supervisión que configuran (pues, con la aparente excepción de la resolución bancaria, no dejan de contemplar en buena medida instituciones conocidas desde hace décadas en la supervisión prudencial de las entidades de crédito, tales como la autorización, la inspección, la corrección e intervención de entidades y la sanción), sino en la reorganización que de ellas hace mediante su atribución a distintos centros de poder administrativo relacionados y coordinados entre sí[2].

A este respecto, la Sentencia del Tribunal General de la UE de 30 de noviembre de 2022 (TOL9.304.113)[3] ha explicado la esencia del MUS como sistema de ejercicio coordinado de competencias en los siguientes términos:

> *"Moreover, it is apparent from the examination of the interaction between Article 4(1) and Article 6 of Regulation No 1024/2013 that the logic of the relationship between them consists in allowing the exclusive competences delegated to the ECB to be implemented within a decentralised framework, rather than having a distribution of competences between the ECB and the national competent authorities of participating Member States in the performance of the tasks referred to in Article 4(1) of that regulation. That finding is supported by a reading of the recitals of that regulation. First, it is apparent from recitals 15 and 28 of that regulation that only those tasks explicitly entrusted to the ECB fall outside the competence of the Member States and that prudential supervision of financial institutions on grounds other than those listed in Article 4(1) of that regulation continues to fall within the competence of the Member States. It necessarily follows that it is at the stage of the definition of the tasks entrusted to the ECB by Article 4(1) of the regulation concerned that the competences between the ECB and those authorities were distributed. Secondly, it should be noted that, although recital 28 of the regulation concerned provides a list of the supervisory tasks that are to remain within the remit of the national authorities, it does not include any of the tasks listed in Article 4(1) of that regulation.*

---

2 María Lidón Lara Ortiz explica que el MUS y el MUR constituyen un "*sistema integrado por varios elementos, estructuras y procedimientos que, o bien complementan la actividad europea de supervisión, o bien descansan en ella, con la consecuencia de que desde el punto de vista organizativo, las relaciones interadministrativas entre las autoridades y responsables de cada dimensión tienden a la complejidad (...)*". Y, a partir de ahí, examina los criterios subjetivos, objetivos y funcionales de distribución del ejercicio de competencias entre las distintas Administraciones que integran los mecanismos y que, con diferente sistemática, se abordan a continuación (*vid.* "Visión crítica del sistema de competencias compartidas en el Mecanismo Único de Supervisión", en González Vázquez, José carlos; Colino Meediavilla José Luis; y Salvador Armendáriz, María Amparo, *Cuestiones..., óp. cit.*, pp. 57-90).

3 Asunto T-698/16, *Trasta Komercbanka AS vs. BCE.* Esta Sentencia se encuentra actualmente recurrida en casación ante el Tribunal de Justicia de la UE en los recursos C-90/23 P y C-103/23 P.

> *Nor does that recital present direct supervision of less significant entities as constituting the exercise of a competence falling within the remit of the national authorities (see, to that effect, judgment of 16 May 2017, Landeskreditbank Baden-Württemberg v ECB, T-122/15, EU:T:2017:337, paragraphs 54 to 57)"* (n. 66)[4].

Por tanto, tal y como explica el Tribunal General de la UE, el sistema para el ejercicio coordinado de potestades administrativas en que consisten el MUS y el MUR funciona del siguiente modo. Las normas reguladoras de ambos mecanismos atribuyen a sendas Administraciones europeas (el BCE y la JUR) la titularidad exclusiva de concretas potestades administrativas, las cuales, no obstante, pueden ser ejercidas directamente por las Administraciones europeas o, de manera descentralizada, por las Administraciones supervisoras nacionales (en España, el BdE y el FROB) cuando así se haya acordado por el BCE en los casos expresamente previstos en las normas aplicables. En otras palabras, las potestades incardinadas el MUS y el MUR se atribuyen en su integridad al BCE (o a la JUR), sin perjuicio de que, posteriormente, el BCE, en los casos previstos en la norma, decida que, en relación con determinadas entidades de crédito, esas potestades sean ejercitadas por las Administraciones nacionales competentes.

Como se observa, los nuevos mecanismos han reestructurado el sistema de potestades administrativas preexistente en cada uno de los Estados miembros, atribuyéndoselas, en un primer momento, a las Administraciones europeas, y estableciendo los criterios reglados con arreglo a los cuales el BCE debe decidir sobre su ejercicio bien por esas Administraciones, bien por las Administraciones supervisoras nacionales. De este modo, el MUS y el MUR permiten, por un lado, una supervisión a escala europea cuando, de acuerdo con las pautas contenidas en las normas aplicables, ello resulta necesario

---

4 *"Por otra parte, del examen de la interacción entre el artículo 4, apartado 1, y el artículo 6 del Reglamento nº 1024/2013 se desprende que la lógica de la relación entre ambos consiste en permitir que las competencias exclusivas delegadas en el BCE se ejerzan en un marco descentralizado, en lugar de que exista un reparto de competencias entre el BCE y las autoridades nacionales competentes de los Estados miembros participantes en el ejercicio de las funciones contempladas en el artículo 4, apartado 1, de dicho Reglamento. Esta conclusión se ve corroborada por la lectura de los considerandos de dicho Reglamento. En primer lugar, de los considerandos 15 y 28 de dicho Reglamento se desprende que sólo las funciones encomendadas explícitamente al BCE quedan fuera de la competencia de los Estados miembros y que la supervisión prudencial de las entidades financieras por motivos distintos de los enumerados en el artículo 4, apartado 1, de dicho Reglamento sigue siendo competencia de los Estados miembros. De ello se deduce necesariamente que es en la fase de definición de las funciones encomendadas al BCE por el artículo 4, apartado 1, del Reglamento de que se trata cuando se distribuyeron las competencias entre el BCE y dichas autoridades. En segundo lugar, procede señalar que, aunque el considerando 28 del Reglamento de que se trata enumera las funciones de supervisión que deben seguir siendo competencia de las autoridades nacionales, no incluye ninguna de las funciones enumeradas en el apartado 1 del artículo 4 de dicho Reglamento. Dicho considerando tampoco presenta la supervisión directa de las entidades menos significativas como constitutiva del ejercicio de una competencia propia de las autoridades nacionales (véase, en este sentido, la sentencia de 16 de mayo de 2017, Landeskreditbank Baden-Württemberg/BCE, T-122/15, EU:T:2017:337, apartados 54 a 57)"* (traducción propia).

para tutelar la estabilidad del sistema financiero, y, por otro lado, una supervisión por las Administraciones nacionales cuando ello no presenta un riesgo para el mantenimiento de esa estabilidad[5]. En definitiva, el MUS y el MUR llevan a la práctica, en el ámbito de la actividad administrativa de supervisión prudencial bancaria, el principio de subsidiariedad proclamado en el art. 5.3 del TUE[6].

2. CRITERIOS DE DISTRIBUCIÓN DEL EJERCICIO DE LAS POTESTADES ADMINISTRATIVAS DE SUPERVISIÓN INCARDINADAS EN EL MUS Y EL MUR

Si, según se acaba de exponer, el MUS y el MUR consisten en un sistema que permite el ejercicio coordinado de determinadas potestades administrativas por Administraciones europeas y nacionales en función de que concurran o no determinados criterios reglados establecidos por las normas aplicables, el siguiente paso consiste en conocer cuáles son esos criterios con arreglo a los cuales el BCE determina el ejercicio de aquellas potestades por las Administraciones europeas o por las Administraciones nacionales.

Estos criterios son principalmente de dos clases: territoriales (referentes al ámbito espacial en el que dichos poderes tienen eficacia) y objetivos (relativos a características que de reunir la entidad supervisada por cada uno de los niveles territoriales que participan en la supervisión).

2.1. CRITERIOS TERRITORIALES

Los criterios territoriales determinan, desde el punto de vista espacial, sobre qué entidades de crédito ejercen sus potestades cada una de las organizaciones administrativas que conforman los mecanismos.

Según se ha apuntado, durante la tramitación del Reglamento 1024/2013 existió un profundo debate acerca de cómo compaginar el principal papel que el BCE tiene como banco central de los Estados miembros de la zona euro y la necesidad de que el nuevo mecanismo de supervisión pueda estar abierto a la participación de otros Estados que no cuentan con el euro como moneda. En atención a esta necesidad, el art. 7 del

5 *Vid.* García-Álvarez García, Gerardo, "La construcción...", *óp. cit.*, pp. 127-131.

6 *"En virtud del principio de subsidiariedad, en los ámbitos que no sean de su competencia exclusiva, la Unión intervendrá sólo en caso de que, y en la medida en que, los objetivos de la acción pretendida no puedan ser alcanzados de manera suficiente por los Estados miembros, ni a nivel central ni a nivel regional y local, sino que puedan alcanzarse mejor, debido a la dimensión o a los efectos de la acción pretendida, a escala de la Unión".*

Reglamento 1024/2013 permite a los Estados miembros cuya moneda no es el euro establecer una "cooperación estrecha" entre su autoridad nacional competente[7] y el BCE para pasar a participar del MUS y el MUR. De hecho, al conjunto de Estados miembros que participan, con independencia de que formen o no parte del Eurosistema, la normativa les denomina "Estados miembros participantes" (cfr. art. 2.1 del Reglamento 1024/2013)[8].

El establecimiento de una cooperación estrecha debe ser solicitado por el Estado miembro interesado, con arreglo al procedimiento establecido en la Decisión BCE/2014/5. El BCE, una vez examinada la solicitud, debe decidir si establece esa cooperación estrecha o no, examinando al efecto la concurrencia de los requisitos establecidos en el art. 7.2 del Reglamento 1024/2013.

Las normas que regulan el establecimiento de esta cooperación estrecha descubren un problema de partida en el MUS que enraíza con el discutible fundamento último del sistema. Si, como pretende el Reglamento 1024/2013, la atribución de potestades administrativas de supervisión en favor del BCE no se fundamenta en una previsión ligada a su competencia exclusiva en materia de política monetaria de los Estados miembros cuya moneda es el euro, sino en la competencia compartida en mercado interior[9], no parece razonable que resulte necesario un específico procedimiento que, en realidad,

---

7 Según especifica el art. 2.2 del Reglamento 1024/2013, una "autoridad nacional competente" es un centro de poder administrativo de un Estado miembro al que le han sido atribuidas por la legislación nacional las potestades que integran la función de supervisión recogidas en el CRR y la CRD IV.

8 Sobre el procedimiento de cooperación estrecha, *vid.* ESTEBAN RÍOS, Javier, "La adhesión voluntaria al Mecanismo Único de Supervisión: los procedimientos de cooperación estrecha", *REDE* nº 64 (octubre-diciembre 2017).

9 A este respecto, debe tenerse en cuenta que el legislador atribuye estas potestades al BCE en cuanto institución del conjunto de la Unión, y no exclusiva del Eurosistema: "*el BCE es una institución del conjunto de la UE·*" (considerando (54) del Reglamento 1024/2013). Como explica URBANEJA CILLÁN, el problema, en realidad, radica en que el Consejo de Gobierno del BCE, órgano que, como se explicará más adelante, tiene la última palabra también en materia de supervisión, no cuenta más que con representantes de Estados cuya moneda es el euro, de suerte que aquellos Estados miembros participantes con una moneda distinta se encuentran, en cierta medida, en desigualdad de condiciones (cfr. URBANEJA CILLÁN, Jorge, *La ordenación..., óp. cit.*, pp. 331-337). Este problema añadido se resolvería fácilmente si, como recomendó el Informe Larosiére, en lugar de haberse forzado el art. 127.6 del TFUE para atribuir al BCE unas funciones que exceden su configuración en Derecho primario, se hubiera creado una Agencia al amparo del art. 114 del TFUE, como, por cierto, después se hizo con la JUR. No puede olvidarse que el Reglamento 806/2014, en su considerando (11), declara que "*la supervisión y la resolución son dos aspectos complementarios del establecimiento del mercado interior de los servicios financieros, cuya aplicación al mismo nivel suele considerarse interdependiente*". Ante esta reveladora declaración, resulta más difícil, si cabe, entender por qué el legislador europeo optó por la vía del art. 127.6 del TFUE cuando tenía a su alcance la mucha más limpia posibilidad de acudir, como luego hizo para establecer el MUR, al art. 114 del TFUE y crear una Administración independiente que desempeñara la función supervisora.

pretende una redundante cesión de soberanía de los países que no han adoptado el Euro como moneda, como si no hubieran efectuado esa cesión ya, para menesteres distintos de la política monetaria, con la ratificación de los Tratados constitutivos[10].

Además, y a diferencia de lo que ocurre con los Estados miembros cuya moneda es el euro, el establecimiento de una cooperación estrecha con el BCE es revisable, toda vez que el BCE puede expulsar del mecanismo a aquellos Estados miembros que se insubordinen ante decisiones de supervisión de éste en todas las funciones que el Reglamento le atribuye (cfr. art. 7.5 del Reglamento 1024/2013), y el Estado miembro en cuestión puede solicitar su retirada del mecanismo (cfr. art. 7.6 del Reglamento 1024/2013).

Los Estados miembros que establezcan una cooperación estrecha en el marco del MUS se sujetan en su totalidad a las normas de supervisión que rigen el mecanismo, incluyendo las relativas a la distribución de competencias entre centros de poder administrativo, a las que se hará referencia seguidamente. A tal efecto, los arts. 106 y ss. del Reglamento 468/2014 establecen una serie de reglas que pretenden adecuar la regulación de la función supervisora que, con carácter general, contiene la normativa para las entidades de crédito establecidas en aquellos países cuya moneda es el euro, a las particularidades surgidas de la entrada en el mecanismo a través de la técnica del establecimiento de una cooperación estrecha.

Sin embargo, en el caso de los Estados cuya moneda no es el euro pero que han establecido una cooperación estrecha con el BCE, esa sujeción es algo menos intensa. Y ello por cuanto los arts. 7.7 y 8 del Reglamento 1024/2013 contienen tanto la posibilidad de que un Estado miembro que tiene establecida una cooperación estrecha con el MUS formule objeciones a decisiones dictadas por el BCE en el ejercicio de sus funciones. En caso de desacuerdo, los arts. 118 y 119 del Reglamento 468/2014 prevén un procedimiento de resolución de conflictos que, no obstante, atribuye al Consejo de Gobierno del BCE (donde los países al margen de la zona Euro no están representados) la capacidad última de decisión (dado que en ningún caso permite a la autoridad nacional competente del Estado miembro en cuestión imponer su criterio a aquél).

Esta excepcionalidad constituye una evidencia más del –en mi opinión– error de base que constituye pretender hacer pasar por el desarrollo de la competencia exclusiva en materia de política monetaria de la Eurozona una cuestión que, en realidad, viene

---

10 El Reglamento 806/2014 se fundamenta en el art. 114 del TFUE, el cual se refiere a la competencia compartida en materia de mercado interior (aunque esta afirmación no esté exenta de dudas: *vid.* Asimakopoulos, Ioannis G., "Single Resolution Board: Another Meroni Extension or Another Chapter to Europe's Constitutional Trabsfornation?", *SSRN*, 10 de diciembre de 2018, disponible en: https://ssrn.com/abstract=3367559 or http://dx.doi.org/10.2139/ssrn.3367559 –enlace consultado del 9 de diciembre de 2023–). Siendo ello así, ¿por qué a los países cuya moneda no es el euro, para poder participar en el mecanismo, se les exige una cesión de soberanía adicional y *ex profeso* que se presume a aquéllos que sí han adoptado esa moneda?

impuesta por la creación de un mercado interior de servicios financieros, respecto de la cual todos los Estados miembros han cedido soberanía a la UE en idénticas condiciones. Ello no obstante, como ha destacado Esteban Ríos, el mecanismo de cooperación estrecha tiene una vocación de transitoriedad, porque:

> *"Todo Estado miembro temporalmente acogido a una excepción tiene la vocación, y la obligación, de integrarse en el euro. Integración que se producirá cuando se garantice el cumplimiento de una serie de criterios de convergencia exigidos para acceder a tal divisa. Así, aunque inicialmente se recoja la posibilidad para los Estados miembros ajenos al euro de integrarse en el MUS, el hecho es que posteriormente dichos Estados pasarán a incorporarse de forma obligatoria al mismo, como consecuencia de la adopción del euro como moneda oficial"*[11].

2.2. CRITERIOS OBJETIVOS

Los criterios objetivos determinan qué concreto centro de poder administrativo dentro del sistema puede ejercitar potestades administrativas sobre cada entidad de crédito individualmente considerada en atención a la noción de "entidad de crédito significativa". Sobre esta premisa, el BCE resulta titular de las potestades de supervisión directamente ejercitables sobre las entidades de crédito significativas, mientas que las autoridades nacionales competentes conservan esas facultades sobre las entidades consideradas "menos significativas".

De acuerdo con el art. 6.4 del Reglamento 1024/2013, el carácter significativo o no de una entidad de crédito se evalúa en función de:

1.° El tamaño de la entidad, medido por el valor total de sus activos. Con arreglo a este criterio, es significativa aquella entidad cuyos activos tengan un valor superior a 30.000 millones de euros, valorados de acuerdo con las pautas previstas en los arts. 50 a 55 del Reglamento 468/2014. Además, una entidad también puede considerarse significativa en función de su tamaño cuando así lo decida el BCE, previa notificación de la autoridad nacional competente, y realizada una evaluación global, incluyendo su balance, habida cuenta de la importancia que esa entidad tiene para la economía nacional.

2.° La importancia de la entidad para la economía de la UE o de cualquier Estado que participe en el mecanismo, lo que se determinará cuando el "umbral de importancia económica nacional" de la entidad (calculado como ratio de activos totales respecto del producto interior bruto del Estado en el que se encuentre

---

11 Esteban Ríos, Javier, "El ámbito de aplicación del Mecanismo Único de Supervisión. La situación de los Estados miembros de eurozona y de los Estados miembros cuya moneda no es el euro: ¿hacia una Europa de dos velocidades?, *REE* n° 71 (enero-junio, 2018), p. 333.

establecida) supere el 20% (salvo que sea inferior a 5.000 millones de euros). A los efectos de considerar significativa una entidad con arreglo a estos criterios, el BCE podrá tomar en consideración circunstancias tales como la importancia de la entidad para sectores específicos, la interconexión de la entidad o del grupo con la economía de la UE o de un Estado miembro participante, la sustituibilidad de la entidad tanto como participante en el mercado como en su condición de proveedor de servicios a clientes, o la complejidad estructural, operativa y del negocio de la entidad (cfr. art. 57 del Reglamento 468/2014).

3.° El carácter significativo de sus actividades trasfronterizas, medido por la ratio de sus activos transfronterizos[12] respecto de sus activos totales o por la ratio de sus pasivos transfronterizos[13] respecto de sus activos totales, que deben superar, en ambos casos, la cota del 20% para que pueda considerarse como entidad significativa (art. 59 del Reglamento 468/2014).

Además de los criterios respecto de los cuales puede apreciarse la condición de entidad significativa, ésta tiene lugar *ope legis* en los siguientes supuestos:

1.° La entidad en cuestión ha solicitado o recibido ayuda financiera pública directa de la FEEF o del MEDE (cfr. art. 6.4, párrafo cuarto, del Reglamento 1024/2013), desde el momento en que dicha ayuda se solicita (cfr. art. 63.1 del Reglamento 468/2014) y hasta que dicha circunstancia desaparezca (cfr. art. 52.1 y 3, en relación con el art. 63.3, del Reglamento 468/2014).

2.° La entidad de crédito es una de las tres entidades más significativas de un mismo Estado en función del tamaño, conforme a las reglas antedichas (art. 6.4, párrafo quinto, del Reglamento 1024/2013, y 65.2 del Reglamento 468/2014).

En todo caso, según se ha apuntado ya, la potestad para determinar la condición de significativa o no de una entidad corresponde, de forma exclusiva, al BCE. El art. 39.1 del Reglamento 468/2014 establece, con toda claridad, que una entidad será significativa "*si el BCE así lo determina en una decisión suya*"[14].

---

12 Parte de los activos totales con respecto a la cual la contraparte es una entidad de crédito u otra persona física o jurídica ubicada en un Estado miembro participante distinto del Estado miembro donde se ubica la sede de la entidad en cuestión (art. 60.1 del Reglamento 468/2014).

13 *Ib. ídem* para la parte de los pasivos totales cuya contraparte se ubica en un Estado miembro distinto al de la sede de la entidad (art. 60.2 del Reglamento 468/2014).

14 Los Títulos III a VII del Reglamento 468/2014 contienen normas específicas para la aplicación de los distintos criterios que conducen a que una entidad sea o no calificada como significativa. Aunque no en todos los casos se exige expresamente una decisión del BCE "declarando" la condición de significativa (por ejemplo, no se exige en relación con las entidades significativas por razón del tamaño), el art. 49 del Reglamento 468/2014 sí contempla que el BCE publique periódicamente un listado de todas las entidades significativas sujetas a su supervisión directa y el fundamento de esa sujeción. Por tanto, cabe razonablemente entender que, con independencia de que la consideración de una entidad

En coherencia con ello, el art. 43.1 y 3 del Reglamento 468/2014 también confiere sólo al BCE la potestad de revisar si una entidad considerada como significativa o no significativa, continúa cumpliendo o pasa a cumplir, respectivamente, los criterios que motivan esa consideración. Es más, el apartado 4 del mismo precepto sólo permite a las autoridades nacionales competentes que constaten alguna de esas dos situaciones "*informar al BCE sin demora justificada*", pero no declarar por ellas mismas qué condición corresponde a una concreta entidad.

El Tribunal de Justicia de la UE ha valorado esta cuestión en su Sentencia de 8 de mayo de 2019 (TOL9.910.115)[15]. De acuerdo con esta resolución, la distribución objetiva de competencias en el marco del MUS y el MUR parte de una atribución de potestades exclusivas al BCE y su eventual ejercicio por las ANC en aquellos casos en los que, con arreglo a los parámetros normativamente establecidos, el BCE considere a las entidades de crédito "menos significativas" (cfr. n. 41). La Sentencia alcanza esta conclusión al entender que el art. 4.1 del Reglamento 1024/2013 atribuye al BCE en exclusiva las nueve funciones allí enumeradas, en el ejercicio de alguna de las cuales puede, no obstante, encontrarse asistido por las autoridades nacionales competentes cuando así lo acuerde expresamente (n. 49)[16].

---

como significativa opere directamente *ope legis* o requiera de una declaración previa, el BCE debe incluirla en el listado que publica al efecto.

15 Asunto C-450/17 P, *Landeskreditbank Baden-Württemberg-Förderbank vs. BCE y Comisión Europea*. La Sentencia resuelve el recurso de casación interpuesto por la entidad de crédito frente a la Sentencia del Tribunal General de 16 de mayo de 2017 (asunto T-122/15, *Landeskreditbank Baden-Württemberg-Förderbank vs. BCE y Comisión Europea*) (TOL6.090.871).

16 La Sentencia del Tribunal de Justicia de la UE confirma el criterio adoptado por el Tribunal General en su Sentencia de 16 de mayo de 2017 (TOL6.090.871), que declaró que "*del estudio del engarce lógico entre los artículos 4, apartado 1, y 6 del Reglamento de base* [el Reglamento 1024/2013], *cuyo tenor se ha recordado en los apartados 20 a 28 anteriores, resulta que dichos preceptos responden al principio del ejercicio descentralizado de las competencias exclusivas que han sido delegadas en el BCE, más que al de un reparto de competencias entre el BCE y las autoridades nacionales para el cumplimiento de las funciones descritas en el artículo 4, apartado 1, del citado reglamento*" (n. 54). "*Solamente las funciones encomendadas expresamente al BCE han sido excluidas de la competencia de los Estados miembros y (...) la supervisión prudencial de las entidades financieras por motivos diferentes a los enumerados en el artículo 4, apartado 1, del antedicho Reglamento sigue siendo competencia de los Estados miembros. En consecuencia, la distribución de las competencias entre el BCE y las autoridades nacionales se efectuó necesariamente a la hora de definir las funciones que, en virtud del artículo 4, apartado 1, del Reglamento de base, fueron confiadas al BCE*" (n. 56). El BCE añade, como complemento a su argumento, que los considerandos del Reglamento 1024/2013 reservan un papel residual a las autoridades nacionales (n. 58), y concluye que "*el Consejo delegó en el BCE una competencia exclusiva para ejercer las funciones del artículo 4, apartado 1 del Reglamento de base y (...) el único fin que se persigue con el artículo 6 del mismo Reglamento es el de permitir que las autoridades nacionales ejerzan esa competencia de forma descentralizada, con arreglo al MUS y bajo el la vigilancia del BCE (...)*" (n. 63). En análogos términos se pronunciaba el Abogado General Gerard Hogan en las conclusiones presentadas en el recurso de casación: "*el BCE ejerce una supervisión prudencial exclusiva sobre las entidades menos significativas*

Finalmente, las competencias del BCE en cuanto supervisor directo de entidades de crédito significativas se extienden también a la supervisión sobre la apertura de sucursales de entidades establecidas en Estados miembros participantes en Estados miembros no participantes (art. 4.1-*b)* del Reglamento 1024/2013); a la supervisión consolidada de las empresas matrices de entidades de crédito establecidas en un Estado miembro participante y la participación en los colegios de supervisores para la supervisión en base consolidada, cuando esas empresas matrices no se encuentren establecidas en un Estado miembro participante (cfr. art. 4.1-*g)*); y a la supervisión adicional de conglomerados financieros (art. 4.1-*h)*).

3. MAPA DE POTESTADES ADMINISTRATIVAS INCARDINADAS EN LA ACTIVIDAD ADMINISTRATIVA DE SUPERVISIÓN PRUDENCIAL BANCARIA EN EL MARCO DEL MUS Y EL MUR

Entendidos el MUS y el MUR como un sistema de ejercicio coordinado de potestades administrativas distribuidas entre distintos centros de poder con arreglo a los criterios territoriales y objetivos indicados, resta referir cuáles son, en concreto, las potestades administrativas que se ejercitan de manera coordinada por las Administraciones supervisoras europeas y nacionales.

A continuación se explica sucintamente cuáles son estas potestades en torno a las cuatro grandes categorías sobre las que se construye la actividad administrativa de supervisión (autorizaciones, inspecciones, correcciones y sanciones) de manera puramente descriptiva, a los solos efectos de enmarcar el lugar que, entre todas ellas, ocupa la resolución bancaria. Cada una de estas potestades cuenta con un régimen jurídico propio cuyo examen excedería con mucho el objeto de esta obra.

3.1. POTESTADES AUTORIZATORIAS

Siguiendo al profesor Laguna de Paz, la potestad autorizatoria se caracteriza como una técnica transversal a toda la actividad administrativa de naturaleza declarativa, que produce los efectos de remover los obstáculos erigidos por la ley para el ejercicio de derechos propios de los particulares. Su carácter declarativo singulariza a la potestad autorizatoria de la técnica concesional, donde los derechos del titular no preexisten en

---

respecto de las nueve funciones especificadas en el artículo 4, apartado 1, del Reglamento de base [el Reglamento 1024/2013], *y en dicho ejercicio es asistido respecto de las funciones mencionadas en las letras b), de) a g) e i) del artículo 4, apartado 1, del Reglamento de base*" (n. 53). Con esta formulación, el Abogado General sentenciaba que las autoridades nacionales cuentan con un papel secundario en el mecanismo, que sólo pueden desempeñar en la medida que así les sea permitido por el BCE.

la ley, sino que nacen del acto de otorgamiento. Así, en el ámbito autorizatorio es la ley, y no el acto, la que delimita el contenido de los derechos subjetivos que la autorización, simplemente, habilita a ejercitar[17]. Para el profesor De la Cuétara, el carácter declarativo de la autorización constituye un límite relevante al poder público[18].

Las potestades autorizatorias incardinadas en la actividad de supervisión prudencial bancaria pueden dar lugar a autorizaciones administrativas en tres ámbitos:

1°. Autorizaciones relativas al acceso a la actividad del crédito. La actividad crediticia (captación de depósitos del público y concesión de préstamos) es una actividad reservada exclusivamente a las personas jurídicas que reúnan ciertos requisitos que, además, deben ser verificados por la actividad competente[19]. Ello comporta que las personas físicas o jurídicas que deseen ejercer la actividad crediticia deben constituir una entidad que reúna las condiciones establecidas en la normativa aplicable para obtener la condición de "entidad de crédito" o, alternativamente, tomar el control de una ya constituida que haya adquirido tal condición. Es decir, la reserva de actividad constriñe el acceso al sector del crédito a dos alternativas: la creación de una entidad de crédito o la adquisición de títulos representativos del capital o de derechos de voto de una existente suficientes para ejercer su control. Y, en la medida en la que la realización de tales actos sin control previo puede amenazar la estabilidad del sistema financiero, ambas formas de acceso a la actividad se encuentran sujetas a la obtención de autorización administrativa previa[20].

---

17 Laguna de Paz , José Carlos, *La autorización administrativa*, Cizur Menor (Navarra): Thomson Reuters-Aranzadi, 2006, pp. 108-127.

18 De la Cuétara Martínez, Juan Miguel, *La actividad..., óp. cit.*, p. 259. Esta posición la adoptan Parada Vázquez (*Derecho Administrativo II, óp. cit.*, pp. 291-292) o Rebollo Puig (*Las autorizaciones..., óp. cit.*, pp. 180-181), además de los ya citados.

19 El art. 3.1 de la LOSSEC establece: "*queda reservada a las entidades de crédito que hayan obtenido la preceptiva autorización y se hallen inscritas en el correspondiente registro, la captación de fondos reembolsables del público, cualquiera que sea su destino, en forma de depósito, préstamo, cesión temporal de activos financieros u otras análogas*". El apartado 3 del mismo precepto añade: "*se prohíbe a toda persona, física o jurídica, no autorizada ni registrada como entidad de crédito el ejercicio de las actividades legalmente reservadas a las entidades de crédito y la utilización de las denominaciones propias de las mismas o cualesquiera otras que puedan inducir a confusión con ellas*". Ambos preceptos son resultado de la transposición del art. 9.11 de la CRD IV, a cuyo tenor "*los Estados miembros prohibirán a las personas o empresas que no sean entidades de crédito el ejercicio, con carácter profesional, de la actividad de recepción de depósitos u otros fondos reembolsables*".

20 "*La autorización previa para el acceso a la actividad de las entidades de crédito es una técnica prudencial básica a fin de garantizar que sólo lleven a cabo esta actividad los operadores que dispongan de una sólida base económica, una organización capaz de afrontar los riesgos específicos inherentes a la recepción de depósitos y la concesión de créditos, y unos directivos adecuados*" (considerando (20) del Reglamento 1024/2013). "*La evaluación de la idoneidad de cualquier nuevo propietario de una entidad de crédito*

2°. Autorizaciones relativas al ejercicio de la actividad crediticia. Distintas manifestaciones de la libertad de empresa durante el ejercicio de la actividad propia de las entidades de crédito pueden perjudicar a la estabilidad del sistema financiero y, por tanto, requieren la previa autorización de la Administración supervisora para su realización. Aunque todas ellas son de variada naturaleza, pueden sistematizarse, a efectos de su estudio, en dos grandes grupos:

i) Autorización dirigida a garantizar que entidades de crédito constituidas en otras jurisdicciones (y por tanto autorizadas en ellas, cuando así lo exija la normativa local) que deseen operar en España no pongan en riesgo la estabilidad de su sistema financiero, y viceversa (autorización a entidades de crédito autorizadas en España a operar en otras jurisdicciones). Esta autorización entraña en realidad facultades de diferente intensidad en función de cuál sea el Estado de origen o acogida de la entidad de crédito que desea actuar en España (europeo, donde los criterios son más relajados en atención a las libertades de establecimiento y circulación de capitales, que han resultado en la armonización de los requisitos para la creación de entidades de crédito[21]; o tercero, donde los criterios se intensifican para aproximar el control al que

con anterioridad a la adquisición de una participación importante en la misma, es una herramienta indispensable para asegurar el mantenimiento de la idoneidad y la solidez financiera de los propietarios de las entidades de crédito" (considerando (22) del Reglamento 1024/2013). Tanto en uno como en otro caso, la Administración supervisora comprueba que quienes van a controlar, directa o indirectamente, una entidad de crédito reúnen ciertas condiciones de honorabilidad y experiencia cuya concurrencia reduce el riesgo que la gestión de una entidad de crédito representa para la estabilidad del sistema financiero en su conjunto.

21 "*Conviene llevar a cabo la armonización que sea necesaria y suficiente para el reconocimiento mutuo de las autorizaciones y de los sistemas de supervisión prudencial, haciendo posible la concesión de una autorización única, válida en toda la Unión, y la aplicación del principio de supervisión prudencial por el Estado miembro de origen*" (considerando (15) de la CRD IV). "*Debe permitirse a las entidades de crédito autorizadas en un Estado miembro de origen el ejercicio en toda la Unión de todas o parte de las actividades que figuran en la lista de actividades sujeta a reconocimiento mutuo, mediante el establecimiento de una sucursal, o por vía de prestación de servicios*" (considerando (19) de la CRD IV). "*Conviene hacer extensivo el reconocimiento mutuo a aquellas actividades que sean ejercidas por una entidad financiera filial de una entidad de crédito, con la condición de que esta filial sea incluida en la supervisión consolidada a la que está sujeta su empresa matriz, y responda a condiciones estrictas*" (considerando (20) de la CRD IV). De esta forma, basta con una "autorización única" en todo el territorio de la UE para poder ejercer válidamente la actividad propia del sector del crédito. Como es evidente, esa "autorización única" debe haber verificado requisitos que sean comunes a todos los Estados miembros, razón por la cual los arts. 10 a 14 de la CRD IV homogeneizan los requisitos que deben cumplir las entidades de crédito, a los que, no obstante, pueden añadirse criterios nacionales en cada Estado siempre que sean proporcionados en atención al fin perseguido (la estabilidad del sistema financiero) y no discriminatorios: "*los Estados miembros pueden establecer actualmente otras condiciones de autorización*" (considerando (21) del Reglamento 1024/2013).

tiene lugar cuando se crea *ex novo* una entidad de crédito[22]) y la fórmula escogida por la entidad extranjera para la actuación transfronteriza[23].

ii) Autorización dirigida a garantizar que las vicisitudes societarias por las que atraviesen las entidades de crédito durante su vida no afecten a la estabilidad del sistema financiero. Estas vicisitudes se refieren a la modificación de los estatutos sociales, a la realización de modificaciones estructurales (fusiones, escisiones o cesiones globales de activos y pasivos) en los que intervenga una entidad de crédito o a la alteración de algunos requisitos de fondos propios o de metodologías de evaluación de estos fondos propios en atención a la concurrencia sobre la entidad en cuestión de ciertas circunstancias[24]. Estas auto-

---

22 No en vano, el control que las autoridades nacionales deben hacer sobre personas jurídicas extranjeras que deseen ejercer la actividad del crédito es idéntico al que deberían hacer si una persona jurídica patria dedicada hasta cierto momento a otros menesteres quisiera entrar en el sector, esto es, al control propio de la creación de entidades de crédito en España.

23 Mario Deprés *et al.* clasifican esas fórmulas en cuatro categorías: creación de filiales, apertura de sucursales, libre prestación de servicios y apertura de oficinas de representación (cfr. Deprés Polo, Mario, *et al.*, *Manual...*, *óp. cit.*, pp. 92-106).

24 En realidad, estas tres clases de vicisitudes son muy distintas, no sólo en atención a su naturaleza (no es lo mismo alterar una previsión estatutaria que fusionar una entidad de crédito o valorar ciertos elementos patrimoniales de una concreta forma), sino también al tratamiento jurídico dispar que su autorización encuentra. "En la configuración inicial del MUS, las potestades de autorización de las modificaciones de estatutos y de las modificaciones estructurales de entidades de crédito eran introducidas por la normativa nacional (cfr. arts. 4.2-c) y disposición adicional decimosegunda de la LOSSEC), mientras que la tercera era configurada y atribuida directamente a la Administración supervisora por CRR en distintos supuestos. Sin embargo, la modificación operada por CRD VI, pendiente de transponer al ordenamiento jurídico español, introduce un régimen armonizado para la autorización previa de supuestos de fusiones y escisiones en los que intervengan, entre otras, entidades de crédito, y donde la sociedad resultante sea una entidad de crédito sujeta a ordenación y supervisión prudencial (cfr. arts. 27 decides y siguientes de CRD IV, según quedan introducidos por CRD VI). Este régimen atribuye la potestad autorizatoria a la autoridad nacional competente para su supervisión, esto es, en la lógica del MUS, al BCE o al BdE, según se trate de una entidad significativa o menos significativa. En mi opinión, y sin perjuicio del mayor estudio que requiere esta cuestión, este régimen aclara la incertidumbre que existía a este respecto hasta la fecha, en la medida en la que la LOSSEC establecía que esta autorización debía ser otorgada por el Ministerio de Economía, Comercio y Empresa, mientras que la Guía publicada por el BCE a efectos de aclarar algunos aspectos del procedimiento de autorización de establecimiento de una entidad de crédito asimilaba los supuestos de fusiones y escisiones a modificaciones sustanciales de la autorización inicial y, por tanto, consideraba que debía sujetarse al procedimiento común previsto en el Reglamento 1024/2013 al respecto. Parece que la intención de CRD VI es no llegar a tanto (pues en ningún lugar se realiza esa asimilación), pero sí confirmar que debe ser la Administración supervisora prudencial (el BCE o el BdE) quien ejerza la potestad, haciendo incompatible, en consecuencia, la disposición adicional decimosegunda de la LOSSEC con el régimen que introduce. En cualquier caso, sería conveniente una modificación del Reglamento 1024/2013 que aclare si, en el caso de entidades supervisadas en el marco del MUS, éste régimen debe sustanciarse a través del procedimiento común previsto para el

rizaciones, que la Ley configura como tal, son, en ocasiones, simples modificaciones de la autorización otorgada para el acceso al ejercicio de la actividad ante un cambio de las circunstancias que existían al tiempo de otorgarse ésta.

3°. Autorizaciones relativas al cese de la actividad. En este grupo no sólo cabe incluir la potestad autorizatoria para la salida del sector (esto es, la evaluación, por la Administración supervisora, de la salida de una entidad de crédito del sector), sino también la revocación de la autorización por las causas previstas en el ordenamiento jurídico, que constituye la otra cara de la moneda autorizatoria. Este examen requiere finalmente el examen de la disolución y liquidación de entidades de crédito que, además de dejar de ejercer actividades en el sector del crédito, vayan a desaparecer.

3.2. POTESTADES INSPECTORAS

3.2.1. Consideraciones previas

Las potestades inspectoras se identifican con aquellos poderes que permiten a la Administración acceder a la información necesaria para evaluar el cumplimiento por los particulares de la ordenación a la que deben sujetar su conducta. Siguiendo al profesor FERNÁNDEZ RAMOS, estas potestades se caracterizan por su carácter unilateral, externo, restrictivo, concreto u objetivo, singular y transitorio, reglado (sin perjuicio de que su supuesto de hecho pueda estar conformado por conceptos jurídicos indeterminados) e instrumental[25].

Por tanto, las potestades inspectoras constituyen poderes que la Ley atribuye a las Administraciones públicas competentes para que éstas puedan conocer la realidad bajo la cual se desarrolla la actividad propia del sector del crédito y pueda detectar eventuales incumplimientos normativos que puedan perjudicar la estabilidad del sistema financiero por constituir incumplimientos de la ordenación del sector. De este modo, las potestades inspectoras, aunque cuentan con un carácter instrumental en el conjunto de la actividad de supervisión prudencial bancaria, constituyen un poder jurídico autónomo e independiente que comienza y termina en el acceso, por la Administración, a ciertos datos relativos a la actividad crediticia. Es decir, aunque el resultado obtenido por la Administración del ejercicio de la potestad inspectora en sus diferentes manifestacio-

---

otorgamiento de la autorización de establecimiento o, por el contrario, como un acto de supervisión a dictar por la Administración competente en cada caso (BCE o BdE, según corresponda).

25 FERNÁNDEZ RAMOS, S., *La actividad administrativa de inspección. El régimen jurídico general de la función inspectora*, Comares, Granada, 2002, pp. 52-61.

nes pueda servir para accionar otras potestades de supervisión (como la correctora o la sancionadora), no es éste el fin último de aquéllas, que se agota con la mera obtención de información por la Administración.

Al igual que ocurre con la mayoría de las veces en que el ordenamiento jurídico atribuye a la Administración la potestad inspectora, la regulación que de ella se ha hecho tradicionalmente en las normas españolas de supervisión administrativa es escasa[26]. Durante mucho tiempo, las normas se limitaron a atribuir a la Administración supervisora las facultades de "vigilar", "controlar" o "inspeccionar" a las entidades de crédito, sin añadir más normación de la materia[27].

Originalmente, la LDIEC se refería a la inspección de las entidades de crédito de forma accesoria en su art. 42.3, al hablar de ciertos tipos infractores vinculados a la negativa de las entidades de crédito ante la actuación inspectora del BdE[28]. La Ley 3/1994, que transpuso al ordenamiento español la normativa europea en la materia, añadió, como art. 43 bis de la LDIEC, una mínima referencia a las facultades que correspondían al BdE en materia de inspección de entidades de crédito. La LABdE incorporó esta función de pasada en el art. 7.5-*g)*, cuando atribuye al BdE la función de "*contestar consultas de los interesados sobre el ejercicio de sus competencias ejecutivas en materia de supervisión e inspección de entidades*", competencias que, aunque citando sólo la supervisión, le atribuye plenamente su art. 7.6[29]. Finalmente, la Ley 36/2007 perfiló algo más la potestad

---

26 Sólo la Orden del Ministerio de 30 de octubre de 1940 reguló con algo más de detalle la potestad inspectora sobre las cajas de ahorros, aunque con importantes carencias en materia de procedimiento. Sobre esta norma, *vid.* SÁNCHEZ BLANCO, Á., *La actividad administrativa de inspección sobre las cajas de ahorros*, Documentación Administrativa núm. 194 (1982), pp. 137-166.

27 Desde distintas perspectivas, CHINCHILLA MARTÍN, C., *El régimen...*, *óp. cit.*, pp. 55-60; BERMEJO VERA, J., "Inspección y régimen sancionador del sistema financiero en España", en Tejedor Bielsa, Julio César y Fernández Torres, Isabel (dirs.), *La reforma bancaria en la Unión Europea y España*, Cizur Menor (Navarra): Thomson Reuters-Civitas, 2014, p. 187; HERNÁNDEZ MARQUÉS, H., "Las potestades de dirección y supervisión. Especial referencia a las del Banco de España", en Martín-Retortillo Baquer, Sebastián, Estudios de Derecho Público Bancario, Madrid: Ceura, 1987, pp. 141-142; o IZQUIERDO CARRASCO, M., "La inspección del Banco de España sobre las entidades de crédito", en Muñoz Machado, Santiago; Vega Serrano, Juan Manuel; y Bobes Sánchez, María José (dirs.), *Derecho de la Regulación Económica. X. Sistema Bancario*, Madrid: Iustel, 2013, *óp. cit.*, pp. 467-472.

28 La Sentencia del Tribunal Constitucional núm. 96/1996, de 30 de mayo (TOL83.030), que lo declaró inconstitucional, identificó, en lo que aquí interesa, la acción inspectora del BdE con "*la recepción, por parte de ésta* [Administración], *de comunicaciones, datos o documentos*" (FJ 9).

29 El RIBdE ni siquiera contempla la palabra "inspección" como una de las facultades atribuidas al BdE, más allá de su genérica inclusión en la función supervisora que puede deducirse de su art. 3.5: "*el Banco de España supervisará, conforme a las disposiciones vigentes, la solvencia, actuación y cumplimiento de la normativa específica de las entidades de crédito y de cualesquiera otras entidades y mercados financieros cuya supervisión le haya sido atribuida*".

al añadir a ese artículo su apartado 1 bis, que enumeró sucintamente las distintas manifestaciones en que podía ejercerse la potestad inspectora por el BdE.

En la actualidad, el art. 50.2 de la LOSSEC, aunque sistematiza estas manifestaciones de forma algo más ordenada, no termina por ofrecer una regulación completa de la institución. Esta norma atribuye al BdE de forma general la potestad inspectora en su letra *a)* (“*recabar de las entidades y personas sujetas a su función supervisora, y a terceros a los que dichas entidades hayan subcontratado actividades o funciones operativas, la información necesaria para comprobar el cumplimiento de la normativa de ordenación y disciplina*”), y, a continuación, define tres de sus manifestaciones: la facultad de formular requerimientos en su letra *b)* (“*requerir y comunicar a las entidades sujetas a su función supervisora, por medios electrónicos, las informaciones y medidas recogidas en la normativa de ordenación y disciplina*”); la facultad de solicitar la exhibición de documentos, libros y registros obrantes en poder de las entidades de crédito en sus letras *a)*, párrafo segundo, y *c)*-1º y 2º (“*exigir la presentación de documentos*” y “*examinar los libros y registros y obtener copias o extractos de los mismos*”); y la facultad de realizar visitas de inspección en su letra *d)* (“*realizar cuantas inspecciones sean necesarias en los establecimientos de las personas jurídicas contempladas en la letra a), y en cualquier otra entidad incluida en la supervisión consolidada*”).

Izquierdo Carrasco ha apuntado que el grueso de la regulación nacional de la potestad inspectora se recogería, además de en alguna norma del RIBdE, en las Circulares Internas la 10/2002 y 13/2011, en el Convenio Colectivo del personal al servicio del BdE y en algunas Guías hechas públicas por el BdE[30]. Todas estas normas, por su rango infralegal –y, buena parte de las veces, por su carácter reservado– son de dudosa idoneidad para regular algunos aspectos esenciales del ejercicio de la potestad inspectora, como las garantías del particular sobre el que tiene lugar. En cualquier caso, en relación con las dos Circulares Internas mencionadas, la Sentencia del Tribunal Supremo nº 914/2023, de 4 de julio (TOL9.647.676) ha afirmado que esas disposiciones no constituyen disposiciones reglamentarias, sino que se trata de “*meras instrucciones de servicio a los agentes del Banco de España*”, y no se encuentra “*dirigidas a terceros (las entidades supervisadas)*”. En consecuencia, a la luz de esta doctrina no cabe considerar que ambas Circulares Internas constituyan parte de la regulación del ejercicio de la potestad inspectora por el BdE y, por tanto, que puedan amparar la producción de efectos sobre la esfera jurídica de los particulares[31].

---

30 Izquierdo Carrasco, M., *La inspección…*, *óp. cit.*, pp. 472 y 497. Las citadas guías se encuentran disponibles en: https://www.bde.es/bde/es/secciones/normativas/Guias/Guias.html (enlace consultado el 17 de octubre de 2020). Sin embargo, las circulares internas no resultan de fácil acceso público, por lo que bien pueden calificarse como “normas reservadas”.

31 *Vid.*, en relación con las implicaciones de este pronunciamiento, Lora González, C., “Circulares internas del Banco de España y garantías del particular frente a las visitas de inspección: comentario

En otro orden de cosas, el marco normativo europeo relevante a estos efectos viene representado, por un lado, por la normativa reguladora del MUS y, por otro, por las normas de supervisión contenidas en la CRD IV y sus normas de transposición. Por lo que a la primera se refiere, la potestad inspectora aparece regulada de forma más detallada que la regulación hasta entonces existente en España, toda vez que, junto a la previsión de las distintas manifestaciones que ésta tiene (cfr. arts. 10 a 13 del Reglamento 1024/2013), ha incorporado normas procedimentales que garantizan debidamente los derechos de los particulares inspeccionados (cfr. arts. 138 a 146 del Reglamento 468/2014), que compensan la exclusión expresa de los principios procedimentales generales que hace el art. 25.1 del Reglamento 468/2014[32]. Además, estas normas se completan con algunas Guías públicas que las autoridades europeas han publicado y que permiten entender mejor cómo se desarrolla el ejercicio de la potestad inspectora por ellas[33].

En relación con el segundo bloque normativo relevante, cabe destacar a estos efectos los arts. 97 a 100 de la CRD IV, transpuestos por los arts. 50 a 55 de la LOSSEC y, muy especialmente, en los arts. 76 a 80 del RD 84/2015 y en la Norma 45 de la Circular 2/2016. A pesar de que son estas normas las que resultan directamente aplicables, los preceptos citados de la CRD IV tienen en este lugar una especial relevancia, toda vez que la *Guías* elaboradas por el BCE para la aplicación de la normativa del MUS se basan directamente en las normas que contienen, prescindiendo, en consecuencia, de las especialidades que las normas nacionales pudieran haber introducido y que, en todo caso, el BCE deberá observar cuando supervise entidades de crédito españolas.

Finalmente, tanto la BRRD (y sus normas de transposición; en España, la Ley 11/2015) como el Reglamento 806/2014 también atribuyen potestades inspectoras a

---

a la Sentencia del Tribunal Supremo nº 914/2023, de 4 de julio", *AJUM* nº 63, 2023, pp. 142-151.

32 Este precepto circunscribe esos principios al ejercicio de las potestades reconocidas en el art. 4 y en la sección 2 del Capítulo III del Reglamento 1024/2013, excluyendo la sección 1 que contempla, precisamente, la regulación de la potestad inspectora. Aunque ésta cabe entenderla implícitamente incluida en las funciones específicas atribuidas al BCE en las letras *d)* a *h)* del art. 4.1 del Reglamento 1024/2013 (pues de otro modo el BCE no podría llevarlas a cabo), parece claro que el legislador ha querido excluir su ejercicio de los principios procedimentales indicados. En realidad, esta exclusión, acompañada de una regulación alternativa, es coherente con la naturaleza propia de la potestad inspectora, y no parece una mala solución para procurar una adecuada garantía de los derechos de los particulares.

33 Así, el BCE cuenta con la *Guía de supervisión bancaria* de septiembre de 2014 que, en sus pp. 23 y ss., se refiere al *Proceso de revisión y evaluación supervisora* (PRES) que, según se indicará, constituye una de las manifestaciones propias de la potestad inspectora, y con la *Guía para inspecciones* in situ *e investigaciones de modelos internos* de septiembre de 2018 en su última versión, que explica cómo se llevan a cabo esas dos concretas cuestiones (disponible en: https://www.bankingsupervision.europa.eu/ecb/pub/pdf/ssm.osi_guide201809.es.pdf?859823dfcc3ca5092078fbc294465c6b, enlace consultado el 17 de octubre de 2020).

la JUR (en términos similares a las que tiene el BCE, aunque lógicamente referidas al ejercicio de sus funciones) y al FROB (mucho más limitadas que aquéllas de las que dispone el BdE pero igualmente carentes de una detallada regulación).

3.2.2. Manifestaciones de la potestad inspectora en la actividad administrativa de supervisión prudencial bancaria en el marco del MUS y el MUR

En el anterior contexto normativo, la potestad inspectora en el ámbito de la actividad administrativa de supervisión prudencial bancaria bajo el MUS y el MUR presenta, según los efectos jurídicos que puede producir sobre los particulares, las siguientes manifestaciones:

1°. Requerimientos individualizados de información, esto es, poderes jurídicos de la Administración cuyo ejercicio genera en el sujeto pasivo una obligación de dar consistente en entregar a la Administración cierta información o determinados datos.

2°. Solicitudes de exhibición y copia de libros, documentos o registros, que suponen el acceso por la Administración de forma directa a las fuentes que contienen la información que desea obtener, que pueden estar custodiadas por el supervisado (por ejemplo, actas del Consejo de Administración), o ser públicas (por ejemplo, cuentas anuales debidamente depositadas en el Registro Mercantil). Estas solicitudes, por tanto, se diferencian de los requerimientos individualizados de información en que no pretenden que el particular proporcione la información, sino que basta con que la ponga a disposición de la Administración y sea ésta la que, directamente, la tome de los lugares donde esta figura.

3°. Visitas de inspección, que consisten en el acceso de la Administración a las dependencias físicas del particular a fin de comprobar que las actividades que en ellas se desarrollan cumplen con lo establecido en la normativa aplicable.

4°. Análisis y tratamiento de los datos para generar nueva información que, hasta ese momento, no existe, pero que resulta necesaria para el adecuado desempeño de la actividad administrativa de supervisión. Esta manifestación de la potestad inspectora comporta la realización de distintos ensayos técnicos sobre los datos recopilados para alcanzar resultados que permitan a la Administración extraer conclusiones relativos al cumplimiento de la ordenación aplicable. Aunque esta manifestación se revela mucho más intuitiva en los casos de supervisión de actividades físicas, en el sector del crédito también se produce cuando, recabados los datos sobre la actividad, la Administración supervisora los somete a los modelos econométricos elaborados para comprobar cuál es el riesgo que una actividad desarrollada bajo esos parámetros entraña para la estabilidad del sistema financiero[34]. Una expresión particularmente conocida de estos ensayos técnicos que la Administración realiza para conocer si se cumplen los criterios contenidos en la ordenación son las pruebas de resistencia o solvencia (también llamados test de estrés)[35].

Según se comprueba, mientras los requerimientos individualizados de información, las solicitudes de exhibición o copia de libros, documentos o registros o el acceso a locales generan un específico efecto jurídico en los particulares (de dar, hacer o no hacer algo), el conjunto de facultades dirigidas a tratar, analizar y evaluar los datos recabados para alcanzar conclusiones sobre los parámetros inspeccionados (pruebas de resistencia o realización del PRES, por ejemplo) producen efectos exclusivamente *ad intra* de la Administración supervisora, sin que ello impida calificar esta manifestación como auténtica potestad inspectora.

No obstante lo anterior, esas distintas manifestaciones de la potestad inspectora que la normativa del MUS y del MUR recoge no constituyen compartimentos estancos, sino que, antes bien, pueden darse simultáneamente, en función del ejercicio de la potestad inspectora que, en cada caso, estime más conveniente la Administración supervisora. Por ejemplo, es habitual (y natural) que, en el contexto de una visita de inspección, la Administración requiera datos al personal de la entidad de crédito inspeccionada o solicite la exhibición de soportes en los que figure determinada información.

Finalmente los efectos jurídicos propios de estas cuatro clases de manifestaciones no son exclusivos del ejercicio de la potestad inspectora en cuanto tal. Por el contrario, en el contexto del ejercicio de otros procedimientos (por ejemplo, el autorizatorio o el sancionador), la Administración también puede estar facultada para recabar determinados datos o información; facultad que, sin embargo, no se agota con la obtención de la información, sino que se incorpora al dictado de un ulterior acto administrativo que produce efectos jurídicos sobre los particulares de naturaleza diversa que los propios de la potestad inspectora. En estos casos, las técnicas de análisis de datos pueden ser compartidos con las empleadas en el ejercicio de la potestad inspectora, razón por la cual, en ocasiones, se incluirán las oportunas referencias en el análisis.

---

34 Por ejemplo, el PRES que aplican el BCE y el BdE (*vid.* Deprés Polo, M., *et al.*, *Manual... óp. cit.*, pp. 388-393 y la *Guía...* del BCE ya citada, pp. 23 y ss.).

35 Izquierdo Carrasco también incluía, antes del MUS, estos test como tal manifestación de la potestad inspectora: cfr. Izquierdo Carrasco, M., *La inspección...*, *óp. cit.*, p. 517.

3.3. POTESTADES CORRECTORAS

3.3.1. Consideraciones previas

Las potestades correctoras se identifican con el conjunto de facultades que permiten a la Administración pública afectar la esfera jurídica de los particulares para ajustarla a la conformación que de ella hacen las normas que ordenan una determinada actividad. Es decir, las potestades correctoras producen efectos constrictivos o limitativos de la esfera jurídica de los particulares de manera directa. Estas potestades se caracterizan por tener un carácter externo, constrictivo o limitativo, singular, no indemnizable, unilateral y reglado.

Por la importancia que tiene para la ulterior explicación relativa a la naturaleza conceptual y dogmática de la potestad de resolución bancaria, señalaré que la doctrina identifica las potestades correctoras con "técnicas ablatorias" (Santamaría Pastor[36]) o "de limitación" (García de Enterría y Fernández Rodríguez[37])[38] que pueden clasificarse del modo que sigue:

1°. Potestades que disminuyen o privan de ciertas situaciones activas a los particulares (limitaciones administrativas del ejercicio de derechos, esto es, establecimiento de prohibiciones; y ablaciones reales, que abarcan la potestad expropiatoria, las transferencias coactivas forzosas y los decomisos).

2°. Potestades que crean o amplían situaciones pasivas en los particulares (exigencia de prestaciones forzosas, personales o reales; e imposición de órdenes o mandatos).

En el ámbito de la actividad administrativa de supervisión prudencial bancaria, las Administraciones supervisoras cuentan, como se ha señalado, con potestades correctoras que les permitan, llegado el caso, restaurar el orden jurídico perturbado por un eventual incumplimiento de la ordenación de solvencia y liquidez que pueda arriesgar

---

36 Santamaría Pastor, Juan Alfonso, *Principios..., Vol. II, óp. cit.*, pp. 279-287.

37 García de Enterría, Eduardo, y Fernández Rodríguez, Tomás Ramón, *Curso..., T. II*, pp. 131 y ss. Ambos autores incluyen también en este capítulo la potestad sancionadora que, en cuanto expresión del *ius puniendi* del Estado, conforma una categoría autónoma y distinta de las potestades correctoras que aquí se examinan.

38 Otros autores, sin embargo, se limitan al estudio de la llamada imposición de deberes a través de órdenes y prohibiciones, pasando por alto las demás técnicas que tienen orígenes diversos (así, Parada Vázquez, Ramón, *óp. cit.*, pp. 298-299; o De la Cuétara Martínez, Juan Miguel, *óp. cit.*, pp. 255-257). Garrido Falla, aunque dedica el grueso de la explicación al examen de las órdenes y mandatos, también incluye entre las técnicas de limitación (a las que denomina "medios de policía") otras como la autorización o las propias de la ejecución forzosa de actos administrativos (apremio sobre el patrimonio, ejecución subsidiaria, multa coercitiva y ejecución sobre las personas) (cfr. Garrido Falla, Fernando, *óp. cit.*, pp. 180-182).

la estabilidad del sistema financiero[39]. Estas potestades, de hecho, existen desde hace décadas, y conforman lo que la doctrina, bajo el paradigma intervencionista antaño vigente, dio en llamar la "disciplina" administrativa del sector del crédito[40].

Las potestades correctoras atribuidas a las Administraciones supervisoras del sector del crédito en el ámbito prudencial son de distintas clases. Por un lado, estas Administraciones se encuentran facultadas para imponer órdenes y mandatos creadores de deberes para las entidades de crédito mediante cuyo cumplimiento éstas retornen a la observancia de las disposiciones en materia de solvencia y liquidez y, de ese modo, se evite un daño para la estabilidad del sistema financiero. Por ejemplo, las Administraciones pueden exigir a las entidades de crédito requisitos de fondos propios adicionales o imponer ciertas obligaciones de información.

Estos deberes pueden surgir en distintos escenarios: como consecuencia de la realización del PRES y la detección de determinadas carencias determinantes del incumplimiento normativo[41], como resultado de una inspección *in situ*[42] o, en general, siempre que exista un incumplimiento de la ordenación prudencial del sector o una certeza de que tal incumplimiento se va a producir[43]. También, en el contexto de la llamada "actuación temprana", la normativa sobre resolución permite a las Administraciones competentes adoptar medidas de esta naturaleza[44].

Por otro lado, las Administraciones supervisoras pueden establecer prohibiciones sobre determinados particulares que limiten temporalmente el ejercicio de determinados derechos inherentes a la libertad de empresa o a la propiedad privada sobre las entidades de crédito cuando su normal ejercicio pueda comprometer la observancia de la ordenación prudencial del sector. Así, las Administraciones pueden limitar el reparto de dividendos, restringir la realización de ciertas actividades o, incluso, impedir la de-

---

39 Deprés Polo *et al.* se refieren a ellas como "*medidas necesarias para retornar al cumplimiento*" (Deprés Polo, Mario, *et al.*, *Manual...*, *óp. cit.*, p. 394; Chinchilla Martín las rubrica como "*medidas correctivas*" (Chinchilla Martín, Carmen, *El régimen...*, *óp. cit.*, pp. 60-72).

40 *Vid.* Martín-Retortillo Baquer, Sebastián, *Sistema bancario...*, *óp. cit.*, pp. 153-158; y Hernández Marqués, Hilario, *Las potestades...*, *óp. cit.*, pp. 140-142.

41 En el marco de la decisión del PRES a la que ya me he referido y que se analizará más adelante en detalle (cfr. BCE, *Manual...*, *óp. cit.* pp. 93-97). En España, el BdE denomina a la decisión del PRES "decisión anual de capital y liquidez de Pilar 2" (BdE, *Memoria de la supervisión bancaria en España. 2019*, pp. 53-58, disponible en: https://www.bde.es/f/webbde/Secciones/Publicaciones/PublicacionesAnuales/MemoriaSupervisionBancaria/19/Documento_completo.pdf –enlace consultado el 24 de enero de 2021–).

42 *Vid.* BCE, *Guía sobre inspecciones...*, *óp. cit.*, pp. 15-17.

43 Cfr. arts. 68 y 69 de la LOSSEC.

44 Cfr. art. 6.3 y 9.2 de la Ley 11/2015.

signación de los administradores de la entidad por sus propietarios, como sería normal, y sustituir su voluntad de forma temporal.

Finalmente, en determinados supuestos en los que sólo así puede corregirse la inobservancia de las normas de solvencia y liquidez que garantizan la estabilidad del sistema financiero, las Administraciones supervisoras pueden privar a determinados particulares de ciertos derechos reales o de crédito de forma permanente, o modificar estos derechos, transformándolos en algo distinto a aquello cuya titularidad adquirió el particular. Tal y como se explicará con detalle en el Capítulo siguiente de esta obra, estas potestades integran la llamada "resolución bancaria".

3.3.2. La fijación de colchones de capital por el BdE no es el resultado del ejercicio de una potestad correctora

Un último apunte debe realizarse en relación con las potestades correctoras incardinadas en la actividad administrativa de supervisión. No todos los actos administrativos que dictan las Administraciones supervisoras y que tienen incidencia en la esfera jurídica de los particulares deben ser tildados de ejercicio de potestad correctora. Por el contrario, existen casos donde, a pesar de consistir en actos administrativos válidos que imponen deberes o decretan prohibiciones, carecen de las notas necesarias para poder ser calificadas como manifestaciones de esta potestad.

Este es el caso de los actos administrativos de alcance general que dicta el BdE, con la conformidad del BCE, para la fijación trimestral de los colchones de capital en el ámbito de la supervisión macroprudencial (cfr. art. 58.3 del RD 84/2015). De acuerdo con lo dispuesto en los arts. 43 y ss. de la LOSSEC, el BdE determina los distintos colchones que, de forma adicional a los requisitos de solvencia contenidos en la normativa, deben observar las entidades de crédito (colchón de conservación de capital, colchón de capital anticíclico específico, colchón de capital para entidades de importancia sistémica y colchón contra riesgos sistémicos).

En determinados casos (como en el colchón de conservación de capital), la regla concreta a que las entidades deben ajustar su conducta dimana directamente de la norma: el colchón de conservación de capital será igual al 2,5% del importe total de la exposición al riesgo de la entidad, calculado con la metodología contenida al efecto en el CRR (cfr. art. 44 de la LOSSEC). En otros casos, sin embargo, la norma requiere de una ulterior concreción por la Administración supervisora, sin la cual no existe una pauta cierta a la que deba sujetarse la conducta de la entidad: el BdE calcula trimestralmente una pauta de colchón que se tomará como referencia para fijar el porcentaje de colchón anticíclico relativo a las exposiciones ubicadas en España (cfr. art. 61.1 del RD 84/2015). En estos casos, la resolución que dicte el BdE no trae causa de un incumplimiento de la entidad, sino de su participación en la fase de ordenación del sector, participación prevista dado el alto grado de especificidad técnica de la norma y la necesidad de modificación en breves espacios de tiempo.

Lo mismo ocurre, en realidad, en la determinación, con base en esa pauta, del colchón de capital específico para cada entidad (cfr. art. 60 del RD 84/2015). En estos casos, el BdE tampoco reacciona a un incumplimiento de la normativa prudencial del sector, sino que determina, para el caso concreto, el contenido de la ordenación a que las entidades deben ajustar su conducta. En fin, lo mismo puede predicarse respecto de la fijación de los colchones para EISM y OEIS (cfr. art. 64 del RD 84/2015) o la fijación del colchón contra riesgos sistémicos (cfr. art. 67 del RD 84/2015), que traen causa de un cambio en las variables macroeconómicas que no determinan un incumplimiento de la ordenación prudencial del sector por las entidades, sino más bien la necesidad de que ésta sea modificada para adaptarse a las nuevas circunstancias.

En todos estos casos, como se dice, el BdE no está librando órdenes o mandatos que impongan obligaciones de hacer a las entidades, sino que se está limitando a completar la ordenación a la que éstas, *ope legis*, deben adecuar su conducta.

Más discutible puede ser esta conclusión para el caso de la participación del BCE en la supervisión macroprudencial del sector. El art. 5.2 del Reglamento 1024/2013 permite a esta Administración "*imponer requisitos más elevados que los aplicados por las autoridades* nacionales *competentes o designadas de los Estados miembros participantes en lo que respecta a los colchones de capital que han de mantener las entidades de crédito*", que parece referirse a modificar la concreción de la ordenación realizada por el BdE siempre que lo haga al alza, pero también a "*aplicar medidas más rigurosas para subsanar riesgos sistémicos o macruprudenciales a nivel de las entidades de crédito en los casos expresamente previstos en la legislación pertinente de la Unión*", que podría en cambio amparar la imposición de deberes adicionales a ciertas entidades de crédito mediante, aquí sí, el ejercicio de una potestad correctora.

3.4. POTESTADES SANCIONADORAS

La potestad sancionadora puede definirse como el poder de la Administración pública de producir legítimamente efectos jurídicos negativos sobre la esfera jurídica de un particular cuando desarrolla una conducta merecedora de reproche jurídico. De este modo, la potestad sancionadora es una manifestación del *ius puniendi* del Estado que justifica la traslación al ámbito administrativo-sancionador de los principios que rigen en el orden penal[45].

---

[45] *Vid.* NIETO MARTÍN, Alejandro, *Derecho administrativo sancionador*, Madrid: Tecnos, 2012 (5ª ed.), pp. 47-60; y GÓMEZ TOMILLO, Manuel, y SANZ RUBIALES, Íñigo, *Derecho administrativo sancionador: parte general*, Thomson Reuters-Aranzadi: Cizur Menor (Navarra), 2017, pp. 90-112.

En palabras de Mariano MAGIDE, *"la potestad sancionadora es el instrumento de cierre de la actividad de supervisión, sin la cual ésta podría perder parte de su eficacia"*[46]. La potestad sancionadora se configura de este modo como la *última ratio* de la actividad de supervisión, el último recurso que dispone la Administración para prevenir que el desenvolvimiento de una actividad particular lesione el bien jurídico protegido tutelado por la ordenación del sector o, en su caso, reparar el daño causado[47].

La potestad sancionadora fue incorporada a la actividad administrativa de supervisión bancaria a través de la modificación operada a la LOB de 1921 por el Real Decreto de 25 de mayo de 1926, que atribuyó a la Administración supervisora de la época, el Consejo Superior Bancario, potestades sancionadoras de marcado carácter discrecional para garantizar la observancia de las normas rectoras de la actividad de los bancos[48]. En el caso de las cajas de ahorros, el Real Decreto-Ley de 9 de abril de 1926 atribuyó potestad sancionadora al Ministerio de Trabajo, Comercio e Industria para prevenir ciertos incumplimientos.

Sin más cambios a este respecto que la redistribución de la titularidad de las potestades operada en 1928, la LOB de 1946 configuró un régimen sancionador para la banca algo más elaborado. Así, su art. 56 tipificaba las infracciones, y el 57 las posibles sanciones a imponer a quienes incurrieran en aquéllas. El sistema, sin embargo, estaba lejos

---

46 MAGIDE HERRERO, Mariano, *Límites..., óp. cit.*, p. 335.

47 Los *Principios Básicos para una supervisión eficaz* elaborados por el CSBB refieren, en su Principio 11, la necesidad de que el supervisor cuente no sólo con potestades correctivas, sino también sancionadoras, así como a la conveniencia de que éstas no se limiten a la entidad de crédito, sino de que se extiendan a los directivos de la entidad que hubieran podido estar involucrados en la comisión de la infracción. A este respecto, el criterio 6 de este Principio señala: *"el supervisor impone sanciones no sólo al banco sino también, siempre y cuando sea necesario, a su dirección y/o al Consejo o a las personas que lo componen"* (CSBB, *Principios..., óp. cit.*, p. 38).

48 Igualmente, en el desarrollo reglamentario dado por el Real Decreto de 15 de febrero de 1927, cuyo art. 10 disponía *in fine*: *"las infracciones de cualquiera de las normas de observancia general acordadas por el Consejo Superior Bancario, bien para la Banca inscrita solamente, bien para toda la Banca, serán objeto de la adecuada sanción, que decretará el Comisario regio, previo estudio y propuesta en cada caso particular per el Consejo Superior Bancario. Las sanciones aplicables serán: 1ª Amonestación privada. 2ª Censura, comunicada a toda la Banca. 3.a Multa de 500 a 25.000 pesetas. 4ª Privación, por plazo máximo de un año, tratándose de Banca inscrita, de los derechos que a ésta confiere la legislación vigente. Las tres primeras sanciones podrán aplicarse a la Banca no inscrita, cuando infrinjan normas que rijan para todos los Establecimientos bancarios. De toda sanción se dará cuenta en el plazo de ocho días al Ministro de Hacienda, ante el cual podrá recurrir el Banco que haya sido objeto de aquélla, previo depósito de su importe, si fuese pecuniaria. El Ministro deberá resolver estas reclamaciones en plazo máximo de un mes, entendiéndose desestimadas cuando dicho término transcurriese sin que recayere acuerdo ministerial. El importe de las multas ingresará en la Caja del Consejo Superior Bancario, a la resulta de la reclamación, si se formulare, y una vez que fuere definitivo el acuerdo de imponerlas, ingresará en el Tesoro. El ejercicio de las funciones de carácter penal que se conceden al Comisario regio, se acomodará a lo que se preceptúa en el artículo 16 de este Reglamento"*.

de los estándares de legalidad que surgieron a raíz de la aprobación de la Constitución española, en la medida en que la letra *f)* del citado art. 56 de la LOB de 1946 reputaba como infracción el incumplimiento de "*cualquier otro extremo regulado por normas de observancia obligatoria*", normas que, a fin de cuentas, integraban el tipo y podían tener rango muy diverso[49]. La LOB de 1946 concentraba las potestades sancionadoras en la AGE, distribuyéndolas en función de la gravedad en la Dirección General de Banca y Bolsa, el Ministro de Hacienda y el Consejo de Ministros.

Tras la entrada en vigor de la Constitución, el sistema se mantuvo inalterado, por lo que a la potestad sancionadora interesa, prácticamente una década[50]. Como explica MARTÍN-RETORTILLO, fue a raíz de la célebre Sentencia del Tribunal Supremo de 10 de noviembre de 1986 (TOL2.319.526)[51] cuando el legislador reformuló por completo el régimen sancionador aplicable a las entidades de crédito –por aquél entonces las potestades sobre cajas de ahorros y cooperativas de crédito ya se encontraban unificadas con las existentes sobre bancos– y, en consecuencia, aprobó la LDIEC.

Esta norma, en realidad, hizo mucho más que limitarse a ordenar el régimen sancionador y, junto con las modificaciones que experimentaría en los años posteriores, se convirtió en el verdadero texto rector de la actividad de supervisión bancaria, texto que, empero, debía continuar integrándose con otras normas como, particularmente, la LOB de 1946, que aquélla no derogaba expresamente.

Lo más relevante de la LDIEC, además de la exhaustiva tipificación de infracciones y sanciones que contiene[52], consiste en la inclusión del BdE como titular de alguna

---

49 En realidad, los demás tipos contenidos en el art. 56 de la LOB de 1946 también requerían integración con otras normas, muchas veces también de carácter reglamentario. Ello no obstante, lo cierto es que el Tribunal Supremo, en la práctica, vino integrando los tipos con las normas legales que daban cobertura a esos reglamentos. Así, por ejemplo, en su Sentencia de 18 de febrero de 1985 (TOL8.303.188), relativa a una sanción impuesta al Banco de Navarra por infringir las normas contables, integra el tipo contenido en la letra *b)* del art. 56 de la LOB de 1946 con distintos preceptos de la legislación de sociedades anónimas entonces vigente.

50 Ello explica que trabajos como el de José SUAY RINCÓN, elaborados Constitución mediante, examinen el régimen sancionador de la LOB con enormes cautelas, recurriendo a tesis tan en boga en aquella época como la relativa a las relaciones especiales de sujeción para tratar de justificar las anomalías detectadas: SUAY RINCÓN, José, "Sanciones", en MARTÍN-RETORTILLO BAQUER, Sebastián, *Estudios..., óp. cit.*, pp.357-389.

51 Esta Sentencia anuló el RD 2347/1985, de 4 de diciembre, por el que se desarrollaba el art. 57 del Estatuto de los Trabajadores entonces vigente, y tipificaba *ex novo* y sin base legal ninguna las infracciones y sanciones que podían aplicarse en el orden social, infringiendo, según confirmó el Tribunal Supremo, el principio de legalidad consagrado en el art. 25.1 de la Constitución.

52 Exhaustiva que, una vez más, no quiere decir completa, toda vez que recurría muy frecuentemente a conceptos jurídicos indeterminados para conformar los tipos y, en el caso de las infracciones leves, acudía a la técnica de las normas sancionadoras en blanco. Estos males, que no necesariamente resultan contrarios a los principios que informan la potestad sancionadora, se encuentran actualmente

potestad sancionadora (la relativa a la imposición de las sanciones por infracciones leves) y, en todo caso, como órgano responsable de la instrucción de todos los procedimientos. En materia sancionadora, la LDIEC fue objeto de desarrollo mediante el RD 2119/1993, que contenía previsiones específicas para el ejercicio de esa potestad frente a entidades de crédito. A diferencia de lo ocurrido con el RD 1398/1993[53], con el que guarda enorme paralelismo, el RD 2119/1993 no ha sido derogado, por lo que debe entenderse vigente en todo aquello que no contravenga las leyes vigentes.

Como recuerda Chinchilla Martín, no fue hasta la reforma operada por el RD-ley 24/2012, en el marco del Memorando de entendimiento suscrito entre el Reino de España y la Comisión Europea, cuando se convierte al BdE en la Administración sancionadora a todos los efectos[54].

El esquema así conformado no se vio alterado con la irrupción de un nuevo centro de poder administrativo, el FROB, en la medida en que ni el RDL 24/2012, primero, ni la Ley 9/2012, después, atribuyeron potestad sancionadora en el ámbito del crédito[55].

también en el régimen contenido en la LOSSEC. Sobre el régimen de la LDIEC pueden consultarse Bermejo Vera, José, "Inspección...", *óp. cit.*, pp. 217-255; Vidal Monferrer, Rosa, "Sector bancario", en Silva de Lapuerta, Marta, y García Malsipica, Silvia, *Manual..., T. II, óp. cit.*, pp. 325-357; o Fernández-Espinar, Luis Carlos, "La potestad sancionadora de la Administración financiera", *DA* nº 282-283 (2009), pp. 241-290.

53 Como es conocido, el RD 1398/1993 reguló el procedimiento para el ejercicio de la potestad sancionadora con carácter general por las Administraciones públicas. De este modo, el RD 2119/1993 contiene las especialidades aplicables a aquellos casos en los que ese ejercicio se dirige frente a entidades de crédito.

54 Chinchilla Martín, Carmen, "El régimen...", *óp. cit.*, p. 74. Antes de ese momento, la LABdE había dado pasos en esta dirección permitiendo que el BdE pudiera imponer las sanciones que correspondieran por infracciones leves y graves, pero continuaba reservando la imposición de sanciones por infracciones muy graves al Ministerio de Economía, Comercio y Empresa, salvo la consistente en la revocación de la autorización, que se residenciaba en el Consejo de Ministros. A partir del RDL 24/2012, el BdE fue la Administración competente para imponer también estas sanciones.

55 Es cierto no obstante que la primera regulación de la materia fue harto insatisfactoria. El art. 49 del RD-ley 24/2012 se limitó a disponer que "*este capítulo VII tendrá la consideración de normas de ordenación y disciplina a los efectos de la Ley 26/1988, de 29 de julio, sobre Disciplina e Intervención de las Entidades de Crédito*", integrando de ese modo las cláusulas residuales existentes en la LDIEC, al tiempo que tipificaba ciertas infracciones concreto: "*se considerará infracción muy grave el incumplimiento o la obstaculización de la ejecución de una acción de gestión de instrumentos híbridos de capital y de deuda subordinada acordada por el FROB. Tendrá la misma calificación la revelación o difusión por cualquier medio de los términos y condiciones de una propuesta de acción de gestión de instrumentos híbridos de capital y de deuda subordinada antes de que sea efectivamente acordada por dicho Fondo*". Sin embargo, las normas no atribuían las potestades sancionadoras para perseguir estas infracciones al FROB, de suerte que se aplicaban las reglas generales de la LDIEC que, precisamente a raíz de la reforma operada por el RDL 24/2012, atribuía tales potestades en exclusiva al BdE. Esta circunstancia es otra evidencia más de la íntima conexión que existe entre supervisión y resolución de entidades de crédito.

El MUS y el MUR, sin embargo, modifican profundamente este esquema, al incorporar dos nuevos centros de poder administrativo (el BCE y la JUR) a los que también se atribuye potestad sancionadora. Ello no obstante, esta atribución de competencias es menos intensa que en el caso de otras potestades administrativas de supervisión, toda vez que no sólo encuentra una delimitación subjetiva desde la perspectiva de las entidades de crédito a ella sujetas (las significativas y las menos significativas respeto de las que el BCE haya decidido asumir su supervisión directa), sino también objetiva (por cuanto, en muchos casos, se limita a sanciones pecuniarias, con exclusión de otras posibles).

Adicionalmente, la atribución de potestades sancionadoras al BCE y a la JUR tampoco es homogénea, como consecuencia del distinto fundamento que, en Derecho originario, tiene la atribución de potestades administrativas en favor de una y otra Administración. De este modo, mientras la atribución de potestades sancionadoras al BCE encuentra un evidente fundamento en el art. 132.3 del TFUE y 34.3 del ESEBC, que permite al BCE imponer ciertas sanciones a las empresas que incumplan sus "*reglamentos y decisiones*" (y que el MUS completa con una segunda potestad sancionadora, más relacionada con el art. 114 del TFUE que con estas otras previsiones, que también permite al BCE perseguir los incumplimientos tipificados como tales en las normas que ordenan la conducta de los particulares), la que se realiza en favor de la JUR trae causa en exclusiva de la doctrina de los poderes implícitos ya comentada, de suerte que las posibilidades que tiene esta Administración en este ámbito resultan menores[56].

Esta diferencia de estatuto jurídico de ambas Administraciones tiene una importante implicación práctica, cual es que las normas de Derecho derivado que rigen el ejercicio de las respectivas potestades sancionadoras y complementan la regulación especial contenida en las normas atributivas de estas potestades (el Reglamento 1024/2013 para el BCE y el Reglamento 806/2014 para la JUR) también difieren. Así, el art. 132.3 del TFUE y 34.3 del ESEBC llaman a un Reglamento del Consejo que delimite el alcance de la potestad sancionadora del BCE, llamada que se ha verificado mediante el Reglamento 2532/1998. Este Reglamento, que en cuanto a la potestad sancionadora en el ámbito de la política monetaria fue complementado por el Reglamento 2157/1999, por lo que a la actividad administrativa de supervisión se refiere se ve complementado por los preceptos relevantes del Reglamento 468/2014[57], con un juego de ambas normas algo complejo cuya explicación excede los límites de esta obra.

---

56 En cualquier caso, las normas reguladoras de una y otra prevén que la Administración en cuestión (BCE o la JUR) pueda compeler a las Administraciones nacionales a ejercer las potestades sancionadoras necesarias frente a quienes hubieran cometido una infracción frente a la cual aquéllas carezcan de potestad suficiente.

57 La reforma operada en el Reglamento 2157/1999 en virtud del Reglamento 469/2014 introdujo en el primero un nuevo art. 1 bis del siguiente tenor: "*el presente reglamento solo será de aplicación a la sanciones que imponga el BCE en el ejercicio de sus funciones de banca central distintas de las funciones de*

En lo relativo a la JUR, no existe una norma supletoria a la que pueda acudirse en el caso de que se aprecien lagunas en la regulación especial de la potestad sancionadora contenida en el Reglamento 806/2014, de suerte que habrá que acudir a los principios generales del Derecho administrativo europeo o a la integración por analogía para colmarlas[58].

Finalmente, la Ley 11/2015 también atribuye al FROB ciertas potestades sancionadoras, "*cuando se trate de infracciones relacionadas con sus funciones como autoridad de resolución ejecutiva y, en particular, de aquellas que supongan la vulneración de las normas previstas en los Capítulos IV a VII*" (art. 76.1-*a)*), manteniendo las restantes, aun dimanantes de infracciones previstas en esa Ley, en la órbita del BdE[59].

Las demás Administraciones que participan en la actividad de supervisión prudencial bancaria no cuentan con potestades sancionadoras[60].

---

supervisión. No se aplicará, por tanto, a las sanciones administrativas que el BCE imponga en el ejercicio de sus funciones de supervisión".

58 A este respecto, cuando se aprecie identidad de razón (por ejemplo, si la infracción compromete los recursos del FUR), parece razonable acudir a las previsiones generales contenidas en el Reglamento 2988/1995 para la protección de los intereses presupuestarios de la UE.

59 Algunas cuestiones relevantes de este régimen, a las que me referiré más adelante, se encuentran en Bauzá Martorell, Felio José, "Régimen sancionador...", *óp. cit.*, pp. 1050-1086.

60 En particular, merece la pena destacar el caso de la ABE, que carece de tales potestades a pesar de tener facultades, mínimas y excepcionales, para, bajo determinadas circunstancias, imponer efectos jurídicos coactivos sobre las entidades de crédito.

CAPÍTULO III. LA POTESTAD DE RESOLUCIÓN BANCARIA (I): CONCEPTO Y CARACTERIZACIÓN DOGMÁTICA

1. DELIMITACIÓN CONCEPTUAL DE LA RESOLUCIÓN BANCARIA

1.1. La conformación normativa de la potestad de resolución bancaria constituye el fin de un proceso que comenzó a partir de la crisis financiera de 2007[1].

El denominador común de la reflexión que concluyó con el establecimiento de la herramienta de resolución bancaria pivotó sobre la insuficiencia de los sistemas de insolvencia tradicionales para liquidar una entidad de crédito en crisis salvaguardando

[1] Sobre esta cuestión, *vid.*, en general, DEPRÉS POLO, Mario, *et al.*, *Manual...*, *óp. cit.*, pp. 415-419; en relación con el proceso seguido en la UE, CONLLEDO LANTERO, Fernando, "El marco comunitario para la recuperación y resolución de entidades de crédito", *RDUE*, nº 27 (julio-diciembre 2014) y nº 28 (enero-junio 2015), pp. 159-174, y URÍA, Francisco, "El nuevo régimen europeo de resolución bancaria", *RDBB* nº 138 (abril-junio 2015); y, sobre la aplicación práctica de los instrumentos intermedios existentes en España hasta la conformación de la resolución tal y como se concibe hoy, FERNÁNDEZ DE LIS, Santiago, *et al.*, *Rescates y reestructuración bancaria: el caso español (documento de trabajo 152/2009)*, Fundación Alternativas: Madrid, 2009, y COUSO PASCUAL, José Ramón, "Aportación de activos en los procesos de reestructuración bancaria. Conformación de sociedades de gestión: singularidad normativa y normas de buen gobierno", en GONZÁLEZ VÁZQUEZ, José Carlos, y COLINO MEDIAVILLA, José Luis, *Regulación...*, *óp. cit.*, pp. 375-444.

al tiempo la estabilidad del sistema financiero[2]. Sobre esta premisa, se entendió necesario que, cuando existiera un riesgo para ese bien jurídico protegido que aquellos sistemas de insolvencia no permitieran mitigar adecuadamente, la crisis de las entidades de crédito deberían ser gestionadas por un centro de poder administrativo que garantice adecuadamente la protección de la estabilidad del sistema financiero[3].

A pesar de su aparente novedad, la resolución bancaria no es, sin embargo, algo completamente nuevo para el ordenamiento jurídico. Este mecanismo ya se ha aplicado con anterioridad a la aprobación de la BRRD y la Ley 11/2015, y, desde luego, también a la creación del MUR, principalmente en el ámbito financiero, pero incluso en otros conectados con él donde resultaba necesario evitar un daño a la estabilidad del sistema financiero.

Más adelante se abundará en esta cuestión y se expondrán los ejemplos de lo que se dice. Por ahora, baste decir que la normativa que actualmente regula la resolución bancaria cristaliza la experiencia previa adquirida en todos esos procesos y proporciona un marco jurídico de actuación general que permite a la Administración abordar con mayor seguridad jurídica las situaciones de crisis bancarias.

1.2. Hechas estas consideraciones iniciales, cabe abordar la delimitación conceptual de la resolución bancaria.

Por un lado, el art. 2.1-*h)* de la Ley 11/2015 define esta herramienta como la:

> *"Reestructuración o liquidación ordenadas de una entidad llevadas a cabo con sujeción a esta Ley cuando, de conformidad con lo previsto en el Capítulo IV, la entidad sea inviable o sea previsible que vaya a serlo en un futuro próximo, no existan perspectivas razonables de que medidas procedentes del sector privado puedan corregir esta situación, y por razones de interés público y estabilidad financiera resulte necesario evitar su liquidación concursal"*[4].

---

2 *Vid.*, Rodríguez Pellitero, Javier, "Resolución de crisis bancarias", en Muñoz Machado, Santiago, Vega Serrano, Juan Manuel, y Bobes Sánchez, María José (dirs.), *Derecho de la Regulación Económica. X. Sistema Bancario*, Madrid: Iustel, 2013., pp. 827-897; o Peñas Moyano, María Jesús, "La resolución de las entidades de créidto", *RDBB* nº 135 (julio-septiembre 2014), pp. 39-61.

3 Sobre la existencia de un interés público necesitado de protección como fundamento último de la potestad resolutoria, *vid.* BCE, *Crisis management and bank resolution. Quo vadis, Europe? (Legal working paper series no. 13–December 2011)*; y Palomar Olmeda, Alberto, "El sistema de resolución de entidades de crédito en España: Aspectos generales de la Ley 11/2015, de 18 de junio", en Ruiz Ojeda, Alberto Luis, y López Jiménez, José María (dirs.), *Estudios sobre resolución bancaria*, Thomson Reuters-Aranzadi: Cizur Menor (Navarra), 2020, pp.135-176. Sobre la necesidad de atribuir potestades a un centro de poder administrativo para alcanzar el fin, *vid.* FSB, *Key Attributes of Effective Resolution Regimes for Financial Institutions*, 15 October 2014, disponible en: https://www.fsb.org/wp-content/uploads/r_141015.pdf
(enlace consultado el 18 de abril de 2021).

4 La definición reproducida resulta mucho más afinada que la contenida en el art. 2.1.1 de la BRRD, más circular y confusa, al decir que se entiende por "*resolución*" "*la aplicación de un instrumento de*

Así pues, bajo el término "resolución" la norma agrupa dos situaciones distintas: la reestructuración de una entidad de crédito en crisis pero que aún puede resultar viable mediante la reorganización de ciertos elementos de su patrimonio; y la liquidación ordenada de una entidad que, en cambio no resulta viable, pero cuyo sometimiento a un procedimiento concursal no garantiza adecuadamente la indemnidad de la estabilidad del sistema financiero.

Como explica ALONSO LEDESMA, "*se emplea el término «resolución» [expresión tomada del inglés* resolution, *que es un término un tanto ambiguo, incluso en el ámbito anglosajón el que procede], para designar una de las modalidades que pueden emplearse para resolver la crisis de una entidad de crédito*"[5]. Estas crisis, como prosigue explicando la autora, no sólo pueden concluir con la liquidación y disolución de la entidad, sino también con su recuperación para el mercado mediante la reestructuración de su estructura patrimonial[6].

La Ley 9/2012, de la que es heredera la Ley 11/2015[7], identificaba adecuadamente ambas derivadas de esta técnica de intervención, empleando el término "reestructuración" para los casos en que la entidad podía volver a ser viable y reservando "resolución" para aquellos casos en que la inviabilidad determinaba inexorablemente la disolución y liquidación de la entidad[8]. La Ley 11/2015, sin embargo, matiza en cierta medida esa

---

resolución o de un instrumento mencionado en el artículo 37, apartado 9, al objeto de alcanzar uno o varios de los objetivos de la resolución definidos en el artículo 31, apartado 2". Como se comprueba, la norma obliga a integrar esa apodíctica definición con las normas que regulan los distintos instrumentos de resolución y a los objetivos perseguidos con la resolución para obtener un concepto más completo de ella. Sobre estas cuestiones (instrumentos y objetivos de la resolución) se abundará en secciones posteriores de este capítulo.

5 ALONSO LEDESMA, Carmen, "La resolución de entidades de crédito", en TEJEDOR BIELSA, Julio César, y FERNÁNDEZ TORRES, Isabel (dirs.), *La reforma bancaria en la Unión Europea y España*, Cizur Menor (Navarra): Thomson Reuters-Civitas, 2014, p. 345.

6 "*Lo que se resuelve son las crisis y no las entidades que lo que hacen es disolverse, liquidarse y extinguirse*", apunta la citada autora con todo acierto (*vid. ib. ídem.*, p. 347).

7 "*En segundo lugar, es importante destacar que esta norma entronca claramente con una regulación previamente vigente y operativa en España. En efecto, esta Ley es heredera de la Ley 9/2012, de 14 de noviembre (...). Se asienta sobre idénticos principios, replica buena parte de su estructura y articulado y no ha de entenderse, en consecuencia, sino como un instrumento que, al tiempo que refunde toda la regulación, completa el derecho previo en aquellas áreas del Derecho de la Unión Europea que aún no estaban incorporadas a nuestro ordenamiento*".

8 *Vid.* FERNÁNDEZ TORRES, Isabel, "La reestructuración de las entidades de crédito", en TEJEDOR BIELSA, Julio César, y FERNÁNDEZ TORRES, Isabel, *La reforma bancaria en la Unión Europea y España*, Cizur Menor (Navarra): Thomson Reuters-Civitas, 2014, pp. 308-314. Carolina ALBUERNE explica separadamente ambas posibilidades (la reestructuración y la resolución *stricto sensu*) al examinar el contenido de la citada Ley 9/2012, bajo la cual la reestructuración se refería a la posibilidad de que ciertas entidades "*requieran apoyos públicos, pero en las que existan elementos objetivos que hagan*

doble vertiente de la resolución bancaria, e identifica la resolución con la disolución y liquidación de una entidad de crédito. Así se expresa la EM de esa norma:

> *"La resolución de una entidad financiera es un proceso singular, de carácter administrativo, por el que se gestionaría la inviabilidad de aquellas entidades de crédito y empresas de servicios de inversión que no pueda acometerse mediante su liquidación concursal por razones de interés público y estabilidad financiera.*
>
> *(...) El interés de la supervisión es, ante todo, el de la continuidad de la entidad mientras que el de la resolución está más centrado en la liquidación de aquellas partes de la misma que resulten inviables".*

Ello no obstante, la configuración legal de la resolución bancaria permite continuar afirmando que la aplicación de esta técnica permite resolver la crisis por la que pueda atravesar una entidad sin necesidad de disolverla y liquidarla[9].

Por otro lado, las normas reguladoras no se limitan a referir el contenido material de la resolución bancaria, sino lo que lo relacionan con el servicio a un determinado fin de interés general, identificado con la garantía de la indemnidad de la estabilidad del sistema financiero. En efecto, tanto el art. 14 del Reglamento 806/2014 como el art. 3 de la Ley 11/2015 (que transpone el art. 31 de la BRRD), establecen que la resolución bancaria persigue los siguientes objetivos:

> *"a) Asegurar la continuidad de aquellas actividades, servicios y operaciones cuya interrupción podría perturbar la prestación de servicios esenciales para la economía real o la estabilidad financiera, y, en particular, los servicios financieros de importancia sistémica y los sistemas de pago, compensación y liquidación, teniendo en cuenta el tamaño, cuota de mercado, conexiones internas o externas, complejidad o carácter transfronterizo de la entidad o su grupo.*
>
> *b) Evitar efectos perjudiciales para la estabilidad del sistema financiero, previniendo el contagio de las dificultades de una entidad al conjunto del sistema y manteniendo la disciplina de mercado.*
>
> *c) Asegurar la utilización más eficiente de los recursos públicos, minimizando los apoyos financieros públicos que, con carácter extraordinario, pueda ser necesario conceder.*

---

razonablemente previsible que dicho apoyo puede ser reembolsado por sus propios medios", mientras que la resolución procede "*cuando concurran simultáneamente dos circunstancias: (i) que la entidad es inviable o es razonablemente previsible que vaya a serlo en un futuro próximo y (ii) que, por razones de interés público, no es conveniente la apertura de un procedimiento concursal*" (Albuerne González, Carolina, "La reestructuración de entidades de crédito", *AJUM*, nº 33 (2012), p. 13).

9 Aunque la mayoría de los instrumentos de resolución se dirigen a transmitir un negocio o parte de éste a otras entidades (ya sea a entidades de crédito preexistentes o a otras constituidas *ad hoc* para este proceso), existen otros, como la recapitalización interna o *bail-in* y la amortización y conversión de instrumentos de capital que, aunque en la práctica no se hayan aplicado de manera aislada, conceptualmente permiten la pervivencia de la entidad objeto de resolución.

d) Proteger a los depositantes cuyos fondos están garantizados por el Fondo de Garantía de Depósitos de Entidades de Crédito y a los inversores cubiertos por el Fondo de Garantía de Inversiones.

e) Proteger los fondos reembolsables y demás activos de los clientes de las entidades.

La consecución de los citados objetivos procurará, en todo caso, minimizar el coste de la resolución y evitar toda destrucción de valor, excepto cuando sea imprescindible para alcanzar los objetivos de la resolución".

Como se comprueba, la resolución bancaria, de acuerdo con las normas que la regulan, constituye una técnica de intervención administrativa dirigida a garantizar distintos intereses generales que, todos ellos, coadyuvan a mantener la estabilidad del sistema financiero, en algunos casos de forma explícita (garantizar la continuidad de los servicios necesarios para garantizar "*la estabilidad financiera*"; "*evitar efectos perjudiciales para la estabilidad del sistema financiero*"), en otros implícitamente ("*proteger a los depositantes (...) y a los inversores*"; "*proteger los fondos reembolsables*", etc.).

A la luz de lo expuesto, las normas reguladoras conciben la resolución bancaria como aquel instrumento dirigido a resolver la crisis de solvencia o liquidez por la que atraviesa una entidad de crédito garantizando adecuadamente el interés general involucrado en la actividad crediticia que aquélla desempeña, identificado con la estabilidad del sistema financiero[10].

2. CARACTERIZACIÓN DOGMÁTICA: LA RESOLUCIÓN BANCARIA COMO POTESTAD CORRECTORA INCARDINADA EN LA ACTIVIDAD ADMINISTRATIVA DE SUPERVISIÓN PRUDENCIAL BANCARIA

La resolución bancaria entendida como se ha expuesto puede caracterizarse, desde el punto de vista dogmático, por tres notas fundamentales: **(i)** es una auténtica potestad administrativa; **(ii)** es, además, una potestad correctora; y **(iii)** el espacio adecuado de la resolución bancaria se corresponde con el propio de la actividad administrativa de supervisión prudencial bancaria.

2.1. En primer lugar, la resolución bancaria es una potestad administrativa en sentido propio, por cuanto comporta el ejercicio unilateral de una facultad atribuida a un

10 Así pues, la garantía de la estabilidad del sistema financiero y la resolución bancaria guardan entre sí una relación de título de intervención a técnica de intervención administrativa en la esfera jurídica de los particulares.

centro de poder administrativo para el servicio a un fin de interés general que produce efectos jurídicos obligatorios para los destinatarios del acto.

La EM de la Ley 11/2015 reconoce la condición de la resolución bancaria como una auténtica potestad administrativa en los siguientes términos:

> *"Lo anterior ha puesto de manifiesto que es necesario incluir en los ordenamientos jurídicos potestades específicas que permitan a las autoridades públicas gestionar un proceso, el de resolución de la entidad, de una manera enérgica y ágil al mismo tiempo, con respeto de los derechos de los accionistas y acreedores, pero partiendo del principio de que son estos, y no los ciudadanos con sus impuestos, quienes deben absorber las pérdidas de la resolución*
>
> *(...) El régimen establecido en esta Ley constituye, en consecuencia, un procedimiento administrativo, especial y completo, que procura la máxima celeridad en la intervención de la entidad, en aras de facilitar la continuidad de sus funciones esenciales, al tiempo que se minimiza el impacto de su inviabilidad en el sistema económico y en los recursos públicos".*

La doctrina también admite pacíficamente que la resolución bancaria es una potestad administrativa. Por ejemplo, LARA ORTIZ, en un capítulo reveladoramente titulado "*la resolución bancaria, una nueva potestad administrativa*", señala que "*a partir de la potestad de intervención de entidades se construye una nueva potestad administrativa con la finalidad de garantizar que, si una entidad se torna incapaz de mantenerse activa por sus medios, a pesar de la regulación y supervisión tradicionales, su cierre se producirá con las mínimas distorsiones sobre el conjunto del sistema financiero y, en particular, sin impacto alguno en las finanzas públicas*"[11]. En el mismo sentido, GONZÁLEZ-ECHENIQUE caracteriza la resolución bancaria como "*decisión administrativa*", lo cual debe ser necesariamente resultado del ejercicio de una potestad administrativa[12]. En fin, DE DIEGO DE MINGO examina la resolución como procedimiento administrativo configurado en tutela de cierto interés público[13].

2.2. En segundo lugar, la resolución bancaria se identifica con una potestad correctora cuyos efectos jurídicos se dirigen a corregir eventuales incumplimientos de la ordenación prudencial bancaria por parte de las entidades de crédito.

---

11 LARA ORTIZ, María Lidón, "La resolución bancaria, una nueva potestad administrativa", en RUIZ OJEDA, Alberto Luis, y LÓPEZ JIMÉNEZ, José María (dirs.), *Estudios sobre resolución bancaria*, Thomson Reuters-Aranzadi: Cizur Menor (Navarra), 2020, p. 466.

12 GONZÁLEZ-ECHENIQUE CASTELLANOS DE UBAO, Leopoldo, "La regulación de la resolución bancaria como Derecho excepcional: sus manifestaciones", en RUIZ OJEDA, Alberto Luis, y LÓPEZ JIMÉNEZ, José María (dirs.), *Estudios sobre resolución bancaria*, Thomson Reuters-Aranzadi: Cizur Menor (Navarra), 2020, p. 941.

13 DE DIEGO DE MINGO, Javier, "El interés público en la resolución bancaria. Un concepto controvertido", en RUIZ OJEDA, Alberto Luis, y LÓPEZ JIMÉNEZ, José María (dirs.), *Estudios sobre resolución bancaria*, Thomson Reuters-Aranzadi: Cizur Menor (Navarra), 2020, pp. 649-680.

En efecto, desde el punto de vista formal, los efectos jurídicos propios de la resolución bancaria no operan de forma diferente al resto de potestades correctoras incardinadas en la actividad administrativa de supervisión. Así se pone de manifiesto si se atiende a la mecánica de la potestad, donde la relación entre el supuesto de hecho y la consecuencia jurídica que produce su ejercicio es formalmente similar a la de las demás potestades correctoras atribuidas a las Administraciones encargadas de la supervisión prudencial bancaria. En todos los casos (en el de la resolución y en el de las demás potestades correctoras), la Administración actúa (ejercita la potestad) cuando detecta que una entidad de crédito ha desarrollado su actividad infringiendo la ordenación a la que debe ajustar su conducta en garantía de la indemnidad del bien jurídico protegido (la estabilidad del sistema financiero). Y, en todos los casos, las consecuencias de ese ejercicio son una afectación coactiva a la esfera jurídica de quien no ha actuado con arreglo a las normas que debía observar para reconducirla de manera que no se dañe ese bien jurídico protegido.

Por tanto, como se comprueba, la resolución bancaria pretende, al igual que las demás potestades correctoras de las que dispone la Administración supervisora, la imposición de una ordenación (la salvaguarda de la estabilidad del sistema financiero) interviniendo en la libertad de los particulares, y actúa coordinadamente como un instrumento más en el aseguramiento (supervisor) de la ordenación. Es, por tanto, su capacidad de intervenir coactivamente la esfera jurídica de los particulares en garantía de un interés general lo que caracteriza a la potestad administrativa de resolución bancaria.

Frente a este planteamiento podría aducirse que existe una diferencia no menor entre la potestad de resolución bancaria y el resto de potestades correctoras, cual es que, mientras estas últimas afectan directamente a la esfera jurídica de la entidad de crédito, la de resolución afecta a los derechos e intereses legítimos de otros sujetos distintos de ella, como son sus accionistas, directivos o administradores. No obstante, existen al menos dos razones que permiten descartar esta conclusión.

Por un lado, no es cierto que, en todos los casos, el ejercicio de las demás potestades correctoras afecte única y exclusivamente a la esfera jurídica de las entidades de crédito, y no a las de terceros que se relacionen con ellas. Piénsese, por ejemplo, en la potestad correctora relativa a la intervención y sustitución de administradores, que, además de a la propia entidad de crédito, afecta de forma directa bien a los derechos de los administradores intervenidos a desarrollar sus funciones con arreglo a sus propios criterios, bien a los derechos de los accionistas a nombrar a los administradores (que, sin embargo, son coactivamente sustituidos por la Administración supervisora). En ambos casos el ejercicio de la potestad correctora afecta a la esfera jurídica de terceros ajenos a la entidad de crédito, pero en ninguno de ellos se plantea que se trate de una potestad ajena a la actividad administrativa de supervisión. Además, los efectos jurídicos propios de esta potestad correctora también forman parte del haz de efectos que produce el ejercicio de la potestad de resolución (cfr. art. 22 de la Ley 11/2015). ¿Partimos entonces la potestad de resolución para atribuir a sus efectos de sustituir los administradores de una entidad una naturaleza claramente correctora, incardinada en la actividad de supervisión, y a los demás efectos una naturaleza distinta? En mi opinión, esta solución no parece la más adecuada desde el punto de vista conceptual.

Por otro lado, la aparente diferencia que existe entre resolución bancaria y demás potestades correctoras resulta perfectamente salvable si se tiene en cuenta que la ordenación prudencial bancaria no establece sólo obligaciones aplicables a las entidades de crédito, sino también cuantiosos deberes para los accionistas, directivos y administradores de la entidad. Por tanto, si la equivocada actuación de éstos genera un problema para la estabilidad del sistema financiero, resulta razonable que el ejercicio de una potestad correctora por parte de la Administración supervisora competente pueda afectar coactivamente también a su esfera jurídica, y no sólo a la de la entidad de crédito.

2.3. Finalmente, y como corolario de cuanto se ha expuesto hasta el momento, el espacio adecuado para el desenvolvimiento de la potestad correctora en que consiste la resolución bancaria es el de la actividad administrativa de supervisión prudencial bancaria.

2.3.1. La resolución bancaria contribuye a la adecuada observancia de la ordenación prudencial bancaria mediante la coacción de aquellos que la incumplen, alterando la titularidad o el contenido de determinados derechos para ajustarlos a las prescripciones que se derivan de esas normas.

En este sentido, la resolución bancaria no pretende otro fin que garantizar que las normas de solvencia o liquidez bancarias se cumplen adecuadamente por las entidades de crédito y por los partícipes en ellas, tales como sus accionistas, directivos o bonistas, afectando la titularidad o el contenido de los derechos que éstos ostentan cuando la forma en la que lo han hecho hasta el momento ha incumplido la ordenación prudencial bancaria y, con ello, arriesgado la estabilidad del sistema financiero. La resolución bancaria no encuentra sentido fuera de este contexto prudencial.

2.3.2. En mi opinión, no parece muy adecuado pretender, como en la práctica hacen las normas que regulan el ejercicio de la potestad de resolución bancaria, que ésta sea algo distinto a la supervisión prudencial del sector del crédito. La "*autonomía*" e independencia de la resolución bancaria a las que tanto la Ley 11/2015 como el Reglamento 806/2014 aluden cuando declaran pretender configurar un nuevo sistema administrativo diferenciado de la actividad administrativa de supervisión prudencial bancaria destinado a realizar una "*función jurídico-financiera*" que debe desarrollarse "*de manera autónoma*" en el ámbito de la "*nueva área de intervención pública*" que se crea es más aparente que real.

Aunque las normas, en su parte expositiva, pretendan separar la supervisión de la resolución, la regulación que rige ambas cuestiones revela que están tan íntimamente relacionadas que, en realidad, forman parte de un mismo todo. En este sentido, el

Principio 11 acuñado por el CSBB, bajo el epígrafe rubricado "*potestades correctivas y sancionadoras del supervisor*", sostiene:

> *"El supervisor actúa con prontitud para atajar prácticas contrarias a la seguridad y solidez o actividades que podrían plantear riesgos para los bancos o el sistema bancario. El supervisor cuenta con una adecuada gama de herramientas de supervisión que le permite aplicar oportunas medidas coercitivas (...)*
>
> *Criterios esenciales (...)*
>
> *4. El supervisor dispone de una amplia gama de posibles medidas para hacer frente de forma temprana a situaciones como las descritas en el anterior criterio esencial 2. Estas medidas incluyen la facultad de exigir al banco que adopte las medidas correctivas oportunas o la rápida imposición de sanciones. En la práctica, las distintas herramientas se aplican en función de la gravedad de la situación. El supervisor fija objetivos prudenciales claros o prescribe las medidas a adoptar, que pueden incluir la limitación de las actuales actividades del banco, la imposición de límites y requerimientos prudenciales más estrictos, el aplazamiento de la aprobación de nuevas actividades o adquisiciones, la restricción o suspensión de desembolsos a los accionistas o de recompra de acciones, la limitación de las transferencias de activos, la prohibición a particulares de realizar actividades bancarias, la sustitución o limitación de las facultades de los directivos, miembros del Consejo o accionistas de control, las gestiones que faciliten una fusión del banco con otra entidad en mejor situación o su adquisición por ésta, el nombramiento de una dirección interina del banco, y la revocación o recomendación de que se revoque la licencia del banco"*[14].

El anterior pasaje resulta revelador: ubica un instrumento propio de la potestad de resolución, como es la venta forzosa de la entidad resuelta ("*las gestiones que faciliten una fusión del banco con otra entidad en mejor situación o su adquisición por ésta*"), con los instrumentos propios de las demás potestades correctoras (que imponen deberes y prohibiciones o, incluso, suponen la intervención de los órganos de administración y dirección de las entidades de crédito), y a todas ellas las califica como "*potestades correctivas*".

Desde luego, este principio es el que informa toda la normativa de resolución, que contiene numerosos puntos de conexión con la actividad de supervisión hasta el punto de replicar muchas de las potestades correctoras de ésta en el ámbito de aquella. Por ejemplo, las potestades correctoras que las normas de resolución permiten ejercitar en el contexto de la actuación temprana (cfr. arts. 6.3 y 9.2 de la Ley 11/2015) no difieren, en cuanto a su contenido, con las que los arts. 68 y 69 de la LOSSEC atribuyen a la Administración supervisora fuera del ámbito de la resolución. Incluso el supuesto de hecho para que una y otra puedan imponer los mismos deberes es, en ocasiones, idéntico[15]. Y la Administración competente para adoptar medidas de actuación temprana

---

[14] CSBB, *Principios..., óp. cit.*, pp. 37-38.

[15] "*Cuando, conforme a los datos a disposición del Banco de España, existan razones fundadas para considerar que la entidad va a incumplir las obligaciones descritas en la letra a)* [las contenidas en

es la misma Administración supervisora (BCE o BdE, según se trate de entidades significativas o menos significativas). Si, como se pretende, resolución fuera algo distinto de la supervisión, tendría sentido que, al menos, las potestades que atribuyen una y otra normativa se encontraran diferenciadas tanto en su titularidad como en los supuestos de hecho que determinan su ejercicio.

Existe una segunda evidencia que acredita que la resolución no es sino una parte más de la actividad de supervisión prudencial bancaria. Aún en el ámbito de esa pretendida categoría autónoma que sería la resolución, el legislador español diversifica las facultades con que contaría la Administración para repartirlas entre la Administración supervisora *stricto sensu* (el BdE), a la que califica de "autoridad de resolución preventiva", y la Administración propiamente de resolución (el FROB), a la que denomina "autoridad de resolución ejecutiva". De esta forma, la pretendida unidad se rompe por completo en la normativa misma, resultando, bajo la apariencia de autonomía, un conjunto de facultades más que la Administración supervisora desempeña y que sólo llegado el caso de tener que proceder a "resolver" propiamente una crisis ya materializada ceden su protagonismo a otra potestad atribuida a otra Administración especializada en la aplicación de los instrumentos correspondientes.

La evidente conexión que existe entre resolución y actividad administrativa de supervisión ha sido advertida por GONZÁLEZ VÁZQUEZ al señalar la importancia que tiene reforzar el vínculo entre los test de estrés y el ejercicio de la potestad resolutoria para evitar situaciones como las ocurridas en el pasado donde una falta de detección de riesgos resultó en la resolución bancaria de alguna entidad. En este sentido, el mismo autor advierte del error que supone separar la resolución y la supervisión, que, en su opinión, conduce a una "*escasa virtualidad práctica de la fase de actuación temprana y de las eventuales medidas de recuperación de las entidad en dificultades adoptadas por la autoridad de supervisión correspondiente*". Y añade:

---

las normas de solvencia y liquidez] *en los siguientes doce meses*" dice el art. 68.1-*b)* de la LOSSEC; "*cuando una entidad, o una matriz de un grupo consolidable de entidades, incumpla o exista elementos objetivos conforme a los que resulte razonablemente previsible que no pueda cumplir en un futuro con la normativa de solvencia. ordenación y disciplina (...)*" expresa el art. 8.1 de la Ley 11/2015. Como explican con acierto COLINO MEDIAVILLA y FREIRE COSTAS, las medidas de actuación temprana presentan con las medidas de supervisión una diferencia de grado, pero no de cualidad (*vid.* COLINO MEDIAVILLA, José Luis, y FREIRE COSTAS, Rita María, "La actuación temprana", *RDBB* nº 137, 2015). Ello supone que en ambos casos se trata de potestades de las mismas características, aunque su ejercicio pueda comportar efectos menos o más invasivos de la esfera jurídica de los particulares. Medidas de supervisión y medidas de actuación temprana, como se dice, producen el resultado de imponer deberes adicionales (menos o más pesados) o limitar el normal ejercicio de derechos de los particulares (con menor o mayor intensidad), de forma que no existe entre ambas diferencia dogmática de calado.

"A nuestro juicio, varios factores contribuyen a este escaso resultado práctico. Por un lado, la falta de claridad en la definición de su mismo presupuesto objetivo y su distinción tanto de la situación de normalidad como de la más grave «inviabilidad» que sirve de presupuesto objetivo a la aplicación de la resolución propiamente dicha.

Por otro lado, la misma separación orgánica no sólo entre la autoridad de supervisión y de resolución sino también entre la autoridad de resolución preventiva y la autoridad de resolución ejecutiva –que, no lo olvidemos, no viene exigida por la normativa comunitaria y, de hecho, es un modelo ciertamente minoritario en Derecho comparado e, incluso, entre los Estados Miembros (salvo Croacia y Dinamarca)– y, como consecuencia, la dificultad de una adecuada coordinación y de una eficaz y tempestiva actuación conjunta de las mismas ante un rápido deterioro de la situación financiera y económica de una entidad, unido al mencionado solapamiento o confusa distinción de sus respectivos presupuestos de hecho. Es por ello, que sería conveniente repensar la arquitectura institucional adoptada de cara a modificarla por una más simple, centralizada y eficiente"[16].

El propio Reglamento 806/2014 reconoce, en fin, la estrecha interconexión que existe entre resolución y supervisión, al señalar en su Considerando (11) que "*la supervisión y la resolución son dos aspectos complementarios del establecimiento del mercado interior de los servicios financieros, cuya aplicación al mismo nivel suele considerarse interdependiente*". Planteamiento que, sin duda, contrasta con la radical separación que ha realizado de la potestad resolutoria respecto del conjunto de la actividad administrativa de supervisión.

Los anteriores datos son concluyentes. La potestad de resolución se incardina en la actividad administrativa de supervisión, en cuyo fundamento encuentra su razón de ser. En fin, en palabras de LARA ORTIZ:

"La potestad de resolución, es desarrollo del mandato clásico de las autoridades de supervisión que tiene por finalidad asegurar el cumplimiento de la normativa que disciplina la actividad de las entidades, con la finalidad última de proteger la estabilidad financiera"[17].

2.3.3. Como consecuencia de la ubicación sistemática de la resolución bancaria en la actividad administrativa de supervisión prudencial bancaria, entiendo que no puede justificarse la separación de la potestad de resolución bancaria del resto de potestades de supervisión prudencial bancaria en afirmar que la resolución sirve a un segundo interés

---

16 Por todas las referencias, *vid.* GONZÁLEZ VÁZQUEZ, José Carlos, "Luces y sombras del modelo europeo de resolución bancaria", en GONZÁLEZ VÁZQUEZ, José Carlos, y COLINO MEDIAVILLA, José Luis, *Regulación bancaria y actividad financiera*, Wolters Kluwer España: Las Rozas (Madrid), 2020, pp. 312-314.

17 LARA ORTIZ, María Lidón, "La resolución...", *óp. cit.*, p. 466. Esta concepción parece asumir también FERNÁNDEZ TORRES cuando expresa: "*ante esta situación* [los problemas derivados de someter a las entidades de crédito a concursos ordinarios], *en los últimos tiempos se ha buscado configurar un nuevo régimen de reestructuración y de resolución de entidades que constituya un nuevo sistema de supervisión pública bancaria*" (FERNÁNDEZ TORRES, Isabel, "La reestructuración...", *óp. cit.*, p. 303).

general que no está presente en el resto de potestades administrativas incardinadas en la actividad de supervisión, cual sería la evitación de costes a los contribuyentes como consecuencia de la situación de inviabilidad de una entidad de crédito, y al que se refieren las normas reguladoras de la resolución[18] y algún sector de la doctrina identifica como elemento esencial de esa potestad[19].

Esos "costes ahorrados" a los que se refieren la norma y la doctrina se corresponden con las cuantiosísimas ayudas públicas que, en los años más duros de la crisis financiera, la mayor parte de Estados tuvieron que inyectar a ciertas entidades de crédito (mayoritariamente públicas) para evitar la quiebra del sistema financiero en su conjunto. Estas medidas, sin embargo, son una simple aplicación de otra técnica distinta (préstamos en condiciones especiales, concesión de subvenciones a fondo perdido, etc.), incardinada en la actividad administrativa de fomento, para servir a un mismo interés general (la estabilidad del sistema financiero). Es decir, esos "costes" que la resolución ahorraría no son sino el resultado de aplicar una técnica distinta a la correctora (la propia de la actividad de fomento) al servicio del mismo interés general al que sirve la resolución (la estabilidad del sistema financiero), pero con una mecánica distinta. Así, lo que singulariza la resolución de estas técnicas no es que ésta permita ahorrar unos costes que aquéllas no, sino que constriñe la esfera jurídica de los particulares del mismo modo que lo hacen las demás potestades correctoras de supervisión, mientras que las técnicas de fomento la ensanchan.

Por tanto, el pretendido "ahorro de costes" en el que en ocasiones quiere situarse el fundamento singular de la resolución bancaria, en realidad, no es sustantivamente tal, sino la consecuencia de la mera sustitución de una técnica de fomento por una técnica de supervisión. Es decir, lo propio de la resolución bancaria no es que impida el ensanchamiento de la esfera patrimonial de las entidades de crédito en crisis que se obtenía mediante la aplicación de una técnica de fomento para garantizar la estabilidad del sistema financiero, sino el estrechamiento de la esfera jurídica de los particulares sobre los que se proyecta la potestad, que realiza el mismo fin de proteger la estabilidad del sistema financiero y evita la utilización de técnicas más gravosas para el erario público. Son los distintos efectos sobre los particulares, y no sobre la Administración, lo que caracteriza, desde el punto de vista dogmático, la resolución bancaria.

---

18 *"La creciente complejidad del sistema financiero, debido al tamaño de las entidades que lo integran, la mayor sofisticación de los productos con que operan, así como a su elevada interconexión, exige de los poderes públicos que cuenten con mecanismos y poderes reforzados para afrontar la potencial situación de dificultad en la que se pueden encontrar las entidades de crédito o las empresas de servicios de inversión, respetando la idea esencial, que subyace a todo el articulado de la ley, de evitar todo impacto a los recursos de los contribuyentes"* (EM de la Ley 11/2015).

19 Así, De Diego de Mingo, Javier, "El interés...", *óp. cit.*, pp. 653-659.

2.3.4. Tampoco comparto las pretensiones de quienes pretenden arrastrar la resolución bancaria al ámbito del Derecho mercantil, en el entendido de que, en realidad, consistiría en una suerte de procedimiento de insolvencia especial de naturaleza administrativa[20].

En efecto, parte de nuestra doctrina concibe la resolución bancaria como una suerte de concurso de acreedores de corte administrativo donde los dos principios tradicionales que conforman esta institución (universalidad y *par condictio creditorum*) se verían desplazados en su preeminencia por el servicio a un interés general (la tutela de la estabilidad del sistema financiero)[21]. Así, dado que el concurso de acreedores conforma una institución indubitadamente autónoma en nuestro Derecho, tendría sentido que la resolución se erija como una institución con igual autonomía conceptual y dogmática.

La resolución bancaria, a diferencia del concurso de acreedores, no pretende la tutela de intereses particulares afectados por la conducta errada de una sociedad. La resolución, por el contrario, pretende la tutela de un interés general (la estabilidad del sistema financiero), y allá donde aparece el servicio a un interés general, aparece necesariamente la Administración (art. 103.1 de la Constitución). La presencia administrativa en el mecanismo de resolución altera por completo cualquier vestigio concursal, en la medida en la que los intereses particulares se ven desplazados por la tutela de un interés general superior a ellos. Y la mecánica administrativa de tutela de este interés general no guarda ninguna relación con la técnica concursal de tutela de los distintos intereses particulares involucrados en un concurso, ni en su finalidad ni en la forma de resolver la situación de crisis.

---

20 En esta posición se ubican ALONSO LEDESMA, Carmen, "La resolución...", *óp. cit.*, pp. 348-351 y TEMBOURY REDONDO, Manuel, "El Memorando de Entendimiento de 2012 como punto de partida de la normativa de resolución bancaria y del nuevo Derecho de insolvencia de las entidades de crédito", en RUIZ OJEDA, Alberto Luis, y LÓPEZ JIMÉNEZ, José María (dirs.), *Estudios sobre resolución bancaria*, Thomson Reuters-Aranzadi: Cizur Menor (Navarra), 2020, p. 94-102.

21 "*Con la resolución de entidades de crédito lo que se pretende es liquidar de forma ordenada aquellas entidades de crédito que se encuentran en una situación de dificultades financieras, de insolvencia o cuasi insolvencia, mediante la aplicación de un procedimiento formal de carácter jurídico-administrativo, que desplaza al procedimiento concursal ordinario (...). La normativa concursal actúa con parámetros distintos: su finalidad primordial es la tutela de los intereses de los acreedores sobre la base del principio de universalidad y de la* par condictio creditorum *intentando satisfacer los créditos de éstos en la mayor medida posible mediante la maximización del valor de la masa activa o, en su caso, llegar a acuerdos de quita y/o espera (o de otro tipo) con los acreedores para no liquidar la empresa permitiendo su mantenimiento en el tráfico (...). Con el establecimiento de un sistema de resolución, en efecto, lo que se pretende es que cuando las entidades de crédito se encuentren en una situación de dificultad que sean incapaces de superar por sí mismas o con la ayuda financiera suministrada por las autoridades de resolución, puedan ser retiradas del mercado en el que actúan de forma ordenada, sin que los problemas se extiendan a otras entidades de crédito, preservando con ello la estabilidad del sistema financiero y minimizando e coste de la crisis para los contribuyentes, esto es, para la sociedad en su conjunto*" (ALONSO LEDESMA, Carmen, "La resolución...", *óp. cit.*, pp. 349-350).

Así pues, que la resolución bancaria pueda ocupar materialmente el espacio que, de forma ordinaria, pertenece al concurso de acreedores no significa en modo alguno que consista en una clase especial de éste[22], donde el interés general se sume a los intereses particulares en juego en una situación prevalente. El reconocimiento de la presencia de un interés general que debe ser protegido ante una situación de crisis de una entidad de crédito lo altera todo, de suerte que los elementos propios de la mecánica concursal resultan inoperantes para garantizar la adecuada tutela de aquel interés general. Es este salto el que convierte a la resolución bancaria en una materia propia del Derecho administrativo, y la sustrae del ámbito concursal.

2.3.5. Finalmente, tampoco creo que la potestad de resolución deba calificarse como una previsión de Derecho excepcional en el sentido del art. 4.2 del Código Civil, como hace González-Echenique[23].

La potestad resolutoria se configura, desde luego, como un régimen de Derecho especial que, con base en el principio general *lex specialis derogat generalis*, desplaza al régimen concursal ordinario. Y esa especialidad trae causa de la presencia de un interés general que puede verse afectado por los procedimientos de insolvencia y que el régimen ordinario no prevé tutelar. Siendo ello así, el legislador ha optado por configurar un procedimiento ad *hoc* dirigido por el centro de poder público que, en nuestro or-

---

22 El desplazamiento del espacio normalmente ocupado por los procedimientos de insolvencia ordinarios por la resolución bancaria como consecuencia de la presencia en el proceso de disolución y liquidación de entidades de crédito de un interés general al que el concurso de acreedores ordinario no puede servir se revela muy claramente en la disposición adicional de la Ley 11/2015, que ordena que "*desde la apertura de los procesos de actuación temprana y resolución, los jueces no podrán admitir las solicitudes de concurso de una entidad, siendo nulas de pleno derecho las actuaciones judiciales que infrinjan lo previsto en esta disposición*". En palabras del Juzgado de lo Mercantil nº 9 de Madrid, en su Auto núm. 182/2017, de 13 de noviembre, resolviendo la solicitud de concurso de Banco Popular recibida después de que la JUR hubiera decidido ejercer la potestad resolutoria: "*en consecuencia, la ley considera que el procedimiento concursal no es el adecuado en situaciones de crisis de una entidad financiera, debiendo adoptarse las medidas especiales que contempla por los órganos administrativos competentes, y por ello, cuando se ha adoptado alguna de estas medidas prohíbe que se admita a trámite cualquier solicitud de concurso necesario. Conociendo esta disposición, en el suplico de la solicitud de concurso necesario se pretende que, con carácter prejudicial, se declare la nulidad de todo el Mecanismo Único de Resolución (MUR) aplicado en relación con el BANCO POPULAR ESPAÑOL, S.A. desde la Decisión de la JUR o desde la Resolución del FROB de 7 de junio de 2017. Lo que se plantea como cuestión prejudicial es en realidad una cuestión previa que constituye un presupuesto necesario para que pueda admitirse a trámite la solicitud de concurso, pues hasta tanto no se declare la pretendida nulidad, el juez del concurso debe aplicar el precepto legal categórico e imperativo. La declaración de nulidad del procedimiento administrativo seguido en relación al BANCO POPULAR ESPAÑOL, S.A. no es una cuestión que guarde conexión y que sea necesario resolver para poder determinar si concurren los presupuestos legales para la declaración del concurso necesario de dicha entidad*".

23 González-Echenique Castellanos de Ubao, Leopoldo, "La regulación...", *óp. cit.*, pp. 938-941.

denamiento, tiene atribuido el servicio objetivo a esos intereses generales (esto es, la Administración).

El Derecho de excepción es aquél que prevé hacer frente a situaciones de emergencia sobrevenidas, y que incluye la posibilidad de conferir a los poderes públicos facultades extraordinarias que, de no concurrir aquellas circunstancias de urgencia, con arreglo a las previsiones constitucionales no sería posible. Un ejemplo claro de Derecho de excepción es el régimen que sigue a la declaración de los estados de excepción o sitio con arreglo al art. 116 de la Constitución, que permite la suspensión de ciertos derechos fundamentales (cfr. art. 55.1 de la Constitución). Éste no es el caso de la resolución bancaria, que constituye una potestad administrativa ordinaria que una Ley atribuye con carácter general a la Administración para que la ejercite siempre que concurran determinadas circunstancias de hecho. Que esta potestad tenga un elevado grado de especificidad por dirigirse a tutelar un interés general concreto presente en la disolución y liquidación de entidades de crédito no permite, empero, defender que se trate de una fórmula excepcional, ni que consista en una prerrogativa exorbitante que exceda la normalidad constitucional.

3. NATURALEZA JURÍDICA: LA RESOLUCIÓN BANCARIA COMO TÉCNICA DE ABLACIÓN ORDENADORA

3.1. ESTADO DE LA CUESTIÓN

3.1.1. Planteamiento

Tras afirmar que la resolución bancaria constituye una potestad administrativa correctora incardinada en la actividad administrativa de supervisión prudencial bancaria es preciso profundizar en su naturaleza jurídica para determinar, de entre el catálogo de potestades correctoras que contiene nuestra dogmática, a cuál de ellas pertenece esta novedosa institución. Más allá del interés intelectual que esta problemática pueda suscitar en el plano académico, la cuestión es importante también desde una perspectiva práctica, por cuanto, según la solución que se dé al debate, podrá acudirse a los principios que informan la institución de la que provenga la resolución bancaria para resolver los problemas que su ejercicio presenta.

En general, las demás potestades correctoras incardinadas en la actividad administrativa de supervisión prudencial bancaria encajan con relativa facilidad en una de dos situaciones: o suponían una privación o disminución de ciertas situaciones activas de los particulares en forma de limitaciones al ejercicio de determinados derechos (por ejemplo, el establecimiento de prohibiciones), o consistían en la creación o ampliación de situaciones pasivas sobre ellos (por ejemplo, el dictado de una orden o mandato). Incluso la especialmente intensa potestad de intervenir o sustituir a los administradores de una entidad de crédito mal gestionada, a pesar de su singularidad, encaja en una limitación al ejercicio, por los accionistas, de su derecho de designar a los administradores en la correspondiente Junta General.

La resolución bancaria, sin embargo, se aleja de esos patrones e introduce, en el universo de potestades correctoras de supervisión prudencial bancaria, una importante novedad: sus efectos jurídicos no suponen una limitación temporal al ejercicio de un derecho ni la imposición de nuevos deberes a los particulares destinatarios de ella, sino que suponen una ablación permanente de derechos que no encuentra su reversión en la vuelta al cumplimiento por el particular de la ordenación aplicable. Así, mientras que, por ejemplo, los mandatos dirigidos al reforzamiento de los recursos propios de una entidad de crédito, las prohibiciones a la distribución de dividendos o la intervención o sustitución de administradores finalizan cuando la entidad de crédito retoma la senda del cumplimiento de la ordenación prudencial bancaria, y los particulares afectados por ella recuperan entonces la dimensión normal de su esfera jurídica. En el caso de la resolución bancaria, los efectos propios de esta potestad generan situaciones permanentes en la esfera jurídica de los particulares, bien en forma de transformación del contenido de los derechos, bien en forma de pérdida de su titularidad.

Esta situación asemeja aparentemente a la potestad de resolución bancaria con la potestad expropiatoria. Tanto la doctrina como la jurisprudencia que ha enjuiciado actos de ejercicio de la potestad de resolución bancaria (en su normativa actual o en la previa) han abordado la posibilidad de considerar a la resolución bancaria como una clase especial de expropiación forzosa y han rechazado esa conclusión, sin ofrecer, sin embargo, una calificación alternativa para la naturaleza jurídica de la resolución bancaria. En las páginas siguientes expongo cuál es el estado de la cuestión tanto en la doctrina administrativista como en la jurisprudencia, y ofrezco una explicación sobre la naturaleza jurídica que, en mi opinión, debe conferirse a la potestad administrativa resolución bancaria.

3.1.2. Aproximaciones doctrinales a la naturaleza dogmática de la resolución bancaria

La doctrina administrativista no ha ofrecido una respuesta unánime a la cuestión de la naturaleza jurídica de la resolución bancaria[24].

---

[24] Dejo fuera en este punto a otras respuestas doctrinales ofrecidas desde el ámbito del Derecho mercantil que propugnan la concepción de la resolución bancaria como una suerte de concurso de acreedores especial, mediatizado por la Administración (*vid.* nota al pie 19).

Para un sector de la doctrina, como el representado por LARA ORTIZ, la potestad de resolución sería una manifestación de la cláusula de intervención pública en empresas en pos del interés general recogida en el art. 128.2 de la Constitución, que se identificaría con la potestad expropiatoria[25]. Así pues, para este sector la resolución bancaria sería una suerte de expropiación forzosa especial, donde la causa de utilidad pública o interés social que la justifica se encontraría en la tutela de la estabilidad del sistema financiero.

Desde otra perspectiva, GONZÁLEZ-ECHENIQUE alcanza una conclusión parecida: la resolución sería una suerte de régimen jurídico excepcional (que no especial) pensado para intervenir ante situaciones extraordinarias que, en su opinión, también se correspondería con una potestad expropiatoria[26]. En este sentido, el autor identifica el justiprecio con el valor patrimonial neto de la entidad que, no obstante, puede ser inferior a cero euros cuando la situación de solvencia o liquidez de la entidad así lo determine[27].

DE DIEGO, por el contrario, niega la correspondencia de la potestad de resolución con el instituto expropiatorio[28]. Así, este autor sostiene que en la expropiación forzosa concurren al menos dos requisitos que no se encuentran en la resolución: la privación singular en el patrimonio de un particular que genera el correlativo deber de indemnizar para el beneficiario, y la existencia de una causa de utilidad pública o interés social que justifica esa privación[29]. Sin embargo, este autor no ofrece una calificación alternativa a la naturaleza jurídica de la potestad de resolución bancaria que arroje luz sobre la cuestión.

Como se comprueba, las distintas respuestas a la cuestión de la naturaleza dogmática de la resolución bancaria que la doctrina administrativista ofrece oscilan entre su consideración como una clase especial de expropiación forzosa y la negación de que pueda ser considerada tal, pero sin ir más allá de esa negación y ofrecer una caracterización alternativa de la naturaleza jurídica de la potestad que permita encontrar su espacio en el acervo de potestades correctoras o limitativas de la esfera jurídica de los particulares con que cuenta la Administración.

---

25 LARA ORTIZ, María Lidón, "La resolución...", *óp. cit.*, pp. 484-491.

26 GONZÁLEZ-ECHENIQUE CASTELLANOS DE UBAO, Leopoldo, "La regulación...", *óp. cit.*, pp. 953-958.

27 GONZÁLEZ-ECHENIQUE CASTELLANOS DE UBAO, Leopoldo, "La regulación...", *óp. cit.*, pp. 953-958.

28 DE DIEGO DE MINGO, Javier, "El interés...", *óp. cit.*, pp. 662-674.

29 DE DIEGO DE MINGO, Javier, "El interés...", *óp. cit.*, pp. 662-674.

3.1.3. Posición de la jurisprudencia

Los Tribunales españoles que han conocido de impugnaciones realizadas frente a actos de resolución bancaria (si bien seguidos bajo la Ley 9/2012, producían efectos similares a los previstos bajo el MUR) se han posicionado claramente en la negación de la identificación de la resolución bancaria como una clase especial de expropiación forzosa, si bien tampoco han ofrecido una calificación alternativa que permita ubicar adecuadamente la institución en el sistema conceptual propio del Derecho administrativo.

Así, las distintas resoluciones judiciales recaídas en la materia fundamentan el rechazo de la caracterización de la potestad resolutoria como expropiación forzosa en la ausencia de privación singular indemnizable. Por ejemplo, en su Sentencia de 4 de marzo de 2016 (TOL5.664.423), la Sala de lo Contencioso-Administrativo del Tribunal Supremo, al confirmar la Sentencia de la homóloga Sala de la Audiencia Nacional de 13 de noviembre de 2012 (TOL2.685.809), rechazó esa posibilidad en los siguientes términos:

> *"La conclusión a la que llega la Sala de instancia, después de un examen detallado y minucioso de las actuaciones, es que en este caso ni se ha seguido un procedimiento de expropiación, ni se ha producido un supuesto de expropiación material, sino que "lo que ha existido es un proceso de reestructuración de una entidad de crédito con intervención del FROB, al concurrir los requisitos legalmente establecidos en el artículo 7 Real Decreto-Ley 9/2009", y esta Sala comparte tal apreciación, que resulta de la confrontación que hemos efectuado entre las actuaciones llevadas a cabo por el Banco de España y por el FROB y las distintas reglas y normas del artículo 7 del RDL 9/2009 , que les otorgan cobertura jurídica (...).*
>
> *En el recurso de casación alega la parte recurrente, como ya había indicado en su demanda, que el trámite esencial del procedimiento omitido era el derecho de audiencia, a ser oído en la valoración y a poder contradecirla, si bien, aclarado que el procedimiento seguido en este caso por la Administración demandada no era un procedimiento de expropiación, sujeto a los trámites de la Ley de Expropiación Forzosa, de 16 de diciembre de 1954, que solo puede ser acordado, de conformidad con su artículo 2, por las Administraciones territoriales, sino que se trataba de un procedimiento de reestructuración de una entidad de crédito con intervención del FROB, regulado por el artículo 7 del RDL 9/2009, sin que este específico procedimiento contemple un especial trámite de audiencia o de valoración contradictoria que haya de entenderse con los fundadores de la entidad, pues la valoración de la entidad es encomendada por la norma legal al FROB, organismo creado por el artículo 2 del citado RDL 9/2009 , para gestionar los procesos de reestructuración de entidades de crédito y contribuir a reforzar los recursos propios de las mismas, con personalidad jurídica propia y plena capacidad de obrar para el desarrollo de sus fines (...)"* (FUNDAMENTO JURÍDICO CUARTO).

Sentado criterio por el Alto Tribunal, la Sala de lo Contencioso-Administrativo de la Audiencia Nacional abundó en la materia en la resolución de varios recursos que siguió a ese pronunciamiento. Primeramente, en su Sentencia núm. 162/2016, de 20 de abril (TOL5.712.541), sobre la resolución de BFA-Bankia:

"Respecto de tal cuestión debe señalarse que las medidas adoptadas por el FROB han tenido como finalidad fijar el valor de la entidad y de los títulos de sus acreedores a efectos de su reestructuración ordenada, consecuencia de la previa ejecución de diversas inyecciones de capital público, que da lugar a una modulación de los derechos de crédito de la recurrente en virtud del principio de que los acreedores deben soportar las pérdidas de la entidad en la medida en que han sido cuantificadas en las valoraciones indicadas en la resolución.

Se trata de concretar el valor actual, teniendo en cuenta la situación patrimonial de la entidad y la normativa comunitaria que regula las ayudas de Estado, valor que le es abonado a los titulares de aquellos y, posteriormente, como consecuencia de las obligaciones asumidas por España, transformado en acciones de la entidad de un importe equivalente al percibido.

Reiteramos que las medidas adoptadas responden al Plan de Recapitalización de la entidad, que como receptora de apoyo financiero público, parten de la determinación por el FROB de su valor económico, que se ha determinado partiendo del proceso de due diligence efectuado por la firma Ernst & Young y sobre la base de los informes emitidos por tres expertos independientes designados por el FROB, de acuerdo con los procedimientos y metodologías aprobadas por la Comisión rectora del FROB.

Se lleva a cabo una reducción de capital social con el fin de alcanzar una eficiente utilización de los recurso públicos , minimizando los apoyos financieros de esta naturaleza y a continuación se procede, en ejecución del Plan de Reestructuración a llevar a cabo las acciones de gestión de instrumentos híbridos de capital y deuda subordinada con el objeto de asegurar un adecuado reparto de los costes de reestructuración entre los tenedores de los citados instrumentos y que tienden a asegurar que los acreedores subordinados van a soportar las pérdidas de la reestructuración después de los accionistas y de acuerdo con el orden de prelación previsto por la Ley Concursal , de tal forma que los acreedores del mismo rango sean tratados de manera equivalente y que ningún acreedor soporte pérdidas superiores a las que habría soportado si la entidad fuera liquidada en el marco de un procedimiento concursal.

Esto significa que los obligacionistas no han sido desposeídos de derecho alguno, sino que se les ha dado a sus títulos una nueva valoración, en el marco del proceso de reestructuración anteriormente referido. Es precisamente la intervención de la Administración la que ha evitado la pérdida de la inversión, que en mayor o menor medida, se hubiera producido de aplicar sin más la legislación concursal y que solo podía llevarse a cabo en el cauce procedimental anteriormente descrito y gestionado por un órgano de la Administración Pública competente e independiente y con las facultades suficientes para adoptar medidas que traspasan el ámbito del interés privado o particular.

La pérdida que ha sufrido la actora también se hubiera producido en el marco de un proceso de liquidación mercantil. La determinación de la quita que se impone a la actora está perfectamente motivada en la resolución, sin que se haya producido lesión alguna de un derecho adquirido, ya que ante una situación de crisis económica de la entidad, el único derecho que tenía era percibir la parte correspondiente de su inversión inicial en concurrencia con los demás acreedores y en la medida en que el patrimonio social fuese suficiente para ello" (FUNDAMENTO JURÍDICO OCTAVO).

Más claras fueron, en mi opinión, las Sentencias de la Sala de lo Contencioso-Administrativo de la Audiencia Nacional siguientes, relativas a la impugnación de otros actos de resolución bancaria. Así, en su Sentencia núm. 174/2016, de 21 de abril (TOL5.712.540), relativa a la resolución de Catalunya Caixa, ese Tribunal explicó:

> *"Denuncia la parte recurrente el carácter expropiatorio de la actuación administrativa impugnada. En particular, consideran que se les ha expropiado su producto bancario, por otro de valor inferior sin su consentimiento, sin declaración de utilidad pública ni abono de justiprecio.*
>
> *No podemos aceptar éste planteamiento. La actuación administrativa se ha producido al amparo de la Ley 9/2012 y no existe analogía alguna entre una expropiación forzosa y las medidas aplicadas previstas en dicha Ley y en ejecución del Plan de resolución de Caixabank, aprobado por el Banco de España y la Comisión Europea.*
>
> *Las medidas consistentes en la recompra por el FROB de los títulos correspondientes a las participaciones preferentes y deuda subordinada de Catalunya Bank con la obligación por parte de los inversores de asumir el precio fijado por terceros contratados por el FROB y la posterior obligación de reinvertir el precio obtenido por la compraventa en la adquisición de acciones de la entidad financiera no supone la expropiación de sus títulos.*
>
> *Tales medidas son el resultado de los poderes exorbitantes, es evidente que lo son, que la Ley 9/2012 concede al FROB pero no constituyen una expropiación al no suponer la ablación de derecho alguno pues no se ha privado a los recurrentes de la propiedad de sus títulos o derechos de crédito. Debe recordarse que las SSTC 112/2006, de 5 de abril y 227/1988, de 29 de noviembre , se han pronunciado sobre las medidas legales de delimitación o regulación general del contenido de un derecho que, sin privar singularmente del mismo a sus titulares, constituyen una configuración ex novo y modificativa de la situación normativa anterior, afirmando que resulta necesario "para que se aplique la garantía del art. 33.3 CE , que concurra el dato de la privación singular característica de toda expropiación, es decir, la substracción o ablación de un derecho o interés legítimo impuesto a uno o varios sujetos, siendo distintas de esta privación singular las medidas legales de delimitación o regulación general del contenido del derecho. Es obvio que la delimitación legal del contenido de los derechos patrimoniales o la introducción de nuevas limitaciones no pueden desconocer su contenido esencial, pues en tal caso no cabría hablar de una regulación general del derecho, sino de una privación o supresión del mismo que, aun cuando predicada por la norma de manera generalizada, se traduciría en un despojo de situaciones jurídicas individualizadas, no tolerado por la norma constitucional, salvo que medie la indemnización correspondiente".*
>
> *En ningún modo el FROB ha expropiado derecho alguno limitándose a fijar el valor de la entidad y de los títulos de sus acreedores a efectos de su reestructuración ordenada, tras diversas inyecciones de capital público. Así, previamente a la aprobación del Plan de Resolución, el FROB ya había efectuado dos inyecciones de capital público y finalmente, el FROB, como accionista único de Caixabanc, absorbió pérdidas por la totalidad de su participación en el capital de CX, por un importe de mil doscientos cincuenta millones de euros (1.250.000.000 €).*
>
> *La aportación de capital público y la valoración de la entidad, que, recordemos, no ha sido cuestionada por la parte demandante, da lugar a una modulación de los derechos de crédito de la recurrente en virtud del principio de que los acreedores deben*

soportar las pérdidas de la entidad, art. 4 de la Ley 9/2012 , en la medida en que han sido cuantificadas en las valoraciones indicadas en la resolución.

No hay desplazamiento patrimonial de derechos o títulos a favor del FROB, característico en toda expropiación, sino una concreción de su valor actual, teniendo en cuenta la situación patrimonial de la entidad y la normativa comunitaria que regula las ayudas de Estado, valor que le es abonado a los titulares de aquellos y, posteriormente, como consecuencia de las obligaciones asumidas por España, transformado en acciones de la entidad de un importe equivalente al percibido.

No estamos, en definitiva, ante una expropiación forzosa sino ante una situación de insolvencia de una entidad de crédito a la que responde la Ley 9/2012 con una serie de poderes exorbitantes que atribuye al FROB a partir de los presupuestos que contempla la propia ley, en éste caso, en ejecución de un Plan de resolución de la entidad, aprobado por el Banco de España y la Unión Europea que se imponen coactivamente a los acreedores y accionistas porque estos deben responder de las pérdidas como lo harían en cualquier procedimiento concursal. Más allá del carácter coactivo de las medidas no hay analogía alguna con un procedimiento expropiatorio" (FUNDAMENTO JURÍDICO SEXTO).

Este planteamiento ha sido reiterado por la misma Sala en sus posteriores Sentencias núm. 175/2016, de 28 de abril (TOL5.712.544) (relativa a la resolución de Nova-Caixa Galicia); núm. 179/2016, de 11 de mayo (TOL5.730.547); núm. 195/2016, de 17 de mayo (TOL5.730.553) (ambas relativas a la resolución de BFA-Bankia); núm. 242/2016, de 16 de junio (TOL5.758.375) (relativa a la resolución del Banco de Valencia); núm. 254/2016, de 23 de junio (TOL5.771.181) (también relativa a la resolución de BFA-Bankia), por citar alguna otra.

Más recientemente, el Tribunal Supremo, en su Sentencia núm. 1180/2018, de 10 de julio (TOL6.677.617), por la que resuelve el recurso de casación frente a la de 11 de mayo citada, confirma que, efectivamente, la potestad de resolución bancaria no puede calificarse como potestad expropiatoria al no provocar una privación singular indemnizable a un particular:

"En relación al concepto de expropiación o privación forzosa que se halla implícito en el mencionado artículo 33.3 CE , el Tribunal Constitucional ha indicado -en lo que aquí interesa- que debe entenderse por tal la privación singular de la propiedad privada o de derechos o intereses patrimoniales legítimos acordada imperativamente por los poderes públicos por causa justificada de utilidad pública o interés social. De ahí que sea necesario, para que se aplique la garantía del artículo 33.3 CE, que concurra el dato de la privación singular característica de toda expropiación, es decir, la substracción o ablación de un derecho o interés legítimo impuesto a uno o varios sujetos, siendo distintas a esta privación singular las medidas legales de delimitación o regulación general del contenido del derecho. Es obvio que la delimitación legal del contenido de los derechos patrimoniales o la introducción de nuevas limitaciones no pueden desconocer su contenido esencial, pues en tal caso no cabría hablar de una regulación general del derecho, sino de una privación o supresión del mismo que, aun cuando predicada por la norma de manera generalizada, se traduciría en un despojo de situaciones jurídicas individualizadas, no tolerado por la norma constitucional, salvo que medie la indemnización correspondiente (STC 227/1988, de 29 de noviembre,, FJ 11).

Pues bien, con arreglo a la anterior doctrina, no cabe apreciar una situación de privación singular de la propiedad, pues se trata de la adopción de una serie de medidas al amparo de una norma legal vigente, en relación a una entidad de crédito BANKIA, que presentaba una valoración económica negativa. Como se ha expuesto, la medida cuestionada se inserta en un Plan diseñado de reestructuración y resolución ordenada de las entidades de crédito, con el objetivo de evitar efectos perjudiciales para la estabilidad del sistema financiero, asegurar la utilización más eficiente de los recursos públicos, o garantizar que los accionistas y los acreedores subordinados sean los primeros en asumir pérdidas teniendo en cuenta el orden de prelación establecido" (FUNDAMENTO JURÍDICO TERCERO).

En resumidas cuentas, la jurisprudencia comparte la imposibilidad de calificar a la potestad resolutoria como potestad expropiatoria en atención a la ausencia de una privación singular indemnizable resultado de su ejercicio[30] pero, según se ha dicho, no ofrece una calificación dogmática alternativa.

3.2. LA RESOLUCIÓN BANCARIA COMO TÉCNICA DE ABLACIÓN ORDENADORA

En mi opinión, el examen de la naturaleza jurídica de la resolución bancaria debe partir de una adecuada caracterización de los efectos jurídicos que produce el ejercicio de esa potestad. Y, desde esta perspectiva, resulta innegable que la resolución bancaria tiene una evidente naturaleza ablativa, en la medida en la que mutila, de forma coactiva, determinados derechos de los particulares[31].

Estos efectos ablativos se encuentran presentes en todos los instrumentos de resolución, sin excepción. Muy evidente es la naturaleza ablativa en los instrumentos que implican la transferencia del negocio de la entidad de crédito a otra entidad (instrumento de la venta del negocio), a un banco puente o a un "banco malo". Pero este carácter tam-

30 En este sentido, debe destacarse que la Audiencia Nacional ha rechazado también que el ejercicio de la potestad resolutoria pueda dar lugar a responsabilidad patrimonial de la Administración. A tal efecto, ese Tribunal entiende que no existe nexo causal entre el daño sufrido por el particular, derivado de la pérdida de valor de los instrumentos de capital o deuda de los que es titular, y la resolución de la entidad, precisamente porque esa pérdida de valor es anterior al ejercicio de esa potestad por la Administración. Así se ha pronunciado, por ejemplo en sus Sentencias de 8 de noviembre de 2018, relativa a la resolución de BFA-Bankia; de 12 de septiembre de 2018 (TOL6.885.796) y de 27 de marzo de 2019 (TOL7.191.495), relativas ambas a la resolución del Banco de Madrid; y de 29 de mayo de 2019 (TOL7.355.996), relativa a la resolución del Banco Popular.

31 Esta consideración aleja mi razonamiento del contenido en las distintas resoluciones judiciales que han conocido de cuestiones relativas a la resolución bancaria, y se han expuesto más arriba. En ellas, se niega que la resolución bancaria constituya una expropiación forzosa porque se niegan efectos ablativos a los instrumentos de resolución. Según expongo a continuación, este planteamiento me parece erróneo, toda vez que la resolución tiene evidentes efectos ablativos en términos de cercenar derechos de los particulares. Ello, claro está, sin perjuicio de que pueda alcanzarse la conclusión de que esa ablación carece de naturaleza expropiatoria, como sostengo.

bién se presenta en el menos invasivo instrumento de la recapitalización interna, donde el titular de un derecho de crédito frente a la entidad pierde su derecho y, a cambio, recibe, forzosamente, otro distinto consistente en un derecho de propiedad sobre una participación en el capital social de la entidad. En este caso, la naturaleza de los efectos producidos sobre la esfera jurídica del acreedor transformado en accionista también es ablativa, porque los elementos patrimoniales que salen y entran de su esfera patrimonial son distintos: el acreedor pierde su derecho de crédito y a cambio recibe un derecho de propiedad sobre el capital social que, como consecuencia de la distinta regulación al que se someten uno y otro, tiene un valor económico distinto. Por tanto, aunque la ablación no sea total, no deja de existir en cierto grado.

Partiendo de esta premisa, la pretensión de identificar la resolución bancaria con la expropiación forzosa es aparentemente razonable: en ambos casos hay un particular que sufre la ablación coactiva de un derecho, y en ambos casos existe un interés general (una causa de utilidad pública o interés social en el caso de la expropiación; la indemnidad de la estabilidad del sistema financiero en el caso de la resolución) que justifican esa ablación.

Sin embargo, en mi opinión, existe un elemento que diferencia la resolución bancaria de la expropiación forzosa que no puede pasarse por alto: en el caso de la expropiación, la ablación que sufre el expropiado persigue transferir la utilidad económica derivada un bien o derecho de la esfera patrimonial de un particular al ámbito del interés general, mediante su atribución a la Administración o a una entidad que persiga la consecución de fines de interés social; sin embargo, en el caso de la resolución, la finalidad de su ejercicio no se identifica con esa transferencia de una utilidad económica desde una determinada esfera particular al ámbito del interés general, sino con la garantía de la indemnidad de un determinado bien jurídico protegido que la comunidad política ha considerado relevante preservar.

A este respecto, los profesores García de Enterría y Fernández Rodríguez situaban el acento de la potestad expropiatoria en que:

> *"La privación de utilidades positivas, el sacrificio que el acto expropiatorio implica para el afectado, debe, pues, traducirse paralelamente en un beneficio para alguien, bien mediante atribución directa e inmediata de aquellas utilidades (enriquecimiento, lucrum emergens), supuesto normal y antaño referido en la condición tópica de la adquisición de la propiedad expropiada, bien mediante la cesación o eliminación de una situación dañosa (damnum cessans, enriquecimiento negativo). Este dato es fundamental, y un sector doctrinal, que tras precedentes de Derecho intermedio culmina en Hauriou, ha pretendido que en él radica el fundamento mismo del régimen particular de la institución expropiatoria en cuanto se concreta en un deber de indemnizar a cargo del beneficiario que contrabalancee el enriquecimiento.*
>
> *En efecto, donde no hay enriquecimiento, positivo o negativo, a favor de un beneficiario o de una suma de beneficiarios que eventualmente la Administración personifica*

> *en su posición común de "gestor del público" no hay expropiación, sino actos de poder que no generan un deber de indemnizar"*[32].

Esto es, precisamente, lo que no ocurre en el caso de la resolución bancaria. Mediante el ejercicio de esta potestad, no se produce un sacrificio singular para un particular en beneficio de un tercero. Es decir, la utilidad económica que representaba para el particular afectado por la resolución no se traslada a otra esfera jurídica para la consecución de un fin de interés público. La reordenación de la titularidad o el contenido de ciertos derechos que produce la resolución bancaria tiene una finalidad bien distinta, cual es garantizar la estabilidad del sistema financiero.

Así las cosas, a diferencia de lo que ocurre en el caso de la expropiación forzosa, el ejercicio de la potestad resolutoria no genera un daño singular en el patrimonio de un particular en beneficio de un tercero (la Administración u otro particular que realice un fin de interés social), sino que el daño singular se justifica en el mantenimiento de un *statu quo* colectivo cuya alteración podría comportar graves daños para la comunidad, y que preserva su indemnidad mediante el establecimiento de una ordenación que regule las conductas que puedan afectarlo y la encomienda a la Administración la verificación del cumplimiento de esa ordenación.

Frente a la tesis de considerar la resolución bancaria como una clase especial de expropiación forzosa, considero más acertado identificarla con otra de las "ablaciones reales" que los profesores García de Enterría y Fernández Rodríguez identificaban entre las técnicas de limitación susceptibles de disminuir o privar de ciertas situaciones activas a los particulares: la transferencia coactiva de derechos que no comportan un supuesto de expropiación forzosa. De acuerdo con ambos profesores:

> *"La transferencia coactiva supone un desapoderamiento de la facultad de disponer del propietario y una adquisición forzosa por la Administración, o por particulares legitimados por ésta, normalmente actuado en función de una operación compleja que suele encerrar medidas generales de ordenación económica, social, eventualmente administrativa, pero funcionalizada de manera claramente distinta de la que es propia de la expropiación forzosa. En ésta, como hemos de ver más despacio, se trata de una medida singular, justificada en la incompatibilidad entre una situación patrimonial existente y una específica causa de utilidad pública o interés social que impone una remoción de dicha situación, lo que lleva aparejado un procedimiento formal de individualización y concreción de esa causa, primero, y de valoración de la privación realizada luego, al objeto de pagar su importe íntegro al expropiado que la sufre, en quien se sustituye autoritariamente el bien de que es privado por su valor económico. En la transferencia coactiva no expropiatoria habrá podido notarse que el fenómeno es diferente: es más bien una suerte de «contrato forzoso» (y en esta categoría convencional suelen incluir los privatistas muchas de sus manifestaciones), que no se justifica en una necesidad específica de realizar una determinada y concreta operación de utilidad pública o interés social, sino en un*

---

32 García de Enterría, Eduardo, y Fernández Rodríguez, Tomás Ramón, *Curso..., T. II, óp. cit.*, pp. 271-272.

criterio genérico de ordenación, que hace de la transferencia forzosa una técnica de intervención económica general, e incluso normalmente periódica (adquisición forzosa de cosechas, fórmula ya histórica), en que la Administración cuando adquiere lo hace con fines puramente instrumentales de intermediación en el mercado (lo cual no sería posible en la expropiación, como veremos, pues la figura de la reversión lo impediría), o por su vocación especial a la titularidad –genérica– de un tipo semipúblico de bienes (los histórico-artísticos, los forestales), pero no por una imprescindible necesidad de realizar una específica y singular actuación propia. Se ha podido decir por ello certeramente (VILLAR PALASÍ, HUBER) que en la expropiación se produce una «diversión del fin» a que está afecto un bien patrimonial, que pasa a ser destinado a una finalidad distinta (causa expropriandi) de aquélla a que su propietario lo venía utilizando, en tanto que en las «ventas forzosas» (y en general en las demás formas de transferencias coactivas no expropiatorias) no se produce esa mutación en el destino del bien del particular, sino que se le destina a los mismos fines que hubiera cubierto de haber continuado en manos privadas, sólo que en lugar de llegar al mercado de un modo libre y espontáneo lo hace de forma organizada por la Administración, para lo cual es un simple presupuesto técnico la previa adquisición forzosa del producto. Por ello mismo, se dan también fenómenos de transferencia en favor de otros particulares, o de los mismos afectados pasivos, o de entes de integración de todos ellos, que se liquidan en términos inter privatos, en que la Administración rara vez se compromete (y no siempre) a algo más que a arbitrar entre los posibles intereses encontrados"[33].

Todas las características que los profesores identifican en las transferencias coactivas de derechos están presentes en la resolución bancaria. Así, esta potestad cuenta con un elemento teleológico distinto del de la expropiación, cual es la realización de "*una operación compleja que suele encerrar medidas generales de ordenación económica, social, eventualmente administrativa*"; "*se trata de una medida singular, justificada en la incompatibilidad entre una situación patrimonial existente y una específica causa de utilidad pública o interés social que impone una remoción de dicha situación*" (en realidad, con la indemnidad de un bien jurídico protegido; la terminología expropiatoria no me parece la más acertada en este punto); "*que no se justifica en una necesidad específica de realizar una determinada y concreta operación de utilidad pública o interés social, sino en un criterio genérico de ordenación, que hace de la transferencia forzosa una técnica de intervención económica general, e incluso normalmente periódica*" (aquí sí, los autores se separan correctamente de la técnica expropiatoria).

En otras palabras, la resolución bancaria es, sí, una ablación real de los derechos de un particular, pero no dirigida a la transferencia de una utilidad económica a la Administración o a un tercero, sino a la garantía de la recta observancia de una ordenación existente en garantía de la indemnidad de un determinado bien jurídico protegido y cuya infracción, ya materializada, puede ocasionarle un daño que la colectividad quiere evitar.

---

33 García de Enterría, Eduardo, y Fernández Rodríguez, Tomás Ramón, *Curso..., T. II, óp. cit.*, pp. 147-148.

Los profesores citados identificaban estas transferencias coactivas de derechos en el ámbito urbanístico, particularmente con la reordenación de la propiedad que se realiza en los proyectos de reparcelación, donde la Administración tiene la facultad de reordenar las titularidades de los derechos reales de los particulares sobre el sector afectado, pudiendo obligarlos a ver novados subjetivamente sus derechos en aras del interés general a cuyo servicio se coloca la actividad urbanística. A este supuesto podría sumarse, por citar otro ejemplo, la reconcentración parcelaria en materia de propiedad rústica, donde se sacrifica la propiedad de los particulares sobre determinadas parcelas de terreno en aras de obtener un aprovechamiento más eficiente de la propiedad agraria.

Pues bien, en el caso de la resolución bancaria ocurre algo parecido: la Administración se encuentra facultada para provocar novaciones forzosas tanto en la titularidad como en el contenido de determinados derechos, reales y de crédito, en aras de garantizar la observancia de la normativa prudencial que ordena el sector y cuyo incumplimiento puede acarrear consecuencias nocivas para la estabilidad del sistema financiero. Así, mientras en el ámbito urbanístico o de propiedad rústica la Administración sólo afecta la titularidad de los derechos, en el ámbito de la resolución bancaria también puede alterar su contenido sin ver modificado el elemento subjetivo. Por ejemplo, en el comentado caso de la amortización o conversión de instrumentos de capital o en la recapitalización interna, los acreedores ven transformado su derecho de crédito en un derecho real sobre un bien mueble (las acciones de nueva creación) de manera forzosa, pero continúan siendo titulares de la relación jurídica en cuestión[34]. Y, en el caso de los demás instrumentos (venta forzosa del negocio o segregación de activos y pasivos en favor de una entidad puente o una sociedad de gestión de activos), se produce una novación subjetiva forzosa de análoga naturaleza a la que ocurre en el ámbito urbanístico, en la que los particulares ven sustituidos, de forma forzosa, unos elementos de su esfera patrimonial por otros (allí, propiedad de terreno por derechos de edificabilidad; aquí, titularidad de acciones o derechos por un valor económico equivalente).

A la vista de cuanto se ha expuesto, la resolución bancaria no puede ser calificada como el ejercicio de una potestad expropiatoria, que da lugar a una ablación traslativa de derechos, sino como una transferencia coactiva de derechos que produce una **ablación ordenadora**, en la medida en la que tiende a garantizar el recto cumplimiento de

---

34 En realidad, una novación de esta clase, aunque menos intensa, también existe en el ámbito urbanístico cuando los titulares de parcelas aportadas a un proyecto de reparcelación que no alcanzan la superficie mínima para ser adjudicatarios de una nueva parcela ven compensado su derecho con una indemnización económica. De alguna forma, su propiedad sobre un bien inmueble se ha transformado en una propiedad sobre un bien mueble como es el dinero metálico.

una ordenación aprobada en garantía de la indemnidad de la estabilidad del sistema financiero[35].

Ahora bien, que la potestad de resolución bancaria no constituya una clase especial de potestad expropiatoria no significa que se prive a los afectados por su ejercicio de todo derecho a una eventual indemnización. Como se ha indicado, la potestad de resolución bancaria es una potestad ablatoria real y, como tal, los derechos de los particulares están protegidos por el principio de indemnidad que reconoce el art. 33 de la Constitución. El apartado 3 de este precepto no limita la indemnidad patrimonial de los particulares a ablaciones expropiatorias, sino, antes al contrario, se refiere a la "*privación*" de bienes y derechos de los particulares, esto es, a las ablaciones reales a las que pertenecen ambos supuestos con carácter general. Por tanto, en la medida en la que la resolución bancaria comporta una privación, el derecho a indemnizar también asiste a los destinatarios de sus efectos jurídicos.

Cuestión distinta es la forma en la que debe determinarse la indemnización que corresponde a estos particulares o, lo que es lo mismo, el modo en el que deben valorarse los bienes o derechos que resultan afectados por la resolución. Dado que la ablación producida por el ejercicio de la potestad de resolución bancaria trae causa de un ilícito, la evaluación económica de los bienes o derechos afectados no puede corresponderse con el valor de éstos resultantes del incumplimiento normativo, sino que el parámetro de referencia será el valor que esos bienes o derechos habrían tenido en ausencia de éste o, si ello no fuera posible, una vez rectificada la infracción de la ordenación. Es decir, es la conducta incumplidora de la ordenación aplicable la que devalúa el bien o derecho objeto de ablación (porque, por ejemplo, el incumplimiento normativo ha derivado en una crisis de la entidad de crédito y las acciones o los créditos no valen nada, o no tanto como aparentan como consecuencia del ilícito), y esa devaluación determina el importe de la compensación que deben percibir los particulares afectados por el ejercicio de la potestad de resolución bancaria.

Por tanto, si, mediante la resolución, se pretende devolver a la actividad objeto de resolución a la senda del cumplimiento, el valor real del derecho pasará a ser el que resulta de ajustar su contenido económico a la ordenación aplicable (esto es, al conte-

---

[35] Magide Herrero, Mariano, *pro verbi*. Agradezco muy especialmente a mi director de tesis la acuñación de los términos "ablación traslativa" y "ablación ordenadora" para poner nombre a las diferentes categorías a las que pertenecen, respectivamente, la potestad expropiatoria, que pretende transferir la utilidad económica que proporciona la titularidad de un bien o derecho a la consecución de una causa de utilidad pública o interés social, y la potestad resolutoria, que persigue el recto cumplimiento de la ordenación sectorial, aunque ello exija la ablación de determinados derechos de la esfera patrimonial de los particulares.

nido económico que realmente tendría en ausencia del ilícito o depurado éste), y no el que presentaba en situación de incumplimiento. Plantear que quien ha incumplido la norma pueda verse beneficiado por su incumplimiento no sólo es una solución antieconómica, sino que no se amolda a las exigencias más básicas del principio de equidad recogido en el art. 4.2 del Código Civil.

4. LA EXPROPIACIÓN FORZOSA DEL GRUPO RUMASA COMO PRIMER SUPUESTO DE RESOLUCIÓN BANCARIA DE LA HISTORIA DE ESPAÑA

En mi opinión, los intentos existentes en nuestra doctrina por calificar la potestad de resolución bancaria como una clase singular de potestad expropiatoria pueden encontrar su fundamento en el evidente paralelismo que, *a priori*, puede apreciarse entre los casos conocidos de resolución bancaria (como el "caso Banco Popular") y la expropiación forzosa del Grupo RUMASA.

La expropiación forzosa del Grupo RUMASA constituyó un supuesto de expropiación forzosa especial donde el Estado privó a los dueños de las acciones sobre las sociedades integradas en el Grupo RUMASA mediante un acto legislativo que no perseguía transferir la utilidad económica del Grupo a la Administración para la realización de una causa de utilidad pública o interés social, sino garantizar la estabilidad del sistema financiero. Para ello, el Gobierno, ejerciendo la función legislativa que la Constitución le atribuye para situaciones de urgencia (cfr. art. 86.1), quiso salvar los problemas conceptuales que surgían al articular la ablación mediante un procedimiento de expropiación forzosa ordinaria mediante la configuración de un procedimiento de expropiación forzosa *ad hoc* dirigido a salvaguardar aquel bien jurídico protegido.

Según se explicará a continuación, este planteamiento adolece de un error de planteamiento, porque, en realidad, la ablación de derechos sobre el Grupo RUMASA se identificaba con una ablación ordenadora que carecía de los efectos traslativos propios de la expropiación forzosa. Desde esta perspectiva se comprende hoy mejor, a la luz de la resolución bancaria, la razón de los problemas de técnica jurídica que la expropiación forzosa del Grupo RUMASA planteó, y la insatisfactoria respuesta que, desde el punto de vista conceptual, tuvo el examen judicial del instrumento legislativo mediante el que se articuló.

4.1. Mediante el RD-ley 2/1983[36], el Consejo de Ministros acordó "*la expropiación forzosa, por causa de utilidad pública e interés social, de la totalidad de las acciones representativas del capital social*" de las sociedades que integraban el Grupo RUMASA. Como se deduce de la EM de esa norma, la "*causa de utilidad pública o interés social*" se encontraba, en realidad, en los efectos que la supuesta mala gestión del grupo podía tener sobre las entidades bancarias que se incluían en él, y cómo ello podía conducir a una desestabilización del sistema financiero:

> *"La intervención de las Entidades bancarias del grupo o la suspensión en sus funciones de sus Administradores, previstas en la Ley y utilizadas en casos de menor envergadura y complejidad, no resolverían los problemas planteados que, además de no ser coyunturales, sino estructurales, involucran un gran número de Sociedades matrices y filiales, que dominan o son dominadas por Bancos obligando a la expropiación de aquéllos a efectuar la del todo el grupo de Sociedades, que constituye una unidad de dirección y de riesgo.*
>
> *En consecuencia, el Gobierno, considerando de utilidad pública e interés social la defensa de la estabilidad del sistema financiero y de los intereses legítimos de los depositantes y trabajadores, a los que alcanzaría una crisis de la organización, ha decidido adoptar las medidas que recoge el presente Real Decreto-ley, en el respeto más absoluto de los derechos de los accionistas mediante el pago del justo precio de sus acciones".*

A partir de ahí, el RD-ley 2/1983 acuerda la ablación de los derechos de los accionistas (art. 1), encomienda a la DGP del Estado la gestión de las sociedades integradas en el Grupo RUMASA (art. 2) y se acuerda la intervención y sustitución de administradores (art. 3).

Finalmente, el art. 5 del RD-ley establece el sistema de valoración que se empleará para la sustanciación de lo que la norma denomina "pieza de justiprecio", consistente en el valor contable de las sociedades a la fecha de publicación de esa norma.

Como se comprueba, la mecánica empleada en la "expropiación" de las sociedades del Grupo RUMASA guarda un enorme paralelismo con la resolución bancaria desde diferentes ópticas:

1°. Desde el punto de vista teleológico, en ambos casos el fin de interés general que justifica la actuación de la Administración se sitúa en "*la defensa de la estabilidad del sistema financiero*" y, como parte de ello, la defensa de "*los intereses legítimos de los depositantes*".

2°. Los efectos jurídicos que se producen en ambos casos tiene efectos ablativos, toda vez que consisten en la privación del derecho de propiedad de los accionistas y su asignación a un tercero. Ahora bien, también en ambos casos esa ablación

36 Esta norma fue convalidada mediante la posterior Ley 7/1983, con un contenido prácticamente idéntico al de aquella otra norma. Por sencillez en la explicación nos referiremos a la primera.

no tiene por objeto transferir al beneficiario la utilidad económica que proporciona la titularidad del derecho expropiado, sino garantizar el cumplimiento de un determinado acervo normativo (el que preserva la indemnidad de la estabilidad del sistema financiero). Es cierto que, mientras que en la expropiación del Grupo RUMASA, el tercero beneficiario de esos derechos de propiedad fue en un primer momento el Estado, en los casos de la resolución bancaria, cuando se produce la ablación de los derechos de propiedad se hace en favor de una entidad privada (normalmente, una entidad de crédito operativa en el mercado en el instrumento de venta del negocio o una de nueva creación en los casos del banco puente o el "banco malo"), pero no lo es menos que el objetivo del Estado no era ni ser el dueño de las sociedades ni aplicarlas a la consecución de un fin de interés general distinto del mantenimiento de la estabilidad del sistema financiero. Buena prueba de ello hace que, una vez asumida la plena propiedad de las sociedades del Grupo RUMASA, el Estado procedió a una paulatina venta de todos sus activos a terceros, proceso que concluyó en el año 2002 con la venta de los últimos terrenos que la SEPI tenía procedentes del grupo[37]. Es decir, el objetivo del Estado consistía en garantizar el recto cumplimiento de las normas de ordenación del sector, aunque para ello hubiera tenido que asumir transitoriamente la propiedad y el control de las sociedades objeto de la medida.

3°. Con independencia del *nomen iuris* que se le dé, en ambos casos se prevé una indemnización al particular afectado por la ablación equivalente al valor del bien o derecho en ausencia del ilícito que, precisamente, provocó la privación del derecho. Esto fue así en el "caso RUMASA" (cfr. art. 5 del RD-Ley 2/1983), y es así en el caso de la resolución bancaria (cfr. arts. 20 del Reglamento 806/2014 y 5 de la Ley 11/2015).

Los anteriores elementos establecen una similitud muy evidente entre la *sui generis* expropiación forzosa del Grupo RUMASA y la potestad de resolución bancaria que el ordenamiento jurídico prevé ahora con carácter general como instrumento de la Administración para preservar la recta observancia de la ordenación prudencial bancaria y, con ello, garantizar adecuadamente la estabilidad del sistema financiero.

4.2. Si se examinan desde esta perspectiva los razonamientos empleados por el Tribunal Constitucional en las distintas Sentencias en las que enjuició la legalidad del RD-Ley 2/1983 se confirma con contundencia esta situación. Véase, a este respecto, cómo el Fundamento Jurídico 9 de la Sentencia del Tribunal Constitucional 111/1983, de 2 de diciembre (TOL79.276)[38], razonaba sobre el carácter especial de la expropiación del Grupo RUMASA:

---

37 NAVARES, Jesús, "Las últimas tierras del grupo Rumasa", *El Mundo*, n° 85, 17 de junio de 2001.

38 Esta Sentencia resuelve el recurso de inconstitucionalidad interpuesto frente al RD-ley 2/1983.

"La expropiación que estamos considerando es, sin duda, un caso singular, no responde a esquemas generales y tampoco puede llevarse, sin hacer quebrar la Institución, a modelos expropiatorios de signo sancionatorio, pero atiende a una situación extraordinaria de grave incidencia en el interés de la comunidad, comprometido por el riesgo de la estabilidad del sistema financiero y la preservación de otros intereses que reclamaron, junto a una acción inmediata que no podría posponerse a la utilización de mecanismos legislativos ordinarios, la actuación global a través de la técnica expropiatoria. El supuesto no es el de la expropiación privativa de bienes con destino posterior a un fin al que se afectan esos bienes, ni tampoco una operación destinada a reservar al sector público recursos o servicios o, por último, una operación con motivación y justificación sancionadora. La excepcionalidad de la situación creada, comprometedora de la estabilidad del sistema financiero, según el juicio de las autoridades económicas, no autoriza a compartir temores por la extensión de la técnica utilizada a otras situaciones bien ajenas a la excepcionalidad de la que ahora tratamos, pues no concurriendo en ellas las características de la presente no podrían resolverse por la vía expropiatoria «ope legis», puesta en marcha mediante un Decreto-ley. Es justamente la indicada situación extraordinaria y urgente la que legitima la expropiación dentro de la exigencia de una norma habilitante para cumplir con el primero de los requisitos de la expropiación forzosa, cual es la declaración de utilidad pública o de interés social, no reservada necesariamente a Ley formal en el sistema del régimen general expropiatorio y, desde luego, no reservada a Ley formal en la Constitución (artículo 33.3). La necesidad de la ocupación, y aun la urgencia de la ocupación inmediata, inmediata, incluso con el efecto expropiatorio transmisivo de la propiedad, excepcionalmente justificado por la concurrencia de un supuesto que a la vez de su urgencia no hace posible que opere la regla sustancial y, por lo común, general del pago como «conditio iuris» del efecto transmisivo no es materia reservada a la Ley formal en el artículo 33.3, que remite a las Leyes, ni en la regulación de la legislación expropiatoria general, que admite, con la atribución a la Administración del acuerdo de necesidad de ocupación, mecanismos también en manos del ejecutivo para decretar la urgente ocupación. Que no se acudiera a esta regulación (artículo 52 de la LEF) y se arbitrara la solución legislativa mediante la fórmula del Decreto-ley puede explicarse, por lo demás, por la insuficiente de aquella regulación para la singularidad del caso, pero sin que esto altere, desde el marco del artículo 86.1 de la Constitución Española, que tal regulación de la necesidad de la ocupación, segundo momento de la cobertura legal expropiatoria, la solución del problema en lo que atañe a la no exigencia de Ley en sentido formal para disponer lo que fue el contenido del artículo 2.° del Decreto-ley 2/1983, luego trasladado a la Ley 7/1983, también en su artículo 2.°. El que la singularidad del caso haga quebrar la regla del previo pago y la más formal que real del depósito previo prevista para los supuestos precisos de la ocupación urgente, que dice el artículo 52 de la LEF, con no ser problema específico de la expropiación en cuanto cubierta por el Decreto-ley, pues es común al contenido de la Ley 7/1983, lo que sería bastante para excusar su estudio porque entrañaría un enjuiciamiento de esta Ley, es claro que no respondería por la singularidad de la expropiación de que tratamos a las exigencias institucionales del previo pago. Seguramente la conclusión a que acabamos de llegar se refuerza, desde otra línea argumental, si observamos que todo el estudiado complejo expropiatorio se asume en la Ley 7/1983, de modo que desde el análisis de esta Ley aquellos efectos son una anticipación justificada por la excepcional y urgente situación de lo que en esta Ley se dispone".

En análogo sentido, la Sentencia del Tribunal Constitucional 6/1991, de 15 de enero (TOL526.747)[39], se esfuerza en este sentido por calificar de "*causa de utilidad pública e interés social*" la garantía de la indemnidad de un bien jurídico protegido para, sobre esa base, apreciar que concurren los requisitos propios de la expropiación forzosa:

> *"Quiere decirse, por tanto, que el control de la causa expropiandi supone ineludiblemente el control mismo de la necesidad de ocupación e implícitamente, por tanto, el control de la proporcionalidad de la ocupación y expropiación de los bienes y derechos. Si hay causa expropiandi hay plena justificación y proporcionalidad en la ocupación y expropiación de los bienes y derechos, porque aquélla no se adopta en estos casos al margen o independientemente -abstractamente- de la específica consideración de los bienes y derechos concretos sobre los que incide la expropiación.*
>
> *La Ley 7/1983 no se ha limitado, como se ha dicho, a calificar en abstracto como de utilidad pública e interés social la defensa de la estabilidad del sistema financiero y de los intereses legítimos de depositantes, trabajadores y accionistas externos de aquellos grupos de sociedades que se vean afectados por una crisis financiera y de organización, sino que esa declaración ha sido adoptada en atención, justamente, a la situación de crisis de un determinado y concreto grupo de sociedades que integraban el Grupo Rumasa. Por tanto, si en este caso concreto hubo efectiva utilidad pública e interés social en la defensa de la estabilidad del sistema financiero y de los intereses legítimos de depositantes, trabajadores y accionistas, obligado será reconocer que también hubo proporcionalidad en la expropiación de la totalidad de las acciones o participaciones sociales representativas del capital de las sociedades integrantes del Grupo Rumasa, porque, como también ya se dijera en la STC 166/1986 (fundamento jurídico 13 A), si «entre la causa expropiandi y, la determinación de los bienes y derechos que deban ser objeto de la expropiación existe siempre una relación necesaria, dado que tan sólo son incluibles en la expropiación aquellos que sirvan a un fin legitimador y ello convierte en injustificada la expropiación de bienes o derechos que no sean estrictamente indispensables al cumplimiento de dicho fin», no menos cierto es que en el caso de las leyes singulares de expropiación es preciso que la específica finalidad de utilidad pública o interés social «venga apoyada en un supuesto de hecho singular y excepcional que guarde adecuación con la naturaleza, igualmente singular y excepcional, que tienen las expropiaciones legislativas y, en tal sentido su causa expropiandi funciona como criterio de racionalidad y proporcionalidad de la medida legislativa expropiatoria...».*
>
> *En suma, al amparo de esa distinción de niveles en la declaración de utilidad pública e interés social, lo que en realidad se viene a cuestionar es la propia causa expropiandi , global y unitariamente considerada, por cuanto, como se acaba de decir, dicha distinción no encuentra razón de ser alguna cuando, como aquí ocurre se trata de una Ley expropiatoria singular que, junto a la declaración de utilidad pública e interés social, acuerda la expropiación de la totalidad de las acciones o participaciones sociales representativas del capital de unas sociedades integradas en un grupo empresarial, así como la adquisición en pleno dominio de las mismas y la inmediata toma de posesión de dichas sociedades" (Fundamento Jurídico 6).*

---

[39] Esta Sentencia resuelve una cuestión de inconstitucionalidad elevada por la Audiencia Provincial de Madrid sobre los arts. 1 y 2 del RD-Ley 2/1983.

Como se comprueba, el Tribunal Constitucional advierte una "*insuficiencia*" en la regulación de expropiación forzosa que la hace inidónea para realizar el fin perseguido con la expropiación del Grupo RUMASA, y en esa insuficiencia pretende justificar la necesidad de la normativa aprobada *ad hoc* para el caso, amoldándola a las categorías propias de la expropiación forzosa. Esa "*insuficiencia*", en realidad, y en esto no repara el Tribunal, se debe a que la normativa en materia de expropiación forzosa no estaba ni está prevista para fines ordenadores, esto es, para garantizar la indemnidad de ciertos bienes jurídicos protegidos, sino para fines traslativos, o sea, para transferir la utilidad económica que proporcionan determinados derechos y la cual se estima necesaria para realizar un fin de interés general.

Ante tal insuficiencia, el Tribunal Constitucional, en lugar de levantar el velo y desentrañar a qué categoría dogmática realmente pertenece la institución que se regula en el RD-Ley 2/1983 (lo que le habría llevado a la conclusión de que no consiste en una expropiación forzosa en sentido propio, y, según indicaré a continuación, le habría podido conducir a una decisión diferente a la que adoptó), pretende un ensanchamiento de la institución expropiatoria para dar cabida en ella a algo que, en realidad, no comparte esa naturaleza. En la posterior Sentencia del Tribunal Constitucional 67/1988, de 18 de abril (TOL80.178)[40], el Tribunal evidencia muy bien ese planteamiento, en su intento por encajar la ablación de los derechos de propiedad de los accionistas del Grupo RUMASA en el instituto expropiatorio:

> *"El marco inicial de instrumento expropiatorio, limitado originariamente a la adquisición forzosa de inmuebles en razón de la ejecución de obras o establecimientos de servicios públicos, se ha ampliado progresivamente, transformándose la expropiación en un instrumento de conformación del modo social de los bienes, pero ello supone también la necesidad de garantizar un justo equilibrio entre la salvaguardia del derecho de propiedad y las exigencias del interés general" (Fundamento Jurídico 4).*

Tomando en consideración la existencia de las ablaciones reales de naturaleza no expropiatoria, creo que este razonamiento no resulta del todo acertado. La expropiación no se "transforma", sino que el legislador, ante la falta de instrumentos administrativos para hacer frente a un supuesto riesgo para la estabilidad del sistema financiero, articula un mecanismo *ad hoc* de ablación real que, sin embargo, no se ajusta a las características propias de la expropiación forzosa, no porque sea necesario evolucionar esta institución, sino porque, en realidad, está regulando otra cosa diferente, como es una ablación real de naturaleza ordenadora, y no traslativa, donde el peso se sitúa en la preservación

---

40 Esta Sentencia resuelve el recurso de amparo interpuesto por varios accionistas de distintas sociedades pertenecientes al Grupo RUMASA contra ciertas Sentencias del Tribunal Supremo que confirmaron la autorización de enajenación o adjudicación directa del capital social de aquellas sociedades en favor de terceros.

de la indemnidad de un bien jurídico protegido, y no, se insiste, en la transferencia forzosa de una utilidad económica para la consecución de un fin de interés general.

A la luz de lo que se acaba de exponer, el RD-ley 2/1983 y la Ley 7/1983 supusieron, en unidad de acto, el ejercicio de dos funciones del Estado (en el sentido en el que las entiende el profesor Garrido Falla[41]) diferentes: la función legislativa, consistente en atribuir a la Administración (en este caso, a la Dirección General de Patrimonio del Estado) una potestad ablativa de naturaleza ordenadora, y la función ejecutiva, consistente en producir los efectos jurídicos propios de esa potestad en la propia norma de rango legal en la que se atribuye. Sobre esta base, el Estado no sólo crea un marco normativo novedoso y exigido con urgencia a causa de la supuesta ocurrencia de un evento dañoso para la estabilidad del sistema financiero que no existía y resultaba necesario, lo cual no sería en sí mismo un problema, sino que, además, ejecuta o aplica ese marco normativo sustrayendo al Poder Ejecutivo la potestad exclusiva que el art. 97 de la Constitución le atribuye para aplicar las normas.

En mi opinión, la legalización del ejercicio de una potestad administrativa no parece que cumpla con las exigencias derivadas del principio de separación de poderes. Si el Gobierno, ejerciendo la función legislativa del Estado, entiende necesario adoptar un marco normativo de urgencia para dar respuesta a una situación excepcional, desde luego, puede hacerlo, y puede hacerlo atribuyendo novedosas potestades administrativas, también ablativas, a la Administración[42]. Pero lo que el Gobierno, en ejercicio de esa función legislativa del Estado, no puede hacer es, sin solución de continuidad, legalizar el ejercicio de esas potestades administrativas y sustituir al Poder Ejecutivo en el ejercicio de las potestades que tiene legalmente atribuidas[43].

---

41 *Vid.* Garrido Falla, Fernando, *Tratado de Derecho Administrativo, Vol. I*, Madrid: Tecnos, 2010, pp. 37 y ss.

42 De hecho, originalmente, la potestad de resolución bancaria se reguló en España en el RD-ley 24/2012, posteriormente convalidado por la Ley 9/2012.

43 Esta situación recuerda en cierta medida al dictado de otro instrumento del Gobierno con fuerza de ley, el decreto legislativo, por encima de los límites de la delegación efectuada por el Poder Legislativo. En ambos casos, el Poder Ejecutivo sobrepasa los límites existentes para el dictado de una disposición normativa con fuerza de Ley e incluye en un instrumento materialmente legislativo efectos jurídicos propios del ejercicio de otras potestades (la reglamentaria, en el caso de los decretos legislativos *ultra vires*; la ejecutiva, en el caso del RD-ley 2/1983). Sin embargo, a diferencia de lo que ocurre en el caso de los decretos legislativos *ultra vires*, nuestro ordenamiento jurídico no contiene remedios para sanar los decretos-leyes que legalizan la producción de efectos jurídicos propios de potestades administrativas distintos del recurso de inconstitucionalidad. No obstante, la doctrina desarrollada en aquel primer ámbito, con sólidos fundamentos legales, podría ser trasladada, *mutatis mutandis*, a estos casos. En este sentido, la Sentencia del Tribunal Constitucional nº 159/2001, de 5 de julio (TOL12.994), se pronuncia en los siguientes términos sobre los decretos legislativos *ultra vires*: "*en relación con el control de los excesos que pueden producirse en el ejercicio de la potestad gubernamental de dictar Decretos Legislativos importa ahora recordar algunas afirmaciones realizadas por este Tribunal.*

La técnica jurídica adecuada para enfrentar, sobre las circunstancias apreciadas por el Gobierno, el "caso RUMASA" habría sido la atribución de urgencia de una potestad ablatoria ordenadora, y no expropiatoria, a la Administración General del Estado e, inmediatamente, el ejercicio por ésta de esa potestad, con arreglo a las normas especiales de procedimiento que, en vistas a la urgencia que parecía presentar la situación, se requerían. El órgano competente podría, incluso, haber sido el Consejo de Ministros, de suerte que éste podría haber adoptado de seguido el acuerdo de ablación[44]. Así, aunque materialmente se hubiera conseguido preservar igualmente la estabilidad del sistema financiero supuestamente en riesgo, se habrían respetado las exigencias constitucionales más básicas y, en particular, se habría dado a la Administración lo que es de la Administración, permitiéndose al tiempo a la jurisdicción contencioso-administrativa la adecuada revisión del acto de ablación.

Sobre esta premisa, el recurso a las categorías de la expropiación forzosa resulta, en mi opinión, innecesaria y no permite alcanzar una solución definitiva al problema. Éste debe abordarse desde la naturaleza ablatoria, sí, pero ordenadora, y no traslativa de la medida, y la necesidad de que, en nuestro marco constitucional, sea la Administración quien, en su caso, sea titular de la correspondiente potestad administrativa.

Acerca específicamente de la fiscalización del ultra vires tenemos dicho, además de mantener, como no podía ser de otro modo, nuestra competencia para fiscalizar la constitucionalidad de cualquier norma con rango de ley y por cualquier motivo (TC S 61/1997, de 20 Mar., FJ 2), que esa tarea puede corresponder «no sólo al Tribunal Constitucional, sino también a la jurisdicción ordinaria. La competencia de los Tribunales ordinarios para enjuiciar la adecuación de los Decretos Legislativos a las Leyes de delegación se deduce del art. 82.6 de la Constitución; así lo ha entendido este Tribunal Constitucional en la Sentencia de 19 Jul. 1982, y posteriormente en el Auto de 17 Feb. 1983» (TC S 47/1984, de 4 Abr., FJ 3)".

44 Podría haberlo sido, pero, atendiendo al carácter supervisor de la potestad, lo lógico habría sido la atribución de ésta al BdE. No obstante, en la época en la que ocurrió, éste no contaba con el estatuto de independencia que tuvo después, y la Administración General del Estado aún conservaba parte de los poderes supervisores en materia prudencial bancaria.

CAPÍTULO IV. LA POTESTAD DE RESOLUCIÓN BANCARIA (II): RÉGIMEN JURÍDICO VIGENTE EN EL MECANISMO ÚNICO DE RESOLUCIÓN

1. PREPARACIÓN DE LA RESOLUCIÓN

El ejercicio de la potestad de resolución bancaria se encuentra precedido de una fase previa de preparación en la que entidades y Administraciones prevén las posibles medidas que se vean obligadas a adoptar con ocasión de una eventual resolución de la entidad[1].

Existen, en realidad, dos instrumentos de prevención dirigidos a preparar la eventual resolución de una entidad: los planes de recuperación, que deben elaborar las entidades de crédito en aplicación directa de las normas prudenciales que ordenan el sector[2], y el

---

1 Sobre esta cuestión, *vid.*, que se seguirá en lo sucesivo, ALÉS HERMOSA, Gabriela, y CARRILLO DONAIRE, Juan Antonio, "Planes de recuperación y resolución de entidades de crédito", en RUIZ OJEDA, Alberto Luis, y LÓPEZ JIMÉNEZ, José María (dirs.), *Estudios sobre resolución bancaria*, Thomson Reuters-Aranzadi: Cizur Menor (Navarra), 2020, pp. 265-298.

2 El plan de recuperación constituye una obligación para las entidades de crédito directamente emanada de la ordenación prudencial del sector. El plan debe recoger las medidas de contingencia necesarias para para que la entidad pueda volver a una situación de normalidad. Siguiendo la explicación de los autores citados, el plan de recuperación debe incorporar, como mínimo, los eventuales escenarios de inviabilidad financiera y macroeconómica (de acuerdo con las Directrices de la ABE sobre el abanico de escenarios que deben contemplarse en los planes de reestructuración; EBA/GL/2014/06

plan de resolución, que es más propiamente un instrumento incardinado en la actividad administrativa de supervisión tendente a preparar el eventual ejercicio de la potestad resolutoria. A este segundo dedicaremos, en consecuencia, las líneas siguientes.

Cabe advertir, de manera preliminar, que ambos planes (y, por tanto, también el plan de resolución) son instrumentos preventivos, y su elaboración no conduce de manera automática al ejercicio de la potestad de resolución bancaria. El plan de resolución simplemente analiza cuál puede ser la opción de resolución más viable, para el caso de que se produjera una situación objetiva de crisis que requiera la aplicación de un instrumento de resolución, pero ni determina la existencia de esa situación, ni aplica el o los instrumentos de resolución en él previstos.

El art. 13 de la Ley 11/2015, transponiendo lo dispuesto en el art. 12 de la BRRD, y el art. 8 del Reglamento 806/2014 establecen la obligación de la autoridad correspondiente (la JUR para entidades significativas y el BdE para las entidades menos significativas[3]) elabore y apruebe, previas las consultas pertinentes, un plan de resolución que contenga "*las acciones de resolución que el FROB podrá aplicar en el caso de que la entidad cumpla con las condiciones*" para que pueda ser ejercitada la potestad de resolución. Así, el plan de resolución establecerá las medidas de resolución que la autoridad competente pueda emprender cuando una entidad o un grupo reúna las condiciones, y en modo alguno presupondrá más ayuda financiera extraordinaria que la utilización del FUR según lo dispuesto en la normativa, ayudas en forma de provisión urgente de liquidez del banco central o ayudas en forma de provisión de liquidez del banco central

---

disponibles en: https://www.bde.es/f/webbde/INF/MenuHorizontal/Normativa/Circulares_y_guias_en_proceso_de_consulta/EBA_GL_2014_06_ES.pdf
–enlace consultado el 18 de abril de 2021–), información sobre los elementos relevantes, las medidas a adoptar en actuación temprana, las condiciones y procedimientos para aplicar medidas de recuperación, los acuerdos de ayuda financiera intragrupo y las condiciones para hacer uso de las flexibilidades de crédito de los bancos centrales, todo ello acompañado de indicadores de recuperación cuantitativos y cualitativos (cfr. arts. 6 de la Ley 11/2015 y 11 a 14 del RD 1012/2015). La concreción de los extremos indicados ha sido realizada por las Directrices de la ABE sobre la lista mínima de indicadores cualitativos y cuantitativos de los planes de reestructuración (EBA/GL/2015/02; disponibles en: https://www.bde.es/f/webbde/INF/MenuHorizontal/Normativa/guias/eba-gl-2015-02-es.pdf –enlace consultado el 18 de abril de 2014–). En relación con este plan, el papel de las Administraciones supervisoras se limita, al ejercicio de la potestad autorizatoria que confirma la adecuación del plan a la realidad de la entidad, así como la de sus eventuales modificaciones. Esta autorización pone fin a la vía administrativa y será directamente recurrible ante la Sala de lo Contencioso-Administrativo de la Audiencia Nacional (cfr. art. 72.1 de la Ley 11/2015).

3 El art. 13 de la Ley 11/2015 atribuye la competencia a la autoridad de resolución preventiva, la cual se corresponde con el BCE o el BdE según la entidad sea significativa o menos significativa. Sin embargo, el art. 8 del Reglamento 806/2014 sustrae la competencia que pudiera corresponder al BCE a este respecto en relación con las entidades significativas y ordena que sea la JUR la encargada de preparar el plan de resolución.

atendiendo a criterios no convencionales en cuanto a garantías, vencimiento y tipos de interés (cfr. arts. 8.6 del Reglamento 806/2014 y 13.2 de la Ley 11/2015)[4]. De este modo, los planes de resolución tienen por objeto prever y garantizar que las entidades se resuelven de forma ordenada, con arreglo a la normativa que resulta de aplicación. La aprobación del plan de resolución pone fin a la vía administrativa y es directamente impugnable ante la Sala de lo Contencioso-Administrativo de la Audiencia Nacional (cfr. art. 72.1 de la Ley 11/2015).

La elaboración de un plan de resolución para cada entidad o grupo de entidades no agota la fase preparatoria de la resolución[5]. Antes al contrario, las autoridades de resolución en este caso, la JUR para las entidades significativas y el BdE para las entidades menos significativas– deberán evaluar la resolubilidad de cada entidad, es decir, que *"si, en el caso de que cumpliese las condiciones para la resolución, pudiera procederse a su liquidación en el marco de un procedimiento concursal o a su resolución (...), de forma que: a) no se produzcan consecuencias adversas significativas para el sistema financiero español, de otros Estados miembros de la Unión Europea o de la Unión Europea en su conjunto; b) se garantice la continuidad de las funciones esenciales desarrolladas por la entidad*"[6] (art. 15.1 de la Ley 11/2015; en términos similares, art. 10.1 del Reglamento 806/2014).

Si, durante el proceso de evaluación de la resolubilidad, las autoridades competentes detectaran obstáculos importantes para la resolución de la entidad, podrá ejercitar la potestad correctora en el sentido clásico que ya se ha examinado (esto es, imponiendo

---

4 Las normas contienen disposiciones específicas para los planes de resolución de grupo en el apartado 11 del art. 8 del Reglamento 806/2014 y en el art. 14 de la Ley 11/2015.

5 *Vid.* Manso Olivar, Rubén, y Gómez Fernández, Lorena, "Los instrumentos de resolución y su inadecuación a los problemas coyunturales de liquidez de las entidades", en Ruiz Ojeda, Alberto Luis, y López Jiménez, José María (dirs.), *Estudios sobre resolución bancaria*, Thomson Reuters-Aranzadi: Cizur Menor (Navarra), 2020, pp. 580-583.

6 En concreto, el art. 10.3 del Reglamento 806/2014 establece en su inciso segundo que: "*se considerará que puede llevarse a cabo la resolución de un ente si resulta factible y creíble que la Junta proceda, bien a su liquidación con arreglo a procedimientos de insolvencia ordinarios, bien a su resolución haciendo uso de los instrumentos y competencias de resolución, evitando en la mayor medida posible toda consecuencia adversa significativa para los sistemas financieros (incluida la eventualidad de inestabilidad financiera general o la existencia de factores que afecten a todo el sistema) del Estado miembro en que esté situado el ente, de otros Estados miembros de la Unión y con el fin de garantizar la continuidad de las funciones esenciales desarrolladas por el ente*". Y el apartado 5 del mismo precepto termina por aclarar que "*las consecuencias adversas significativas para el sistema financiero o la amenaza para la estabilidad financiera se refieren a una situación en la que el sistema financiera está real o potencialmente expuesto a una perturbación que puede provocar dificultades financieras que podrían poner en peligro la integridad, la eficiencia y el correcto funcionamiento del mercado interior o de la economía o el sistema financiero de uno más estados miembros*", de acuerdo con las alertas y recomendaciones pertinentes de la JERS y los criterios pertinentes elaborados por la ABE para la determinación y medición del riesgo sistémico.

prohibiciones o mandatos a las entidades) para que se adopten las medidas necesarias para remover esos obstáculos, tales como la revisión de los mecanismos de financiación, la elaboración de un acuerdo para garantizar el desarrollo de sus funciones esenciales, imponer límites a riesgos individuales o globales de la entidad, imponer requisitos adicionales de información, etc. (cfr. art. 17.2 de la Ley 11/2015 y art. 10.11 del Reglamento 806/2014)[7].

Adicionalmente, las autoridades de resolución también deberán determinar el requisito mínimo de fondos propios y pasivos elegibles, calculado como el importe de los fondos propios y los pasivos elegibles expresados porcentualmente con respecto al tal de pasivos y fondos propios de la entidad, a los que, en su caso, se aplicarán las competencias de depreciación y conversión (cfr. art. 12 del Reglamento 806/2014), lo que se articula mediante el ejercicio de una potestad correctora en sentido clásico en forma de mandato.

2. EJERCICIO DE LA POTESTAD RESOLUTORIA

El ejercicio de la potestad resolutoria se enmarca propiamente en lo que se ha dado en denominar la "fase ejecutiva" de la resolución. En ella, las Administraciones competentes concluyen con la concurrencia de los supuestos de hecho que les habilitan para ejercer la potestad y accionan ésta, generando los efectos jurídicos propios de la resolución.

En principio, la fase ejecutiva de la resolución parte del esquema trazado en el plan de resolución de la entidad. No obstante, si éste, por las razones que fueran, no existiera, o las medidas en él contempladas no se estimaran, llegado el caso, las adecuadas para corregir el incumplimiento de la ordenación prudencia bancaria que motiva el ejercicio de la potestad, la Administración competente puede modular su aplicación y aplicar otros instrumentos de resolución que respondan mejor a la situación de hecho planteada.

A continuación se lleva a cabo un examen detenido de los supuestos de hecho que determinan el ejercicio de la potestad (que, al ser comunes para la potestad atribuida a la JUR y para la que ostenta el FROB, se examinarán conjuntamente), y el procedimiento que debe seguir cada una de las dos Administraciones competentes en el ámbito de sus competencias para acordar la resolución de una entidad de crédito.

---

[7] En realidad, el ejercicio de la potestad correctora en este punto está precedida por un turno voluntario para que las entidades de crédito, a la vista del informe sobre evaluación de la resolubilidad elaborado por la Administración competente, puedan proponer las medidas que entiendan más adecuadas para remover esos obstáculos. Sólo en el caso de que en un plazo de cuatro meses no se hayan propuesto esas medidas, o éstas hayan sido consideradas inadecuadas por la Administración, ésta podrá imponer coactivamente aquéllas que entienda más adecuadas al fin propuesto (cfr. art. 10.7 y 9 del Reglamento 806/2014 y art. 17.1 y 2 de la Ley 11/2015).

2.1. SUPUESTOS DE HECHO PARA EL EJERCICIO DE LA POTESTAD RESOLUTORIA

Como potestad administrativa que es, la de resolución de crisis de entidades de crédito se encuentra plenamente sometida a la Ley (cfr. arts. 9.3 y 103.1 de la Constitución) y, por ende, sólo puede ser ejercitada en la forma y manera que el ordenamiento establece. Además, como potestad incardinada en la actividad administrativa de supervisión, la potestad se encuentra caracterizada, según se ha expuesto ya, por su neutralidad a los fines.

Tanto el art. 18 del Reglamento 806/2014 como el art, 19 de la Ley 11/2015 establecen que el ejercicio de la potestad resolutoria debe ir precedido de la constatación de la concurrencia de tres supuestos de hecho acumulativos, a saber: **(i)** que la entidad de crédito sea inviable o sea razonablemente previsible que vaya a serlo en un futuro próximo; **(ii)** que no existan perspectivas razonables de que medidas procedentes del sector privado (como las medidas aplicadas por los sistemas institucionales de protección), de supervisión (como las medidas de actuación temprana) o la amortización o conversión de capital, puedan impedir la inviabilidad de la entidad en un plazo de tiempo razonable; y **(iii)** que concurran razones de interés público que hagan necesario o conveniente acometer la resolución de la entidad para alcanzar alguno de los objetivos de la resolución, por cuanto la disolución o liquidación de la entidad en el marco de un procedimiento concursal no permitiría razonablemente alcanzar dichos objetivos en la misma medida.

La experiencia judicial existente en relación con la aplicación del Reglamento 806/2014 por la JUR (*vid.* Sentencias del Tribunal General de la UE de 1 de junio de 2022[8]), evidencia cómo la acreditación de los supuestos que permiten el ejercicio de la potestad de resolución bancaria compete a la JUR, quien debe sostener la apreciación

---

8 Recaídas en los asuntos T-510/17 (Antonio del Valle Ruiz *vs.* Comisión Europea y JUR) (TOL8.988.239), firme; T-481/17 (Fundación Tatiana Pérez de Guzmán el Bueno y Stiftung für Forschung und Lehre (DFL) *vs.* JUR) (TOL8.988.240), respecto de la que se presentaron sendos recursos de casación bajo los números C-448/22 P y C-551/22 P, el primero de los cuales se encuentra pendiente de resolución mientras que el segundo ha sido resuelto por medio de la Sentencia del Tribunal de Justicia de la UE de 18 de junio de 2024 (TOL10.042.332), que revoca la previa Sentencia del Tribunal General al considerar que el recurso era inadmisible (más adelante se analizará este pronunciamiento); T-523/17 (Eleveté Invest Goup, S. L., *vs.* Comisión Europea y JUR) (TOL8.988.238), respecto de la que se ha presentado recurso de casación bajo el número C-541/22 P (TOL10.206.875). T-628/17 (Aeris Invest Sàrl *vs.* Comisión Euopea y JUR) (TOL8.988.236), confirmada mediante Sentencia del Tribunal de Justicia de la UE de 4 de octubre de 2024, recaída en el recurso de casación número C-535/22 P (TOL10.206.876) o T-570/17 (Algebris (UK) Ltd y Anchorage Capital Group LLC *vs.* Comisión Europea) (TOL8.988.23), firme. Un buen análisis de estas Sentencias se encuentra en Urbaneja Cillán, Jorge, "Los mecanismos de gestión de crisis bancarias como garantía de estabilidad en la UE. El Tribunal General desestima los recursos contra la resolución del Banco Popular", *RDCE* nº 73 (2022), pp. 995-1039.

en datos acreditados en el expediente (como, por ejemplo, documentos o manifestaciones de responsables de la entidad que permitan razonablemente alcanzar la conclusión de que concurre alguno de los supuestos en los que puede apreciarse la concurrencia de este requisito, como ocurría en aquellos casos)[9].

A continuación se examina detalladamente cada uno de estos requisitos y la concreta forma en que las Administraciones competentes deben acreditar su concurrencia.

2.1.1. Declaración de inviabilidad o de previsible inviabilidad

Este primer requisito consiste en una declaración razonada emitida por la Administración supervisora competente (esto es, el BCE para las entidades significativas y el BdE para las entidades menos significativas) donde evalúa la situación patrimonial de la entidad y concluye que, en términos de liquidez o solvencia, la situación es insostenible y concurre una situación de inviabilidad cierta o certeramente próxima. En la práctica del BCE, esta declaración se denomina *failable or likely to fail statement* o *FOLTF statement.*

En puridad, la *FOLTF statement* constituye un acto administrativo de trámite que, si resulta positivo, obliga al examen, por la Administración competente, de la concurrencia de los otros dos requisitos, mientras que si es negativo impide el ejercicio de la potestad resolutoria. En consecuencia, en este último escenario, si la emisión de la declaración obedeciera a una solicitud formulada por un particular (*a. e.*, la propia entidad), podría considerarse un acto de trámite cualificado en el sentido del art. 112.1 de la LPACAP[10], por cuanto impide la prosecución del procedimiento, y, en ese caso, sería directamente recurrible ante los órganos jurisdiccionales competentes[11].

Las normas ofrecen criterios para que la Administración supervisora determine que concurren las razones para determinar si concurre o no este primer supuesto de hecho.

---

9 *Vid.*, particularmente, la recaída en el asunto T-523/17, nn. 118-262, donde se examina con mucha profusión por qué en el asunto de la resolución de Banco Popular existían hechos acreditados que permitían razonablemente apreciar la concurrencia de los supuestos que permiten el ejercicio de la potestad de resolución bancaria.

10 De acuerdo con esta norma, son actos de trámite cualificados aquéllos que "*deciden directa o indirectamente el fondo del asunto, determinan la imposibilidad de continuar el procedimiento, producen indefensión o perjuicio irreparable a derechos e intereses legítimos*".

11 En relación con la eventual impugnación de la *FOLTF statement*, la Sentenciad el Tribunal General de la UE de 15 de noviembre de 2022 (asunto T-732/19, PNB Banka AS *vs.* JUR, República de Letonia y BCE), señala que la revisión judicial alcanza a las formas extrínsecas del razonamiento empleado por la JUR para determinar si concurre o no este requisito. Por ejemplo, en el caso de autos el Tribunal resuelve que la JUR actuó correctamente porque se basó en una valoración autónoma e independiente de la que había realizado previamente el BCE para decidir la no concurrencia de este requisito (cfr. nn. 98-124).

Así, el art. 18.4 del Reglamento 806/2014 y el art. 20 de la Ley 11/2015, establecen que una entidad es inviable o es razonablemente previsible que lo sea si concurre alguna de las siguientes circunstancias:

1°. La entidad incumple de manera significativa o es razonablemente previsible que incumpla de manera significativa en un futuro próximo los requerimientos de solvencia u otros requisitos necesarios para mantener su autorización.

2°. Los pasivos exigibles de la entidad son superiores a sus activos o es razonablemente previsible que lo sean en un futuro próximo.

3°. La entidad no puede o es razonablemente previsible que en un futuro próximo no pueda cumplir puntualmente sus obligaciones esenciales.

4°. La entidad necesita ayuda financiera pública extraordinaria. No obstante lo anterior, el apartado 2 del citado art. 20 de la Ley 11/2015 aclara que "*no se considerará que la entidad es inviable si la ayuda financiera pública extraordinaria se otorga para evitar o solventar perturbaciones graves de la economía y preservar la estabilidad financiera*" (por ejemplo, las ayudas concedidas por los poderes públicos con ocasión de la pandemia en el año 2020, o de la guerra de Ucrania en 2023), si adopta alguna de las siguientes formas: "*garantía estatal para respaldar operaciones de liquidez concedidas por los bancos centrales de acuerdo con sus propias condiciones*"; "*garantía estatal de pasivos de nueva emisión*"; o "*inyección de recursos propios o adquisición de instrumentos de capital a un precio y en unas condiciones tales que no otorguen ventaja a la entidad*", siempre y cuando, en este último caso, estas ayudas no se den cuando la entidad ya esté cumpliendo alguno de los requisitos referidos en los tres párrafos anteriores (esto es, existe un incumplimiento significativo de los requisitos de solvencia u otros requisitos técnicos necesarios para el mantenimiento de la autorización; sus pasivos exigibles son superiores a sus activos o es razonablemente previsible que lo sean en un futuro próximo; o la entidad no puede o es razonablemente previsible que en un futuro próxima no pueda cumplir puntualmente sus obligaciones exigibles).

Como desarrollo técnico de estos supuestos, la ABE ha elaborado unas Directrices que, aunque no tienen un valor jurídico vinculante, constituyen sin duda un importante elemento para evaluar la legalidad de la decisión finalmente adoptada[12]. Así, estas Directrices establecen elementos relativos a la situación de capital y a la situación de

---

12 *Directrices sobre la interpretación de las distintas circunstancias en las que se considera que una entidad es inviable o existe la probabilidad de que lo vaya a ser (EBA/GL/2015/07)*, disponibles en: https://www.bde.es/f/webbde/INF/MenuHorizontal/Normativa/guias/EBA-gl-2015-07-es.pdf (enlace consultado el 18 de abril de 2021).

liquidez de las entidades que permiten objetivar la situación de inviabilidad o previsible inviabilidad[13].

Como se comprueba, ante situaciones de crisis presentes en las entidades la norma contiene una definición precisa de cuándo una entidad es actualmente inviable y, por tanto, la labor de integración que resultará necesario realizar será más liviana. Cuestión distinta son los casos donde la conclusión no es la inviabilidad presente, sino la razonablemente previsible inviabilidad. En estos casos, existirá un ámbito de indeterminación que la Administración supervisora deberá resolver mediante la provisión de la motivación suficiente a la declaración[14].

Según se ha señalado al comienzo, la concurrencia de este supuesto de hecho debe ser determinada por el supervisor competente (cfr. arts. 18.1 del Reglamento 806/2014 y 21.1 de la Ley 11/2015), previa consulta a la Administración competente en materia de resolución (la JUR y el FROB, respectivamente). No obstante, la JUR puede emitir esta declaración siempre y cuando hayan informado previamente a la Administración supervisora y ésta no se haya pronunciado al respecto en el plazo de tres días naturales (cfr. art. 18.1, párrafo segundo, del Reglamento 806/2014). El FROB, en cambio, sólo puede instar a la Administración competente a emitir esa declaración (cfr. art. 21.1, párrafo segundo, de la Ley 11/2015).

2.1.2. Ausencia de perspectivas razonables de solventar la situación mediante medidas procedentes del sector privado, medidas de supervisión o la amortización o conversión de instrumentos de capital

Seguidamente, la Administración resolutoria competente (la JUR o el FROB) determinará la concurrencia del segundo requisito, en estrecha colaboración con el supervisor competente, quien, además, podrá informar a aquélla cuando considere que se cumple la condición.

---

13 *Vid.*, Manso Oliver, Rubén, y Gómez Fernández, Lorena, "Los instrumentos...", *óp. cit.*, pp. 588-591.

14 Ureña Salcedo se refiere a esta cuestión como "*discrecionalidad técnica prospectiva*" (Ureña Salcedo, Juan Antonio, "Aspectos legales del Mecanismo Único de Resolución", en Ureña Salcedo, Juan Antonio, *Unión Bancaria Europea. Lecciones de Derecho Público*, Madrid: Iustel, 2019, pp. 107-108). En mi opinión, más que discrecionalidad, lo que existe es un concepto jurídico indeterminado que, sobre la base de parámetros claros, debe colmarse para una situación respecto de la cual no existen datos ciertos sobre los que aplicar tales parámetros, sino sólo proyecciones de lo que probablemente sean datos ciertos en un futuro próximo. La potestad de emitir la *FOLTF statement* no es discrecional, sino reglada; no existen varias decisiones posibles admisibles, sino sólo una, a la que hay que llegar integrando un concepto jurídico indeterminado con una proyección de datos sobre el futuro próximo. Quizá sería más correcto, por tanto, hablar de "*indeterminación jurídica prospectiva*".

La norma no establece directamente criterios de determinación de la concurrencia de este segundo supuesto de hecho. No obstante, dado el carácter específico de las tres alternativas que el supuesto contiene (imposibilidad de solventar la situación mediante medidas procedentes del sector privado, de la actuación temprana o de la amortización o conversión de instrumentos de capital), parece razonable entender que puede acudirse a la normativa reguladora de estas tres posibilidades para poder razonar acerca de si los efectos que producirían tales medidas sobre la entidad serían suficientes para paliar la situación de inviabilidad en la que se encuentra[15].

Así pues, la determinación del supuesto de hecho que permite a la Administración apreciar la concurrencia de este segundo requisito no se encuentra tanto en el ámbito de la discrecionalidad administrativa como en el de los conceptos jurídicos indeterminados, donde, a pesar de realizarse un esfuerzo integrador por parte de la Administración antes de ejercitar la potestad en cuestión, no existen distintas alternativas admisibles, sino una sola de ellas que reúne los necesarios requisitos de legalidad.

2.1.3. Existencia de razones de interés público que hacen necesario o conveniente acudir a la resolución frente al procedimiento de insolvencia ordinario

La concurrencia del tercero de los requisitos también debe ser determinada por la Administración de resolución (art. 21.3 de la Ley 11/2015; en el caso del Reglamento 806/2014 no se contiene una previsión análoga, pero resulta razonable entender que también es así en la medida en la que, salvo previsión en contrario, lo lógico es que determine la concurrencia del supuesto de hecho para ejercitar una potestad la Administración que la tiene atribuida).

El art. 18.5 del Reglamento 806/2014 señala que "*se considerará de interés público si resulta necesaria para alcanzar, de forma proporcionada, uno o varios de los objetivos de resolución expuestos en el artículo 14, mientras que una liquidación del ente a través de los procedimientos de insolvencia ordinarios no permitiría alcanzar en la misma medida los citados objetivos*". Y en el mismo sentido se expresa el art. 19.1-*c)* de la Ley 11/2015 desde la formulación misma del tercer supuesto de hecho.

Como se comprueba, los objetivos de la resolución contenidos en el art. 14 del Reglamento 806/2014 y en el art. 3 de la Ley 11/2015 (asegurar la continuidad de aquellas actividades, servicios y operaciones cuya interrupción podría perturbar la prestación de

---

15 Así, parece razonable que la Administración debe razonar sobre cómo y en qué medida las medidas procedentes del sector privado pueden coadyuvar a solventar la situación de crisis de la entidad; o determinar qué medidas de actuación temprana sería necesario adoptar y, en la medida en la que los efectos jurídicos de éstas están previstos en la norma, razonar cómo su producción sobre la entidad contribuiría a solucionar esa situación; o cuál sería el impacto de la amortización o conversión de instrumentos de capital, etc.

servicios esenciales para la economía real o la estabilidad financiera, evitar efectos perjudiciales para la estabilidad del sistema financiero, asegurar la utilización más eficiente de los recursos públicos, minimizando los apoyos financieros públicos que, con carácter extraordinario, pueda ser necesario conceder y proteger a los depositantes cuyos fondos están garantizados) se convierten en parámetros de legalidad de la decisión que se adopte sobre la concurrencia de este tercer supuesto de hecho. En todo caso, dado que, según se expuso más arriba, estos objetivos no hacían sino señalar los distintos aspectos de la estabilidad del sistema financiero que, en cuanto bien jurídico protegido al que sirve objetivamente la actividad de supervisión prudencial bancaria, motiva la existencia de esta particular potestad administrativa, cabe razonablemente entender que la existencia de un interés público que motive el ejercicio de la potestad resolutoria se traducirá, en último término, en la evitación razonable de una lesión al citado bien jurídico protegido.

En relación con esta cuestión, la JUR ha elaborado un documento denominado *Public Interest Assessment: SRB Approach*[16], que "*covers both the PIA* [Public Interest Assessment] *performed at the time of resolution planning and the PIA performed when a bank is FOLTF, which is subsequently included in the resolution scheme or in the decision not to take resolution action*". Así, el documento ofrece criterios para determinar cuándo la liquidación de la entidad bajo procedimientos de insolvencia ordinarios podría poner en riesgo los objetivos de la resolución y cómo podría el ejercicio de la potestad resolutoria mitigar el impacto de la liquidación en los citados objetivos de resolución.

Ahora bien, a pesar de que las normas aplicables y el citado instrumento de *soft-law* ofrecen criterios para determinar si la apreciación de la existencia de razones de interés público ha sido o no correctamente realizada, esta operación no deja de comportar cierta discrecionalidad de la Administración, que, al emitir su juicio, contribuye a concretar el interés general, vinculado al mantenimiento de la indemnidad de la estabilidad del sistema financiero, contribuye a determinar el interés general que justifica el ejercicio de la potestad de resolución bancaria[17]. Por ese motivo, las normas aplicables prevén que sean la Comisión Europea y el Consejo de la UE, en cuanto Administraciones políticamente responsables, y no la JUR, las que asuman la responsabilidad de apreciar la concurrencia de este requisito, evitando, por tanto que la JUR realice elementos de la potestad de resolución bancaria que no sean reglados. Más adelante, al explicar el procedimiento previsto en la normativa para el ejercicio de la potestad por la JUR, se abundará en esta cuestión.

---

16 Disponible en: https://srb.europa.eu/sites/default/files/2019-06-28_draft_pia_paper_v12.pdf (enlace consultado el 18 de abril de 2021).

17 Se trata de un elemento de "discrecionalidad configuradora", en el sentido expresado por Mariano MAGIDE, vedado al ámbito de actuación propio de las Administraciones independientes como la JUR (*vid.* MAGIDE HERRERO, Mariano, *Límites...*, *óp. cit.*, pp. 216-244).

Esta misma previsión no existe, en cambio, en el ámbito español, donde la apreciación de la existencia de razones de interés público en la resolución de una entidad de crédito es apreciada directamente por el FROB. Según se explicará más adelante, esta atribución, unida a la diluida independencia de la mitad de los miembros de su Comisión Rectora, hace plantearse si el FROB puede ser calificado realmente como una auténtica Administración independiente.

2.2. PROCEDIMIENTO A SEGUIR POR LA JUR

Declarada la concurrencia de los tres supuestos de hecho en los términos indicados líneas arriba, en el caso de las entidades significativas es la JUR quien tiene atribuida la potestad resolutoria. A tal efecto, la JUR adoptará, en sesión ejecutiva (salvo que comporte el empleo del FUR por encima de los 5.000 millones de euros para el que la ponderación de la provisión de liquidez es 0,5, o se haya superado esa cifra en los doce meses consecutivos precedentes, casos en los cuales el acuerdo se adoptará en sesión plenaria: cfr. arts. 54.2-*d)*, en relación con el art. 50.1-*c)* y *d)*, del Reglamento 806/2014) un "dispositivo de resolución".

Este dispositivo no es más que la decisión de la JUR en la que se formaliza el acto administrativo resultante del ejercicio de la potestad resolutoria. De acuerdo con lo establecido en los arts. 18.6 y 23 del Reglamento 806/2014, el acto deberá contener: **(i)** la decisión expresa de someter al ente a un procedimiento de resolución; **(ii)** los instrumentos de resolución a aplicar y, en su caso, las excepciones a la aplicación del instrumento de recapitalización interna; y, **(iii)** en su caso, la utilización del FUR en la resolución para garantizar los activos o los pasivos de o realizar préstamos a la entidad objeto de resolución, sus filiales, una entidad puente o una estructura de gestión de activos, adquirir activos de la entidad objeto de resolución, hacer aportaciones a una entidad puente y a una entidad de gestión de activos, pagar una compensación a los accionistas o acreedores cuando se determinara que en un procedimiento de insolvencia ordinario habrían sufrido menores pérdidas, hacer una aportación en el contexto de una recapitalización interna con exclusión de determinados acreedores o una combinación de todas ellas (cfr. art. 76 del Reglamento 806/2014).

Una vez dictado el acto, la JUR deberá remitirlo a la Comisión Europea quien, en un plazo de 24 horas, deberá aprobarlo o rechazarlo "*teniendo en cuenta los aspectos discrecionales del dispositivo de resolución*" en aquellos casos en los que no se refieran a la concurrencia de razones de interés público o la utilización del FUR (cfr. art. 18.7 párrafo segundo). Además, la Comisión lo elevará al Consejo de la Unión, y le propondrá que, en el plazo de 12 horas desde la recepción de la notificación de la JUR, **(i)** lo rechace (es decir, ejerza un veto) en el caso de no concurrir razones de interés público que lo justifiquen; o **(ii)** apruebe o rechace una modificación significativa del importe del FUR considerado por la JUR en su dispositivo de resolución (cfr. art. 18.7, párrafo tercero). El Consejo se pronunciará por mayoría simple (cfr. art. 18.7, párrafo cuarto). Tanto el Consejo como la Comisión deberán justificar adecuadamente por qué ejercen sus competencias de formular objeciones (cfr. art. 18.7, párrafo séptima).

Como se ha apuntado más arriba, de la propia norma se colige que la participación de la Comisión y del Consejo de la UE en el ejercicio de la potestad de resolución bancaria encuentra su fundamento en la existencia de ciertos elementos discrecionales que hacen más conveniente que esa parte de la potestad sea realizada por Administraciones políticamente responsables, y no por una Administración independiente como la JUR, que no cuenta con una responsabilidad política igual de intensa. Así, en la medida en la que la determinación del interés público al que sirve la potestad al tiempo de ejercitarla constituye un supuesto de "discrecionalidad configuradora"[18], el legislador, con todo acierto, ha establecido que ese ejercicio sea desempeñado por una Administración políticamente responsable (en el caso de la UE, por su complejidad organizativa, la Comisión y el Consejo) quien produzca esos efectos, dejando a la JUR el ejercicio de los elementos reglados.

A este respecto, en la ya citada Sentencia de 1 de junio de 2022 recaída en el asunto T-510/17 (TOL8.988.239), el Tribunal General de la UE explicó que:

> *"Con carácter preliminar, procede señalar que el procedimiento de adopción de las medidas de resolución establecido por el legislador en el Reglamento n.o 806/2014 traía causa de las observaciones formuladas por el Servicio Jurídico del Consejo en un dictamen de 7 de octubre de 2013, relativo a la propuesta de Reglamento de la Comisión, que tenía por objeto apreciar la compatibilidad del procedimiento previsto inicialmente en la propuesta de Reglamento con los principios en materia de delegación de facultades, tal como fueron interpretados en la sentencia de 13 de junio de 1958, Meroni/Alta Autoridad (9/56, EU:C:1958:7).*
>
> *En un principio, en la propuesta de Reglamento examinada en dicho dictamen, el reparto de competencias entre la Comisión y la JUR era diferente del que finalmente se adoptó en el Reglamento n.o 806/2014. En particular, la Comisión tenía la facultad de someter una entidad a resolución, de establecer un marco para la utilización de los instrumentos de resolución y de decidir si, y de qué modo, debían ejercerse las competencias de amortización y conversión de los instrumentos de capital, y la JUR, de conformidad*

[18] Técnica mediante la que la Administración participa de la ordenación de la actividad mediante el dictado de actos administrativos que contribuyen a determinar el interés general (o bien jurídico protegido) potencialmente afectado por aquélla. A este respecto, Mariano MAGIDE señala que la Administración participa de la ordenación de una actividad, particularmente, mediante el ejercicio de la potestad reglamentaria que tiene constitucionalmente establecida, pero también a través del ejercicio de la potestad de planificación y, en determinados aspectos, mediante el dictado de actos discrecionales configuradores de la posición jurídica de su destinatario. No obstante, MAGIDE sostiene, con razón, que esta discrecionalidad configuradora constituye, empero, un límite para la participación administrativa en la ordenación cuando es realizada por Administraciones independientes (*vid.* MAGIDE HERRERO, Mariano, *Límites..., óp. cit,*, pp. 242-246 y 308-313).

con el marco fijado por la Comisión, era competente para adoptar las decisiones dirigidas a las autoridades nacionales de resolución.

En su dictamen, el Servicio Jurídico del Consejo señaló que determinadas medidas que la JUR podía incluir en una decisión de resolución no quedaban definidas con suficiente precisión. El Servicio Jurídico del Consejo consideró que el sistema general y la estructura de la propuesta de Reglamento, en la que la Comisión adopta la decisión de resolución de base y la JUR está obligada a actuar en el marco de los criterios establecidos por la Comisión, eran conformes con el Derecho de la Unión tal como se interpreta en la sentencia de 13 de junio de 1958, Meroni/Alta Autoridad (9/56, EU:C:1958:7). No obstante, estimó que las facultades de la JUR para aplicar los instrumentos de resolución y las decisiones parecían, en cierta medida, ser de carácter discrecional e ir más allá del ejercicio de facultades puramente técnicas. Concluyó que, por tanto, podría ser necesario o bien incluir en el Reglamento otras disposiciones con el fin de delimitar correctamente la aplicación por la JUR de los instrumentos de resolución, o bien prever la participación en el ejercicio de esas facultades de una institución de la Unión que cuente con competencias de ejecución.

(...) Por consiguiente, con arreglo al artículo 18, apartado 7, del Reglamento n.o 806/2014, es necesario que una institución de la Unión, a saber, la Comisión o el Consejo, apruebe el dispositivo de resolución teniendo en cuenta sus aspectos discrecionales para que este produzca efectos jurídicos. De este modo, el legislador de la Unión ha confiado a una institución la responsabilidad jurídica y política de determinar la política de la Unión en materia de resolución, evitando así un «verdadero desplazamiento de responsabilidad» en el sentido de la sentencia de 13 de junio de 1958, Meroni/Alta Autoridad (9/56, EU:C:1958:7).

(...) El cumplimiento de la condición establecida en el artículo 18, apartado 1, letra c), del Reglamento n.o 806/2014 determina la decisión de someter a una entidad a un procedimiento de resolución, y el control de la necesidad de la medida en relación con el interés público implica el ejercicio de una facultad discrecional que supone un amplio margen de apreciación. Por este motivo, el legislador de la Unión confirió expresamente a la Comisión, y eventualmente al Consejo, el control del cumplimiento de dicha condición" (nn. 211-213, 218 y 223).

Por tanto, según afirma la Sentencia recaída en el asunto T-570/17 (TOL8.988.23), "*si, como sostienen las demandantes, el dispositivo de resolución entró en vigor tras una aprobación de la Comisión que no se basó en una apreciación, sino en una mera validación, la consecuencia sería que la JUR apreció ella sola los aspectos discrecionales que implican una decisión de política económica y, por tanto, la necesidad de aplicar la resolución, lo que no es conforme con los principios enunciados en la sentencia de 13 de junio de 1958, Meroni/Alta Autoridad (9/56, EU:C:1958:7)*" (n. 123).

A la vista de lo anterior, la potestad de resolución bancaria, en los términos en los que se atribuye a la JUR, continúa siendo una potestad reglada que encaja en el sistema de la actividad administrativa de supervisión, toda vez que los elementos discrecionales son desgajados de su competencia y atribuidos a la Administración general europea, que resulta políticamente responsable por la determinación del interés general relevante para la comunidad en cada caso.

La participación de la Comisión en la aprobación del dispositivo de resolución es un elemento no exento de dudas, particularmente en lo relativo a cuál es entonces la Administración autora del acto: la JUR, la Comisión, o ambas. La Sentencia del Tribunal de Justicia de la UE de 18 de junio de 2024, recaída en el recurso de casación C-551/22 (TOL10.042.332), ha concluido, a este respecto, que la aprobación última del dispositivo de resolución debe imputarse a la Comisión Europea, a pesar de que la intervención de esta Administración se limita a valorar el elemento discrecional, sin que pueda alterar los elementos reglados. Así razona el Tribunal en la Sentencia citada:

> "De los apartados 75 a 80 de la presente sentencia se infiere que lo dispuesto en el artículo 18 del Reglamento MUR, en el que se basó la adopción del dispositivo de resolución controvertido, contribuye a evitar un «desplazamiento de responsabilidad», en el sentido del criterio jurisprudencial establecido en la sentencia Meroni/Alta Autoridad. Efectivamente, a la vez que confía a la JUR la facultad de apreciar si se cumplen las condiciones para adoptar un dispositivo de resolución en cada caso y de determinar los instrumentos necesarios para tal dispositivo, dicho artículo confiere a la Comisión o, en su caso, al Consejo la responsabilidad de la apreciación final de los aspectos discrecionales del dispositivo, que forman parte de la política de la Unión en materia de resolución de entidades de crédito y que, como se desprende del artículo 14 y de los considerandos 24, 26 y 62 del Reglamento MUR, implican ponderar objetivos e intereses diversos, como preservar la estabilidad financiera de la Unión y la integridad del mercado interior, tener en cuenta la soberanía presupuestaria de los Estados miembros y proteger los intereses de los accionistas y acreedores.
>
> (...) En efecto, si bien los artículos 7 y 18 de dicho Reglamento establecen que la JUR será responsable de elaborar y adoptar un dispositivo de resolución, no por ello le otorgan la facultad de adoptar un acto que produzca efectos jurídicos autónomos. En el marco del procedimiento de resolución tal como está configurado en el artículo 18 del Reglamento MUR, la aprobación de la Comisión constituye, como señaló acertadamente el Tribunal General en el apartado 128 de la sentencia recurrida, un elemento indispensable para la entrada en vigor del dispositivo de resolución.
>
> Esta aprobación es igualmente determinante para fijar el contenido del dispositivo de resolución de que se trate.
>
> En efecto, si bien el artículo 18, apartado 7, del Reglamento MUR permite a la Comisión aprobar tal dispositivo sin presentar objeciones a los aspectos discrecionales de este y sin proponer al Consejo que las formule, también permite a la Comisión y al Consejo sustituir la apreciación de la JUR por la suya propia en cuanto a esos aspectos discrecionales presentando objeciones con respecto a ellos, en cuyo caso la JUR, en virtud del párrafo séptimo del citado artículo 18, apartado 7, deberá modificar en un plazo de ocho horas el dispositivo de resolución de conformidad con las razones expresadas por la Comisión o por el Consejo, con el fin de que dicho dispositivo entre en vigor.
>
> Es preciso añadir que, como se deriva del artículo 18, apartado 8, de ese Reglamento, la objeción del Consejo basada en que no se cumple el criterio del interés público tendrá como efecto impedir, en definitiva, la resolución en virtud de dicho Reglamento de la entidad en cuestión, ya que esta será liquidada de manera ordenada de conformidad con la legislación nacional aplicable.

> En el presente asunto, la Comisión, mediante su Decisión 2017/1246, aprobó el dispositivo de resolución controvertido. Como la propia Comisión subrayó explícitamente en el considerando 4 de esta Decisión, al aprobar el dispositivo, expresó «estar de acuerdo» con el contenido de este y con «las razones por las que es necesaria una resolución en aras del interés general, aducidas por la JUR». A este respecto, como señaló la Comisión en la vista, los aspectos discrecionales de un dispositivo de resolución, que atañen tanto a la comprobación de las condiciones de resolución como a la determinación de los instrumentos de resolución, están intrínsecamente vinculados a los aspectos más técnicos de la resolución. En consecuencia, contrariamente a lo que sostuvo el Tribunal General en el apartado 137 de la sentencia recurrida, para determinar cuál es el acto impugnable en el contexto de un dispositivo de resolución aprobado en su conjunto por la Comisión, no puede distinguirse entre los aspectos discrecionales y los aspectos técnicos.
>
> Así pues, solo mediante la decisión de aprobación de la Comisión la medida de resolución adoptada por la JUR en el dispositivo de resolución controvertido quedó establecida definitivamente y desplegó efectos jurídicos obligatorios, de modo que, habida cuenta, en particular, de los principios sentados en la sentencia Meroni/Alta Autoridad, la Comisión, y no la JUR, es quien debe responder de dicha medida de resolución ante el juez de la Unión.
>
> Por lo tanto, del contenido del dispositivo de resolución controvertido, del contexto en el que se adoptó y de las facultades de la JUR se deduce que dicho dispositivo no produjo efectos jurídicos obligatorios que pudieran afectar a los intereses de una persona física o jurídica, de forma que no constituye un acto contra el que quepa un recurso de anulación con arreglo al artículo 263 TFUE, párrafo cuarto" (nn. 81 a 89).

Y, sobre esta base, el Tribunal de Justicia concluye que "*se considera que, mediante tal aprobación, la Comisión hace suyos los elementos y los motivos contenidos en dicho dispositivo, de modo que debe, en su caso, responder de ellos ante el juez de la Unión*" (n. 96).

No comparto en toda su extensión el razonamiento del Tribunal ni la conclusión que alcanza respecto de la imputación del ejercicio de la potestad de resolución bancaria a la Comisión Europea, con total exclusión de la JUR. En mi opinión, la Comisión Europea no participa propiamente del ejercicio de la potestad de resolución, sino que únicamente determina el elemento discrecional presente en el ejercicio de la potestad que, por razones de responsabilidad política, exceden el alcance propio de la actividad administrativa de supervisión y se encuadra, más bien, en la fase de ordenación del sector. Es decir, al determinar la conveniencia o no al interés general en la sujeción de una entidad de crédito a los efectos de la resolución bancaria, la Administración ejerce discrecionalidad configuradora y, por tanto, contribuye a ordenar, en el ámbito prudencial, el sector bancario, y no propiamente a supervisar. El hecho de que esta participación en la fase ordenadora se realice simultáneamente a la adopción del dispositivo de resolución por la JUR no altera que el Reglamento 806/2014 (y la lógica supervisora) atribuye la titularidad de la potestad resolutoria en exclusiva a la JUR.

Creo que existen, al menos, dos alternativas conceptualmente más correctas para abordar la cuestión de la existencia de un acto administrativo definitivo de la JUR que, no obstante, requiere un segundo acto de la Comisión Europea que cohoneste su contenido con las exigencias del interés general. La primera solución pasa por considerar que el acto dictado por la JUR es válido de manera autónoma tal y como esta Administración lo produce, sin perjuicio de que la producción de efectos jurídicos sobre los particulares sujetos a él (esto es, su eficacia) requiera del dictado de un segundo acto administrativo por la Comisión Europea (con la participación, en su caso, del Consejo), sin el cual tales efectos no pueden desplegarse. De este modo, las condiciones de validez y eficacia del dispositivo de resolución se producen de manera sucesiva, y es sólo una vez que la Comisión Europea (con la aquiescencia del Consejo) aprueba el dispositivo de resolución cuando éste es eficaz. Así, la impugnación del dispositivo de resolución puede hacerse demandando a la JUR, que lo ha producido y, por tanto, es quien ha podido incurrir en vicios de legalidad al hacerlo, y, en su caso, la dotación de eficacia, si no se ajusta a Derecho, puede ser impugnada demandado a la Comisión Europea. Cada Administración responde de este modo por el desempeño de su papel, y nada más; en el planteamiento del Tribunal de Justicia, sin embargo, se hace a la Comisión Europea de la validez de un dispositivo de resolución cuyo contenido no ha podido determinar (más allá de verificar su conformidad con el interés general al que sirve esta Administración, que queda determinado al dotar o no de eficacia al dispositivo de resolución), construyendo una relación jurídica *ad processum* un tanto artificial que no satisface plenamente las exigencias del derecho a la defensa de los particulares frente a la Administración y el adecuado control judicial de los actos de las Administraciones públicas de la UE (en este caso, de la JUR, que no tiene que ser necesariamente demandada en el procedimiento).

Considero que esta solución cohonesta mejor con la regulación que el art. 18.7 del Reglamento 806/2014 hace de la participación de la Comisión Europea (y, en su caso, del Consejo) en el ejercicio de la potestad resolutoria. Este precepto anuda a la aprobación del dispositivo por la Comisión Europea la "*entrada en vigor*" del dispositivo, y obliga a la JUR a modificarlo si la Comisión Europea y el Consejo proponen modificaciones en cuanto al importe del FUR destinado a la resolución. Igualmente, el precepto señala que, si el Consejo objeta la ausencia de interés público en la resolución, ésta no puede llevarse a efecto, pero en modo alguno declara la invalidez de la decisión adoptada por la JUR. Así pues, parece que el legislador europeo no configura la potestad de resolución bancaria como un acto imputable a la Comisión (que asume todos los elementos del dispositivo determinados por la JUR), como sostiene el Tribunal de Justicia de la UE en la Sentencia citada, sino que se limita a condicionar la eficacia del acto en virtud del cual la JUR, en el ejercicio de su potestad correctora, acuerda la resolución de una entidad.

La segunda solución pasa por traer a colación la doctrina de los procedimientos compuestos que, aunque acuñada en relación con aquellos actos administrativos respecto de los cuales dos Administraciones públicas pertenecientes a dos niveles territoriales diferentes (la UE y un Estado miembro) aportan contenido decisivo al acto (y, por tanto, existen dos regímenes de recursos claramente diferenciados, uno ante la jurisdicción europea, frente al contenido del acto determinado por ese nivel territorial, y otro ante la jurisdicción del Estado miembro, respecto del contenido del acto determinado por su Administración)[19], podría aplicarse también en un supuesto, como el presente, en el que dos Administraciones del mismo nivel territorial (JUR y Comisión Europea) aportan contenido decisivo al acto. En estos casos, el cauce de impugnación es único (la jurisdicción europea), pero la relación jurídico-procesal principal deberá entablarse con una u otra Administración, o con ambas, en función de en qué parte del acto se localice el vicio de legalidad. Esta solución, a diferencia de la anterior, sitúa la "aprobación", en los términos del Reglamento 806/2014, que hace la Comisión Europea del dispositivo de resolución, en el plano de la validez del acto, y no de su eficacia, lo que implica que una incorrecta apreciación, por la Comisión Europea, de la existencia o inexistencia de razones de interés general que permitan adoptar el dispositivo de resolución conduce a la ilegalidad del acto, que deja de ser válido, y no a su mera ineficacia, que, como he expuesto más arriba, parece ser la sanción que anuda el art. 18.7 del Reglamento 806/2014 a la falta de aprobación del dispositivo de resolución por la Comisión Europea (con la conformidad del Consejo).

Ambas soluciones resultan, a mi juicio, compatibles con la doctrina sentada por el Tribunal de Justicia de las Comunidades Europeas de 13 de junio de 1958[20], en la que se basa la de 18 de junio de 2024 que ahora se examina. De acuerdo con esta Sentencia:

> "The consequences resulting from a delegation of powers are very different de pending on whether it involves clearly defined executive powers the exercise of which can, therefore, be subject to strict review in the light of objective criteria determined by the delegating authority, or whether it involves a discretionary power, implying a wide margin of discretion which may, according to the use which is made of it, make possible the execution of actual economic policy.
>
> A delegation of the first kind cannot appreciably alter the consequences involved in the exercise of the powers concerned, whereas a delegation of the second kind, since it replaces the choices of the delegator by the choices of the delegate, brings about an actual transfer of responsibility".[21]

---

19 Vid. Alonso de León, Sergio, *Composite Administrative Procedures in the European Union*, Iustel: Madrid, 2017.

20 Asunto C-10/56, Meroni & Co., Industrie Metallurgiche, S.A.S., vs.High Authority of the European Coal and Steel Community.

21 «Las consecuencias derivadas de una delegación de poderes son muy diferentes según de si se trata de competencias ejecutivas claramente definidas cuyo ejercicio puede, puede, por tanto, someterse a un control estricto a la luz de criterios objetivos determinados por la autoridad delegante, o si se trata de una facultad discrecional, que implica un amplio margen de discrecionalidad que puede, según el uso que se haga de él, hacer posible la ejecución de la política económica real. Una delegación del primer tipo no puede modificar sensiblemente las consecuencias que implica en el ejercicio de los poderes de que se trate, mientras que una delegación del segundo tipo, puesto que sustituye las decisiones del de-

Pues bien, mantener en la esfera jurídica de la JUR la imputación del contenido del dispositivo de resolución en nada compromete que la Comisión Europea y el Consejo sean libres para determinar cuál es el interés general involucrado en la resolución y, en su caso, condicionar la producción última de los efectos jurídicos del dispositivo a la decisión que adopten éstos en cuanto Administraciones políticamente responsables. La Sentencia de 13 de junio de 1958 no impide la delegación de facultades para dictar actos mediante el ejercicio de regladas si se requiere la determinación de elementos discrecionales para su eficacia, sino que sólo exige que esta determinación no se incluya en el ámbito de la delegación. Y, en mi opinión, ni considerando la participación de la Comisión Europea y el Consejo como una condición de eficacia ni entendiendo su participación como un elemento de validez adicional al producido por la JUR se sobrepasa ese límite, mientras que sí se permite mantener a esta Administración en la integridad de su potestad correctora y realizar, con la independencia necesaria en cuanto a sus elementos reglados, la actividad administrativa de supervisión prudencial bancaria que tiene encomendada.

En otro orden de cosas el procedimiento de resolución que contiene el Reglamento 806/2014 no contempla el trámite de audiencia para los interesados. La jurisprudencia europea dictada con ocasión del enjuiciamiento de la decisión de la JUR de someter a Banco Popular a un dispositivo de resolución ha examinado la relevancia que tiene esta carencia, y ha concluido que no resulta contrario a las disposiciones constitutivas de la UE (en particular, al art. 41 de la CDFUE), en la medida en la que el procedimiento administrativo sirve a un interés general (la estabilidad del sistema financiero) que podría verse dañado si el procedimiento contemplara ese trámite, tanto por el pánico bancario que podría desatar el solo planteamiento de esa situación, como por la necesidad de una rápida respuesta que exige la resolución.

La citada Sentencia del Tribunal General de la UE de 1 de junio de 2022, recaída en el asunto T-570/17 (TOL8.988.23), razona así a este respecto:

> *"Por consiguiente, habida cuenta de que se trata de un principio básico y general del Derecho de la Unión, la aplicación del derecho de defensa no puede ser excluida ni restringida por una disposición reglamentaria, y su respeto debe, pues, garantizarse tanto cuando falte absolutamente una normativa específica como cuando exista una normativa que, por sí misma, no tenga en cuenta dicho principio (véase la sentencia de 18 de junio de 2014, España/Comisión, T-260/11, EU:T:2014:555, apartado 62 y jurisprudencia citada).*
>
> *Efectivamente, el ámbito de aplicación del derecho a ser oído, como principio y derecho básico del ordenamiento jurídico de la Unión, alcanza a los casos en que la Administración se plantee adoptar un acto lesivo, esto es, un acto que pueda afectar desfavorablemente a los intereses del particular o del Estado miembro de que se trate,*

legante por las decisiones del delegado, se produce una verdadera transferencia de responsabilidad» (Traducción propia).

sin que su aplicación dependa de que en el Derecho secundario exista o no una norma explícita a tal efecto (sentencia de 18 de junio de 2014, España/Comisión, T-260/11, EU:T:2014:555, apartado 64).

A este respecto, debe señalarse, por un lado, que, según su considerando 121, el Reglamento n.o 806/2014 respeta los derechos fundamentales y observa los derechos, libertades y principios reconocidos, en concreto, en la Carta, entre los que se cuenta el derecho de defensa, y su aplicación debe ajustarse a tales derechos y principios. Por otro lado, ninguna disposición del Reglamento n.o 806/2014 excluye ni restringe expresamente el derecho a ser oído de los accionistas y acreedores del ente de que se trate durante el procedimiento de resolución.

Así pues, en contra de lo que afirman los demandantes, la inexistencia de una norma específica en el artículo 18 del Reglamento n.o 806/2014 que prevea el trámite de audiencia de los accionistas del ente objeto de una medida de resolución antes de la adopción de una decisión no puede interpretarse como una privación absoluta del derecho a ser oído en todas las circunstancias, que menoscabe el contenido esencial de ese derecho. Los demandantes sostienen erróneamente que el artículo 18 del Reglamento n.o 806/2014 permite excluir el derecho a ser oído en todos los supuestos, y no solo en caso de urgencia.

(...) No obstante, el ejercicio del derecho a ser oído puede someterse a limitaciones con arreglo al artículo 52, apartado 1, de la Carta, según el cual:

«Cualquier limitación del ejercicio de los derechos y libertades reconocidos por la presente Carta deberá ser establecida por la ley y respetar el contenido esencial de dichos derechos y libertades. Dentro del respeto del principio de proporcionalidad, solo podrán introducirse limitaciones cuando sean necesarias y respondan efectivamente a objetivos de interés general reconocidos por la Unión o a la necesidad de protección de los derechos y libertades de los demás.»

Por consiguiente, procede examinar si la inexistencia en el Reglamento n.o 806/2014 de una disposición que prevea explícitamente la audiencia de los accionistas y de los acreedores del ente de que se trate en el marco del procedimiento establecido en el artículo 18 de dicho Reglamento constituye una limitación del ejercicio del derecho a ser oído conforme con el artículo 52, apartado 1, de la Carta.

El Tribunal de Justicia ha considerado que los derechos fundamentales, como el respeto del derecho de defensa, no son prerrogativas absolutas, sino que pueden ser objeto de restricciones, siempre y cuando estas respondan efectivamente a objetivos de interés general perseguidos por la medida en cuestión y no constituyan, habida cuenta del objetivo perseguido, una intervención desmesurada e intolerable que afecte a la propia esencia de los derechos así garantizados (véanse las sentencias de 10 de septiembre de 2013, G. y R., C-383/13 PPU, EU:C:2013:533, apartado 33 y jurisprudencia citada, y de 20 de diciembre de 2017, Prequ'Italia, C-276/16, EU:C:2017:1010, apartado 50 y jurisprudencia citada).

A este respecto, tanto la JUR como el Reino de España, el Parlamento y el Consejo alegan que la limitación del derecho a ser oído de los accionistas está justificada, por un lado, por el objetivo de garantizar la estabilidad de los mercados financieros y, por otro lado, por la necesidad de garantizar la eficacia de las decisiones de resolución, que deben adoptarse con celeridad.

(...) Así pues, dado que una medida de resolución tiene por objeto preservar o restablecer la situación financiera de una entidad de crédito, por cuanto constituye una alternativa a la liquidación de dicha entidad, debe considerarse que tal medida responde efectivamente a un objetivo de interés general reconocido por la Unión (véase, por analogía, la sentencia de 25 de marzo de 2021, Balgarska Narodna Banka, C-501/18, EU:C:2021:249, apartado 108).

De lo anterior se desprende que el procedimiento de resolución, establecido por el Reglamento n.o 806/2014 y descrito en el artículo 18 de este, persigue un objetivo de interés general en el sentido del artículo 52, apartado 1, de la Carta, a saber, el objetivo de garantizar la estabilidad de los mercados financieros, que puede justificar una limitación del derecho a ser oído.

En segundo lugar, varios considerandos del Reglamento n.o 806/2014 dan a entender que, cuando una medida de resolución resulta necesaria, esta debe adoptarse rápidamente. Se trata, en particular, de los considerandos 26, 31, 53 y, especialmente, del considerando 56 de dicho Reglamento, que establece que, para minimizar las perturbaciones del mercado financiero y de la economía, el procedimiento de resolución debe llevarse a cabo en un corto período de tiempo.

A este respecto, el Tribunal de Justicia ha considerado que el objetivo del Reglamento n.o 806/2014 es instaurar, conforme a su considerando 8, mecanismos de resolución más eficaces, que deben constituir un instrumento esencial para evitar los daños derivados de la inviabilidad de los bancos en el pasado y que tal objetivo implica la adopción de una decisión rápida, como ilustran los breves plazos previstos en el artículo 18 de ese Reglamento, con el fin de que no se ponga en peligro la estabilidad financiera (sentencia de 6 de mayo de 2021, ABLV Bank y otros/BCE, C-551/19 P y C-552/19 P, EU:C:2021:369, apartado 55).

(...) De ello se desprende que, si se cumplen las condiciones para adoptar una medida de resolución —a saber, primero, que el ente esté en graves dificultades o probablemente vaya a estarlo; segundo, que no existan perspectivas razonables de que otras medidas alternativas del sector privado o de supervisión puedan impedir su inviabilidad en un plazo de tiempo razonable y, tercero, que su resolución sea necesaria para alcanzar uno o varios de los objetivos contemplados en el artículo 14 del Reglamento n.o 806/2014—, el artículo 18 del mismo Reglamento establece que debe adoptarse una decisión en un plazo muy breve.

Esta toma de decisión rápida tiene por objeto, en particular, garantizar la continuidad de las funciones esenciales del ente de que se trate y evitar las repercusiones de la inviabilidad del ente sobre la estabilidad financiera. La rapidez de la toma de decisión constituye, pues, una condición de la eficacia de tal decisión.

En este sentido, el Tribunal de Justicia ya ha declarado que la urgencia que exige una actuación inmediata por parte de la autoridad competente justifica que se limite el derecho a ser oído de las personas a las que se impongan medidas adoptadas en el ámbito de la responsabilidad medioambiental (véase, en este sentido, la sentencia de 9 de marzo de 2010, ERG y otros, C-379/08 y C-380/08, EU:C:2010:127, apartado 67) y en el ámbito de la agricultura (véase, en este sentido, la sentencia de 15 de junio de 2006, Dokter y otros, C-28/05, EU:C:2006:408, apartado 76).

> *(...) Además, el hecho de que una medida de resolución pueda conducir a una injerencia en el derecho de propiedad de los accionistas y acreedores del ente de que se trate no permite justificar la obligación de concederles el derecho a ser oídos antes de la adopción de tal medida.*
>
> *(...) De todo lo anterior se desprende que la audiencia de los accionistas y acreedores del ente objeto de una medida de resolución antes de la adopción de esta medida pondría en peligro los objetivos de estabilidad de los mercados financieros y de continuidad de las funciones esenciales del ente y las exigencias de rapidez y eficacia del procedimiento de resolución"* (nn. 122-133, 147-159 y 174).

En la misma Sentencia, el Tribunal General de la UE ha explicado que el sacrificio del derecho a ser oído para garantizar la concurrencia de un interés general prevalente no implica supresión de toda garantía de defensa para los particulares. Así, el Tribunal destaca que la existencia de vías de defensa adecuadas (como, particularmente, la vía del recurso) permiten sostener la garantía de ese derecho fundamental del particular:

> *"Después de la adopción de una medida de resolución, el derecho a la tutela judicial efectiva está garantizado por la posibilidad de interponer un recurso de anulación al amparo del artículo 263 TFUE contra las decisiones adoptadas por la JUR, con arreglo al artículo 86 del Reglamento n.o 806/2014, y contra las decisiones de la Comisión y por la posibilidad de interponer un recurso de indemnización"* (n. 191).

Como se comprueba, el Tribunal coloca el foco en las posibilidades materiales de defensa del particular, que podrá articularse mediante vías distintas a las del trámite de audiencia en aquellos casos en los que la garantía de un interés general prevalente así lo aconseje. Según se expondrá más adelante, al examinar el procedimiento configurado por la Ley 11/2015, este parecer ha sido también el alcanzado por los tribunales españoles, que han confirmado la legalidad de la falta de audiencia del particular en los procedimientos seguidos para el ejercicio de la potestad de resolución bancaria.

Por otro lado, las citadas Sentencias del Tribunal General de la UE de 1 de junio de 2022 también abordan la obligación de motivación que compete a la JUR a la hora de adoptar un dispositivo de resolución, y sostienen que éste debe ajustarse "*a las posibilidades materiales y a las circunstancias técnicas o de plazo en las que dicho acto deba intervenir*" (por todas, n. 278 de la recaída en el asunto T-510/17 – TOL8.988.239–). Y, sobre esta base, el Tribunal General de la UE estima que, en el caso de la potestad resolutoria, ese deber de motivación pasa por que el acto administrativo en el que se adopte razone sobre el cumplimiento de las condiciones establecidas en el art. 18 del Reglamento 806/2014 para adoptar el dispositivo de resolución (vid. nn. 546 y ss. de la Sentencia citada).

A este respecto fue particularmente revelador el razonamiento que hizo el Tribunal General de la UE en su Sentencia de 1 de junio de 2022, recaída en el asunto T-481/17 (TOL8.988.240). Aunque esta Sentencia ha sido anulada por la del Tribunal de Justicia de la UE de 18 de junio de 2024 recaída en el recurso de casación C-551/22

(TOL10.042.332), los motivos de la anulación son, según se ha expuesto ya, de índole procesal (no impugnabilidad de la decisión de la JUR por la que se adoptó el dispositivo de resolución), y no por la incorrección del razonamiento del Tribunal General en cuanto a la motivación de la concurrencia de los requisitos contenidos en el art. 18.1 del Reglamento 806/2014 para la adopción del dispositivo de resolución. Por ese motivo, resulta de interés traer a colación esos razonamientos sobre el estándar de adecuación de la motivación que debe realizar la JUR a la hora de concluir con la concurrencia de tales requisitos:

> *"A este respecto, del dispositivo de resolución se desprende que la JUR explicó que se cumplían las condiciones establecidas en el artículo 18, apartado 1, del Reglamento n.° 806/2014, lo que constituye motivación suficiente para adoptar tal dispositivo.*
>
> *En particular, en el artículo 2 del dispositivo de resolución, la JUR hizo constar que el BCE había evaluado que Banco Popular estaba en graves dificultades o probablemente iba a estarlo, con arreglo al artículo 18, apartados 1, letra a), y 4, letra c), del Reglamento n.° 806/2014. La JUR señaló que existían elementos objetivos que indicaban que, probablemente, Banco Popular no podría hacer frente en un futuro cercano al pago de sus deudas o demás pasivos a su vencimiento. Además, las dificultades de Banco Popular descritas en la evaluación del BCE y recordadas en el dispositivo de resolución bastan para explicar que el hecho de que Banco Popular estuviera en graves dificultades o probablemente fuera a estarlo se debía al deterioro de su situación de liquidez.*
>
> *De ello se desprende que el dispositivo de resolución está suficientemente motivado con arreglo a Derecho y que las demandantes estaban en condiciones de comprender las razones de las graves dificultades de Banco Popular y la justificación de la adopción del dispositivo de resolución.*
>
> *Además, el considerando 26 del dispositivo de resolución enumera las medidas adoptadas para intentar solventar las dificultades de Banco Popular antes de proceder a su resolución. El artículo 3 del dispositivo de resolución, relativo a las medidas alternativas, indica, de conformidad con el artículo 18, apartado 1, letra b), del Reglamento n.° 806/2014, que no existían perspectivas razonables de que medidas alternativas del sector privado, medidas de supervisión o la amortización o conversión de los instrumentos de capital pertinentes pudieran impedir la inviabilidad de Banco Popular en un plazo de tiempo razonable.*
>
> *En particular, en el artículo 3.3 del dispositivo de resolución, la JUR consideró que no había ninguna perspectiva razonable de que medidas de supervisión, incluidas las medidas de actuación temprana, pudieran impedir la inviabilidad de Banco Popular. La JUR señaló que el BCE, al evaluar si Banco Popular estaba en graves dificultades o probablemente fuera a estarlo, había confirmado que no existían medidas de supervisión o de actuación temprana disponibles que permitieran restablecer la posición de liquidez del banco de manera inmediata y concederle tiempo suficiente para ejecutar una operación societaria u otra solución. Las medidas a disposición del BCE como autoridad competente, con arreglo a la transposición nacional del artículo 104 de la Directiva 2013/36 o de los artículos 27 a 29 de la Directiva 2014/59 o con arreglo al artículo 16 del Reglamento n.° 1024/2013, no podían garantizar que el banco estuviera en condiciones de hacer frente al pago de sus deudas o demás pasivos a su vencimiento, dados la magnitud y el ritmo del deterioro de la liquidez observado.*

De ello se sigue que la JUR explicó suficientemente en el dispositivo de resolución las razones por las que las medidas de actuación temprana no eran suficientes para solventar las dificultades de Banco Popular.

Por último, hay que señalar que los considerandos 44 a 46 del dispositivo de resolución explican por qué no se siguieron el plan de resolución de 2016 ni, en particular, el instrumento de recapitalización interna, previsto en el artículo 27 del Reglamento n.° 806/2014, por el que se había optado en dicho plan.

El artículo 5 del dispositivo de resolución tiene por objeto la elección del instrumento de resolución y la JUR explicó, en el artículo 5.3 de dicho dispositivo, entre otras cosas, por qué motivos los demás instrumentos enumerados en el artículo 22, apartado 2, del Reglamento n.° 806/2014 no permitían alcanzar los objetivos de resolución en la misma medida.

Procede considerar que el dispositivo de resolución está suficientemente motivado con arreglo a Derecho y que las diferentes disposiciones mencionadas del dispositivo de resolución permitían a las demandantes entender por qué se eligió el instrumento de venta del negocio como instrumento de resolución" (por todas, nn. 283-291 de la recaída en el asunto T-481/17).

En otro orden de cosas, si el dispositivo de resolución adoptado por la JUR prevé la exclusión de determinados pasivos del instrumento de amortización de instrumentos de capital y recapitalización interna, y ello motiva el recurso al FUR u otra fuente de financiación alternativa, para proteger la integridad del mercado interior la Comisión puede prohibir (aquí con cierta razón) la exclusión de esos pasivos de forma razonada (cfr. art. 18.7, párrafo noveno).

Según se explicó más arriba, la valoración del patrimonio de la entidad juega un papel central en el ejercicio de la potestad resolutoria. De acuerdo con el art. 20.1 del Reglamento 806/2014, *"antes de tomar una decisión sobre una medida de resolución o sobre el ejercicio de la competencia de amortización o conversión de instrumentos de capital pertinente, la Junta velará por que una persona independiente tanto de las autoridades públicas, entre ellas la Junta y la autoridad nacional de resolución, como del ente (...) de que se trate, realice una valoración razonable, prudente y realista de su activo y pasivo"*. Es decir, la regla general es la de la valoración previa al ejercicio de la potestad resolutoria.

No obstante, esta regla general de la previa valoración se ve excepcionada cuando no sea posible, caso en el cual la JUR podrá llevar a cabo una valoración provisional (cfr. art. 20.1 del Reglamento 806/2014), la cual cumplirá los requisitos indicados en el apartado 10 del art. 20, incluyendo un colchón para pérdidas adicionales debidamente justificado. En estos casos, será necesario una valoración definitiva *a posteriori* (art. 20.11) de la cual, en caso de detectar errores en la estimación, podrán articularse las correspondientes compensaciones (art. 20.12). La valoración (en su caso, provisional y definitiva) formará parte de la decisión acordando el dispositivo y no cabrá recurso específico sobre ella (art. 20.15).

Además de lo anterior, la JUR deberá encargar una valoración adicional dirigida a verificar si los accionistas y acreedores habrían sufrido más pérdidas en el contexto de un procedimiento de insolvencia ordinario de las que han experimentado con la resolución, en orden a acordar, en su caso, la compensación con cargo al FUR que corresponda (arts. 20.16 y 76.1-*e)* del Reglamento 806/2014).

En relación con la valoración, González Vázquez considera que la valoración se realiza incorrectamente al basarse en los principios de una empresa en liquidación y no, como en su opinión debería, en los relativos a la valoración de una empresa en funcionamiento[22]. Quizá esta cuestión merezca una reflexión de índole más económica que jurídica, pero, desde luego, no puede hacerse obviando que la potestad de resolución se configura para preservar el cumplimiento de la ordenación prudencial bancaria y, con él, la estabilidad del sistema financiero cuando una empresa es o muy probablemente será inviable y, por lo tanto, estará materialmente incursa en causa de disolución y liquidación.

A este respecto, las ya citadas Sentencias del Tribunal General de la UE de 1 de junio de 2022, sostienen que la valoración que se efectúe por la JUR a efectos de ejercitar la potestad de resolución bancaria debe tomar en cuenta el efecto económico que tendrá sobre la entidad la aplicación de los instrumentos de resolución (de uno o de varios), porque, de lo contrario, se estaría ofreciendo una valoración irreal, desconectada de la situación económica que atraviesa la entidad:

> *"Dado que el artículo 20, apartado 5, letra b), del Reglamento n.o 806/2014 establece que, si se cumplen las condiciones para la resolución, la valoración tiene por finalidad informar la decisión sobre la medida de resolución oportuna que deba adoptarse con respecto a un ente, dicha disposición debe interpretarse en el sentido de que la valoración debe facilitar a la JUR los datos técnicos y económicos que permitan aplicar el instrumento de resolución elegido por esta.*
>
> *(...) De ello se desprende que el artículo 20, apartado 5, del Reglamento n.o 806/2014 contempla expresamente la posibilidad de que la valoración se efectúe con vistas a la aplicación de un instrumento de resolución determinado.*
>
> *(...) A este respecto, el artículo 10, apartado 1, de las normas técnicas de regulación, reproducido en el artículo 10, apartado 1, del Reglamento Delegado 2018/345, dispone que el valorador evaluará la incidencia en la valoración de cada medida de resolución que la autoridad de resolución pueda adoptar con el fin de informar las decisiones, y que, sin perjuicio de la independencia del valorador, la autoridad de resolución podrá consultarle con el fin de determinar la gama de medidas de resolución que contemplará dicha autoridad. De conformidad con el artículo 10, apartado 2, de las normas técnicas de regulación, reproducido en el artículo 10, apartado 2, del Reglamento Delegado 2018/345, el valorador, cuando proceda y en concertación con la autoridad de re-*

22 *Vid.* González Vázquez, José Carlos, "Luces y sombras del modelo europeo de resolución bancaria", en González Vázquez, José Carlos, y Colino Mediavilla, José Luis, *Regulación bancaria y actividad financiera*, Wolters Kluwer España: Las Rozas (Madrid), 2020, pp. 303-374.

solución, presentará valoraciones separadas que reflejen la incidencia de una gama suficientemente diversa de medidas de resolución" (por todas, nn. 275, 278 y 282 de la Sentencia recaída en el asunto T-510/17 –TOL8.988.239–).

En parecido sentido, la Sentencia del Tribunal General de la UE de 22 de noviembre de 2023 (asunto T-304/20, Laura Molina Fernández *vs.* JUR y Reino de España) (TOL9.909.122)[23] señala que la valoración que debe realizarse a efectos de decidir si la aplicación de un dispositivo de resolución sobre una entidad de crédito no coloca a los acreedores de la entidad en una situación peor a la que tendrían en un procedimiento de insolvencia ordinaria "*debe partir de un escenario de liquidación, lo que excluye la posibilidad de un escenario basado en una empresa en funcionamiento y en un convenio con los acreedores*" (n. 68).

Sobre esta base, no parece que, desde un punto de vista jurídico, aplicar las reglas de las empresas en liquidación para valorar entidades de crédito que, tras la aplicación de los instrumentos de resolución que procedan, van a quedar, efectivamente, disueltas y liquidadas, sea una opción descabellada.

Adicionalmente en relación con la valoración, las citadas Sentencias del Tribunal General de la UE de 1 de junio de 2022 señalan que el control judicial de la valoración debe circunscribirse a sus formas extrínsecas y al razonamiento que la JUR construye sobre ella, sin que quepa a los tribunales entrar a corregir la aplicación de las normas técnicas de valoración:

> *"A comprobar que la JUR no incurriera en un error manifiesto al considerar que la valoración 2 se ajustaba a las exigencias del artículo 20 del Reglamento n.° 806/2014"* (n. 256 de la Sentencia recaída en el asunto T-510/17 –TOL8.988.239–)[24].

---

23 La misma conclusión se alcanza en la Sentencia de 22 de noviembre de 2023 recaída en los asuntos acumulados T-302/20, T-303/20 y T-307/20, Antonio del Valle Ruiz, Aeris Invest Sàrl, José María Arias Mosquera y Calatrava Real State 2015, S. L. *vs.* JUR y Reino de España (TOL9.909.123) (cfr. nn. 34 y ss.).

24 A este respecto, el Tribunal General de la UE había declarado previamente en la misma Sentencia que la revisión de actos dictados por las Administraciones supervisoras basados en la concurrencia de supuestos de hecho construidos sobre conceptos jurídicos indeterminados, las facultades de los tribunales no pueden sustituir a las propias de la JUR, sino que deben consistir en el examen de las formas extrínsecas del razonamiento de la Administración para alcanzar la conclusión en la que funda el dictado del acto correspondiente: "*Habida cuenta de que las decisiones que la JUR debe adoptar en el marco de un procedimiento de resolución se basan en apreciaciones económicas y técnicas muy complejas, procede considerar que los principios derivados de la jurisprudencia mencionada en los apartados 107 y 108 anteriores se aplican al control que el juez debe ejercer. No obstante, si bien se reconoce a la JUR un margen de apreciación en materia económica y técnica, ello no implica que el juez de la Unión deba abstenerse de controlar la interpretación que hace la JUR de los datos de carácter económico en los que se basa la decisión de esta. Así, como ha declarado el Tribunal de Justicia, aun en el caso de apreciaciones complejas, el juez de la Unión no solo debe verificar la exactitud material de los elementos probatorios invocados, su fiabilidad y su coherencia, sino también comprobar si tales elementos constituyen el conjunto de datos*

O, como explica otra de esas Sentencias, "*si el dispositivo de resolución recogía el razonamiento seguido por la JUR de forma suficientemente clara para permitir la impugnación posterior de su fundamentación ante el órgano jurisdiccional competente, sería excesivo exigir una motivación específica para cada una de las decisiones técnicas o cada uno de los elementos cuantificados en que se basa ese razonamiento (véase, por analogía, la sentencia de 1 de julio de 2008, Chronopost y La Poste/UFEX y otros, C-341/06 P y C-342/06 P, EU:C:2008:375, apartado 108 y jurisprudencia citada)*" (n. 306 de la recaída en el asunto T-481/17 –TOL8.988.239–).

Por tanto, de acuerdo con este criterio el control judicial de la valoración deberá versar sobre las formas extrínsecas en las que la JUR ha construido la fundamentación del dispositivo de resolución sobre la base de los juicios técnicos complejos elaborados por expertos independientes, sin que deba exigírsele una fundamentación concreta de cada uno de los elementos técnicos involucrados en la decisión. Todo ello –cabría añadir– sin perjuicio de que en un eventual procedimiento que impugne la valoración la parte recurrente pueda aportar un dictamen pericial contradictorio que pueda proporcionar al tribunal elementos técnicos complejos suficientes para apreciar que la fundamentación del dispositivo de la JUR en aquella otra valoración no fue ajustada a Derecho.

Sea como fuere, el dispositivo de resolución podrá llevar aparejada una medida de sustitución de administradores, mediante el nombramiento, por el FROB en cuanto ANR, de un administrador especial (cfr. art. 23, *in fine*, del Reglamento 806/2014), nombramiento que, en todo caso, deberá hacerse con arreglo al procedimiento establecido en la Ley 11/2015, al que me referiré más abajo.

El acto administrativo por el que se adopta un dispositivo de resolución es notificado al FROB, en cuanto ANR, quien es el encargado de implementarlo (cfr. arts. 18.9

---

pertinentes que deben tomarse en consideración para apreciar una situación compleja y si son adecuados para sostener las conclusiones que se deducen de ellos (véanse las sentencias de 22 de noviembre de 2007, España/Lenzing, C-525/04 P, EU:C:2007:698, apartado 57 y jurisprudencia citada; de 26 de marzo de 2019, Comisión/Italia, C-621/16 P, EU:C:2019:251, apartado 104 y jurisprudencia citada, y de 10 de diciembre de 2020, Comune di Milano/Comisión, C-160/19 P, EU:C:2020:1012, apartado 115 y jurisprudencia citada). A este respecto, para demostrar que la JUR ha incurrido en un error manifiesto en la apreciación de los hechos que pueda justificar la anulación del dispositivo de resolución, los elementos de prueba aportados por los demandantes deben ser suficientes para privar de plausibilidad a las apreciaciones de los hechos tenidos en cuenta en dicho dispositivo (véanse, por analogía, las sentencias de 14 de junio de 2018, Lubrizol France/Consejo, C-223/17 P, no publicada, EU:C:2018:442, apartado 39; de 12 de diciembre de 1996, AIUFFASS y AKT/Comisión, T-380/94, EU:T:1996:195, apartado 59, y de 13 de diciembre de 2018, Comune di Milano/Comisión, T-167/13, EU:T:2018:940, apartado 108 y jurisprudencia citada)" (nn. 109-111).

y 29.1 del Reglamento 806/2014)[25], y es igualmente publicado en la página web de la JUR (cfr. art. 29.5). De este modo, los efectos jurídicos dimanantes de ese acto para terceros se producirán por razón del acto administrativo que, a la postre, adopte el FROB. Sin embargo, la eventual impugnación que, sobre el fondo del asunto, desee hacer el particular deberá dirigirse contra la decisión de la JUR, en la medida en que el FROB tiene la obligación jurídica de implementar ésta, y no cabe la posibilidad de que discuta su contenido por razones de legalidad.

En el caso relativo a la resolución de Banco Popular, la Sala de lo Contencioso-Administrativo de la Audiencia Nacional se pronunció a este respecto en su Auto núm. 42/2017, de 28 de septiembre, en los siguientes términos:

> *"En cuanto a la primera de ellas, se pretenden limitar los efectos inherentes a la transmisión de las acciones de un modo que contraría el dispositivo de resolución, uno de cuyos instrumentos es la venta de negocio, pretendiéndose trasladar a la entidad adquirente la carga de "cumplir con los requisitos regulatorios y de solvencia" , pero sin que goce de ninguno de los derechos derivados de la adquisición; tampoco procedería la suspensión de la venta propiamente dicha, que es a lo que, en suma, se refieren muchas de las alegaciones de la parte actora. Téngase en cuenta que, según resulta del propio acto aquí impugnado, la resolución de Banco Popular y la venta de su negocio por las graves dificultades en las que se encontraba, la inexistencia de perspectivas razonables de que otras medidas alternativas del sector privado puedan impedir su inviabilidad en un plazo razonable y la necesidad para el interés público de dicha medida han sido apreciadas por la JUR, no por el FROB, de manera que la paralización pretendida, incluso si se tratara de la misma venta, dejaría sin efecto la decisión de la JUR y mantendría unas circunstancias que los organismos europeos han considerado que hacen inviable la entidad y conllevan un riesgo para el interés público.*
>
> *Por otro lado, es perfectamente comprensible que la ejecución de las medidas contenidas en el acto recurrido pueden generar perjuicios, si no de imposible, sí de muy difícil reparación, pero tales perjuicios, que, además, en este caso, han de circunscribirse a los que afectan a la parte recurrente -por más que esta parte se arrogue los de los trabajadores o los del propio Banco Popular-, son imputables directamente a la decisión de la JUR, que, según se acaba de decir, es la que ha decidido la venta, pues las adoptadas por el FROB tienen un marcado carácter instrumental, siendo con ocasión de la impugnación de aquella decisión de la JUR, en la sede judicial correspondiente, donde se deberán invocar aquellos perjuicios, que sólo de una forma indirecta se generan por la actuación recurrida ante este órgano judicial. Además, no se alcanza a comprender cómo la suspensión de algunos efectos de la venta, que es lo que concretamente pide la parte recurrente -o la venta misma-, impediría todos los perjuicios que se dicen, debiendo señalarse igualmente que la transmisión no puede deslindarse de las demás medidas adoptadas, como el aumento y reducción de capital social, y dejaría en el aire numerosos aspectos, por ejemplo, de administración y dirección.*

---

25 Sólo en los casos en los que la ANR que corresponda no dicte los actos necesarios para ejecutar la decisión de la JUR podrá ésta producir ciertos efectos jurídicos directos sobre los particulares sujetos a ella (cfr. art. 29.2 del Reglamento 806/2014). La Sentencia del Tribunal General de la UE de 1 de junio de 2022 recaída en el recurso T-510/17 (TOL8.988.239), ya citada, remarca que la notificación se realiza al FROB, y no a los particulares destinatarios del acto (*vid.*, particularmente, n. 447),

A lo anterior no afecta el criterio de la apariencia de buen derecho, cuya aplicación, según reiterada jurisprudencia, ha de ser prudente para no prejuzgar la decisión del pleito, por lo que se suele utilizar en aquellos supuestos en los que se solicita la nulidad de un acto dictado al amparo de una norma o disposición de carácter general previamente declarada nula o cuando se impugna un acto idéntico a otro anulado jurisdiccionalmente, sin que nada indique que, en el presente caso, nos encontremos en uno de esos supuestos, máxime cuando, se reitera, el acto del FROB se limita a adoptar las medidas necesarias para ejecutar la decisión de la JUR, en los términos reseñados anteriormente, de ahí que las vulneraciones de derechos y de principios constitucionales que se enuncian en la solicitud deben residenciarse, principalmente, en esa decisión y su examen, como, en concreto, el de la indefensión que se denuncia, desnaturalizaría este incidente" (Fundamento Jurídico Tercero)[26].

Finalmente la decisión de la JUR por la que se adopte un dispositivo de resolución será recurrible en una suerte de recurso potestativo de reposición ante el Panel de Recurso de la JUR (cfr. art. 85.8 del Reglamento 806/2014), o, directamente, ante el Tribunal de Justicia de la UE (cfr. art. 86 del mismo Reglamento).

2.3. PROCEDIMIENTO A SEGUIR POR EL FROB

El procedimiento que debe seguirse para el ejercicio de la potestad resolutoria atribuida al FROB es considerablemente más sencillo, dado que no se prevé la participación de otras Administraciones en él.

En primer lugar, acreditada la concurrencia de los tres supuestos de hecho requeridos para poder ejercitar la potestad, el FROB acordará la iniciación del procedimiento, del que dará cuenta al Ministerio de Economía, Comercio y Empresa y al BdE (cfr. art. 21.3 de la Ley 11/2015). Esta decisión será notificada sin demora a la entidad objeto de resolución (cfr. art. 24.1). La decisión deberá indicar las razones que justifican la adopción de la decisión, con mención a la concurrencia de los supuestos de hecho necesarios, las medidas que el FROB tenga la intención de adoptar; y, en su caso, las razones que justifiquen la aplicación del régimen concursal ordinario (cfr. art. 23).

A este respecto, cabe destacar que la norma española no contiene una previsión análoga a la existente en la norma europea en relación con la determinación de la concurrencia de razones de interés público que, en ciertos casos, puede suponer el ejercicio de una potestad discrecional. Quizá eso se deba a que la composición del órgano de gobierno del FROB (la Comisión Rectora) cuenta con una importante representación de

26 Este Auto, dictado en sede cautelar, fue confirmado tras la inadmisión, por el Tribunal Supremo, del recurso de casación preparado contra él (*vid.* Auto del Tribunal Supremo de 19 de noviembre de 2018, JUR 321960).

la AGE[27] hasta el punto de que pueda llegar a cuestionarse su consideración como una auténtica Administración independiente[28]. Sobre esta premisa, se entiende mejor que, en Derecho español, sea el FROB, y no el Gobierno o la AGE, quien defina el interés público involucrado en la potestad de resolución bancaria. Sin perjuicio de ello, quizá convendría introducir normas que permitan reglar por completo este elemento de la potestad de resolución bancaria, a fin de evitar eventuales problemas de responsabilidad política del FROB en su ejercicio.

Tras el acuerdo de iniciación, el FROB acordará y hará pública la sustitución del órgano de administración de la entidad y de los directores generales o asimilados, y la designación como administrador de la entidad a la persona o personas físicas o jurídicas que, en su nombre y bajo su control, ejercerán las funciones y facultades propias de esa condición con arreglo a los estatutos de la entidad y las leyes (cfr. art. 22.1, párrafo primero, de la Ley 11/2015). No obstante, el FROB podrá acordar no sustituir al órgano de administración de una entidad objeto de resolución cuando, de forma excepcional, a la vista de la composición del accionariado o de ese órgano de administración en ese momento, resulte estrictamente necesario su mantenimiento para garantizar el adecua-

---

27 La Comisión Rectora del FROB está formada por el Presidente, nombrado y separado por real decreto del Consejo de Ministros a propuesta del Ministro de Asuntos Económicos y Transformación Digital, previa audiencia en la Comisión correspondiente del Congreso de los Diputados (art. 55.1) por plazo de cinco años (art. 55.3); cuatro miembros designados por el BdE, uno de los cuales será el Subgobernador, que actuará como Vicepresidente del FROB (art. 54.1-*b)*), y los otros tres serán designados por la Comisión Ejecutiva del BdE (art. 55.1, párrafo tercero); tres representantes del Ministerio de Economía, Comercio y Empresa, designados por el Ministro, con rango mínimo de Director General (art. 54.1-*c)*); el Vicepresidente de la CNMV (art. 54.1-*d)*); y dos representantes del Ministerio de Hacienda y Función Pública, designados por el Ministro, con rango mínimo de Director General (art. 54.1-*e)*). A las reuniones de la Comisión Rectora podrán asistir, con voz pero sin voto, un representante de la IGAE, designado por el Interventor General, y otro de la Abogacía General del Estado, designado por el Abogado General-Director del Servicio Jurídico del Estado (art. 54.1, párrafo segundo).

28 La composición que presenta la Comisión Rectora del FROB se caracteriza por que, dejando a salvo al Presidente, sólo cinco de sus diez miembros (los cuatro representantes del BdE, incluido su Subgobernador, y el Vicepresidente de la CNMV) cuentan con garantías de independencia (particularmente, causas tasadas de cese y, en el caso del Subgobernador del BdE y el Vicepresidente de la CNMV, no renovación en el cargo). Los otros cinco miembros de la Comisión Rectora (los tres representantes del Ministerio de Economía, Comercio y Empresa y los dos representantes del Ministerio de Hacienda y Función Pública) pueden ser cesados por razones políticas en cualquier momento, y por tanto no gozan de esas garantías de independencia. La balanza la inclina, desde luego, el Presidente, que tiene voto de calidad (cfr. art. 54.6 de la Ley 11/2015), el cual tiene un mandato de cinco años no renovable (cfr. art. 55.2 de la Ley 11/2015) y causas tasadas de cese (por finalización del periodo para el que fue nombrado, por renuncia aceptada por el Gobierno, por estar incurso en alguna causa de incompatibilidad, por incapacidad sobrevenida para el ejercicio de sus funciones, por condena por delito doloso y por incumplimiento grave de sus obligaciones: cfr. art. 55.3 de la Ley 11/2015).

do desarrollo de la resolución, así como en aquellos casos en los que el FROB pueda controlar el órgano de administración en virtud de los derechos políticos de los que disponga (cfr. art. 22.1, párrafo segundo). El acuerdo de designación tendrá carácter ejecutivo desde el momento en que se dicte y será publicado en el BOE, lo que determinará su eficacia frente a terceros (cfr. art. 22.3). La medida estará limitada a una duración no superior a dos años que, no obstante, podrá ser prorrogada excepcionalmente cuando sea necesario para completar el proceso de resolución (art. 22.4).

Al acuerdo de iniciación le seguirá un segundo acto administrativo "*por el que se acuerdan las medidas de resolución*" (art. 24.2 de la Ley 11/2015), que deberá ser publicada bien íntegra, bien resumidamente. Este acto, que contiene el dispositivo de resolución adoptado y la forma de aplicación de los concretos instrumentos de resolución incorporados a él (cfr. art. 64.1-*c)* a *k)*), será inmediatamente eficaz sin dar cumplimiento a ningún requisito adicional (cfr. art. 65.1).

En el ínterin comprendido entre el acuerdo de iniciación y el acto final, deberá llevarse a cabo la valoración de la entidad (cfr. art. 5.1 de la Leu 11/2015 y, en cuanto a los criterios a que deberá sujetarse esa valoración, arts. 6 y 7 del RD 1012/2015). No obstante, en aquellos casos en los que concurran razones de urgencia, el FROB podrá articular una valoración provisional, si bien en todo caso será necesaria una segunda valoración definitiva con carácter posterior, en el mismo sentido ya explicado para el procedimiento seguido por la JUR (cfr. arts. 5.3, párrafo segundo, y 68-*b)* de la Ley 11/2015, y 8 y 9 del RD 1012/2015). Por último, también será necesaria una valoración relativa a la diferencia de trato de accionistas y acreedores respecto del que habrían recibido en el caso de que se hubiera seguido el procedimiento de insolvencia ordinario, a efectos de determinar la eventual compensación con cargo al FUR que pueda corresponder (cfr. art. 10 del RD 1012/2015). La valoración, al igual que en el caso europeo, forma parte del acto y no podrá ser objeto de un recurso separado (cfr. art. 72.2, párrafo segundo).

González Vázquez advierte la existencia de algún problema de constitucionalidad en relación con la configuración legal del proceso de valoración en el ámbito de la resolución bancaria[29]. En su opinión, este proceso carece del necesario expediente contradictorio, de suerte que el valor que se atribuye a los activos y pasivos de la entidad viene determinado unilateralmente por la Administración de resolución, con base en uno (o dos) informes técnicos de valoración, frente a los cuales sólo puede accionarse mediante la impugnación que ponga fin al procedimiento. En este sentido, el autor propone como solución que se contemple la posibilidad de impugnar directamente la valoración; esto es, que la Administración dicte un acto separado de valoración, inde-

29 *Vid.* González Vázquez, José Carlos, "Luces y sombras...", *óp. cit.*, pp. 303-374.

pendiente al de la adopción del dispositivo de resolución, que se encuentre cualificado y, en consecuencia, frente al cual los interesados puedan actuar.

No sé hasta qué punto esta solución puede resultar la más adecuada, porque la valoración de la entidad resulta difícilmente separable de la adopción del dispositivo de resolución (art. 20.15 del Reglamento 806/2014). El volumen de instrumentos de capital que debe ser amortizado, o de los instrumentos de deuda que deben ser convertidos en capital (y, en su caso, amortizados), o la concreción de las operaciones de venta del negocio o segregación de activos y pasivos se encuentren íntimamente unidos a la valoración que la Administración, con base en la propuesta realizada por un experto independiente, realice. Por esa razón, en mi opinión resulta más razonable concebir la valoración como uno de los elementos esenciales del acto administrativo que pone fin al procedimiento y que, por tanto, debe ser discutida en la impugnación que de éste se haga[30].

Quizá, el planteamiento de este autor traiga causa del establecimiento de un paralelismo entre la resolución bancaria y la expropiación forzosa, donde existe una pieza de justiprecio separada y cuya resolución es impugnable autónomamente. Partiendo de la naturaleza de la resolución bancaria como ablación ordenadora, no parece que, en la medida en la que los efectos ablatorios que le son propios formen parte de la delimitación normal del contenido del derecho que haga la ley, el ejercicio de la potestad para procurar el recto cumplimiento de la ordenación que los produzca presente los vicios de inconstitucionalidad que se plantean.

Al margen de las anteriores consideraciones sobre la valoración, el FROB puede suspender la ejecución de obligaciones de pago contraídas por la entidad de forma temporal y justificada para garantizar el buen fin de la resolución (cfr. art. 70 de la Ley 11/2015). En buena lógica, esta medida también podrá adoptarse cuando el FROB actúe ejecutando una decisión previa de la JUR sobre la adopción de un dispositivo de resolución.

El acto que acuerda el dispositivo de resolución contiene las concretas medidas de resolución a aplicar pone fin a la vía administrativa y es directamente impugnable ante la Sala de lo Contencioso-Administrativo de la Audiencia Nacional (cfr. art. 72.2, párrafo primero, de la Ley 11/2015). Los recursos que se susciten frente a estos actos serán tramitados con carácter preferente (cfr. art. 72.3). En el caso de que la medida impugnada

30 En cierta medida, el acto administrativo en que, en último término, consiste el ejercicio de la potestad resolutoria no deja de encontrarse motivado *in aliunde* en todo lo que se refiere a la valoración económica del patrimonio de la entidad, de suerte que difícilmente cabría segregar una y otro.

contenga una decisión sobre amortización o conversión de instrumentos de capital, el art. 73 establece normas especiales de legitimación y publicidad del recurso[31].

Por último, el art. 72.4 de la Ley 11/2015 prevé la facultad de la Administración de solicitar a los tribunales competentes la suspensión de cualquier procedimiento en el que sea parte la entidad de crédito objeto de la resolución.

Resulta conveniente destacar en este momento que la normativa española que regula el ejercicio de la potestad de resolución bancaria no contempla la posibilidad de que se confiera a los particulares afectados trámite de audiencia. En mi opinión, esta previsión legal puede ser compatible con el art. 105-*c)* de la Constitución, siempre y cuando con ello continúen existiendo reglas para que la Administración prepare el contenido del acto y los particulares cuenten con garantías suficientes para la adecuada defensa de sus derechos e intereses legítimos.

En el caso de la resolución, parece que ambas cosas existen: por un lado, la normativa regula los distintos hitos por los que la Administración competente debe pasar para preparar el dispositivo; por otro lado, se establece un régimen de recursos para poder discutir tanto la declaración de la propia resolución como, lo que no es menos importante, la valoración de los derechos objeto de ablación realizada en ejecución del dispositivo de resolución. Y a estas garantías cabe añadir, la posibilidad de que, si se constata que un particular carecía del deber jurídico de soportar la ablación realizada con motivo de la resolución de una entidad, pueda acudirse al instituto de la responsabilidad patrimonial de la Administración para reclamar los daños y perjuicios ocasionados.

Al igual que hizo el Tribunal General de la UE con ocasión de la decisión de la JUR de resolver el Banco Popular, la ausencia de audiencia previa al interesado en procedimientos de resolución realizados al amparo del RD-ley 24/2012 (posteriormente convalidado por la Ley 9/2012)[32], de corte similar al que hoy se recoge en la Ley 11/2015,

---

31 Así, se permite la legitimación de los accionistas o titulares de valores, así como a agrupaciones de estos últimos representados por un comisario, además de a los depositantes y acreedores de la entidad. Igualmente, el Auto por el que, en su caso, se adopten medidas cautelares deberá publicarse en el BOE y por los mismos medios por los que la entidad y el FROB hubiera publicitado la medida en cuestión, lo que también rige para la Sentencia que ponga fin al procedimiento.

32 La aprobación de ese RD-ley (y, por tanto, de la posterior Ley 9/2012) trae causa del Memorando de Entendimiento sobre condiciones de Política Sectorial Financiera, hecho en Bruselas y Madrid el 23 de julio de 2012, que obligaba a España a adoptar ciertos cambios normativos, entre ellos aquéllos que permitieran abordar de manera más eficiente la reestructuración y resolución de entidades de crédito (cfr. EM, III). En realidad, esta norma cristaliza la experiencia previa que, según se comentó en el capítulo anterior, comenzó en el año 1982 con la intervención del Grupo RUMASA, articulando, con vocación de generalidad, una potestad ablativa de naturaleza ordenadora con la que la Administración pueda garantizar el cumplimiento de las normas de ordenación prudencial bancaria y, con ella, la estabilidad del sistema financiero.

ha sido objeto de examen por nuestro tribunales[33]. Todos ellos han concluido que la regulación legal de la potestad resolutoria, al preterir el trámite de audiencia, no incurre en vicio de inconstitucionalidad ninguno, habida cuenta de **(i)** la existencia de un bien público superior (la estabilidad del sistema financiero), que sólo puede protegerse adecuadamente mediante una rápida actuación; y **(ii)** la existencia de garantías de revisión judicial suficiente frente a los eventuales vicios de legalidad en que pudiera incurrir la Administración al emitir el acto.

Así, la Sala de lo Contencioso-Administrativo del Tribunal Supremo, en su Sentencia de 4 de marzo de 2016 (TOL5.664.423), relativa a la resolución de Caja Sur, rechaza la existencia de vía de hecho por preterir el trámite de audiencia al no estar, como sostenía el recurrente, ante un procedimiento de expropiación forzosa:

> *"La conclusión a la que llega la Sala de instancia, después de un examen detallado y minucioso de las actuaciones, es que en este caso ni se ha seguido un procedimiento de expropiación, ni se ha producido un supuesto de expropiación material, sino que "lo que ha existido es un proceso de reestructuración de una entidad de crédito con intervención del FROB, al concurrir los requisitos legalmente establecidos en el artículo 7 Real Decreto-Ley 9/2009 " , y esta Sala comparte tal apreciación, que resulta de la confrontación que hemos efectuado entre las actuaciones llevadas a cabo por el Banco de España y por el FROB y las distintas reglas y normas del artículo 7 del RDL 9/2009 , que les otorgan cobertura jurídica.*
>
> *La parte recurrente critica la sentencia de instancia porque acoge la concepción originaria y reduccionista de la vía de hecho, que no incluye, junto con los supuestos de omisión de todo procedimiento, los de omisión de alguno de sus trámites esenciales, si bien, la Sala de instancia no limitó su examen a la constatación de la existencia de una resolución previa que daba cobertura a la actuación administrativa, sino que lo extendió a la comprobación de la concurrencia de los requisitos de procedimiento.*
>
> *La jurisprudencia de esta Sala, recogida entre otras muchas en sentencias de 22 de septiembre de 2003 (recurso 8039/1999), 16 de junio de 2011 (recurso 3551/2007) y 31 de octubre de 2014 (recurso 100/2012), viene sosteniendo que la " vía de hecho " o actuación administrativa no respaldada en forma legal por el procedimiento administrativo legitimador de la concreta actuación, se produce no sólo cuando no existe acto administrativo de cobertura o éste es radicalmente nulo, sino también cuando el acto no alcanza a cubrir la actuación desproporcionada, de forma que no existe ninguna dificultad en incluir en el primer supuesto, de inexistencia de acto previo de cobertura o de nulidad radical del acto, aquellos casos en los que, existiendo acto, éste se ve afectado de una irregularidad sustancial, que permite hablar de acto nulo de pleno derecho o, incluso, inexistente, viéndose privado de la presunción de validez que predica de todo acto administrativo el art. 57.1 de la Ley 30/1992.*

---

33 Bajo este régimen, varias cajas de ahorros españolas tuvieron que ser resueltas, y el ejercicio de la potestad dio lugar a abundante litigiosidad donde, entre otras cuestiones (como la inaplicación de las garantías expropiatorias ya tratada *ut supra*), los acreedores o titulares de instrumentos de capital afectados por la resolución arguyeron la ausencia del esencial trámite de audiencia como argumento para sostener la invalidez del acto administrativo que acordaba la resolución.

La sentencia impugnada se ajustó al anterior criterio jurisprudencial, y rechazó la vía de hecho invocada en la demanda, porque las actuaciones administrativas a las que se refería la parte recurrente se enmarcaban en el procedimiento de reestructuración de una entidad de crédito con intervención del FROB, añadiendo que concurrían en el presente caso "los requisitos legalmente establecidos en el artículo 7 del Real Decreto-Ley 9/2009 " , sin que la parte recurrente hubiera impugnado ninguno de los concretos actos administrativos llevados a cabo por el Banco de España o el FROB por infracciones del procedimiento seguido al amparo de la citada norma.

En el recurso de casación alega la parte recurrente, como ya había indicado en su demanda, que el trámite esencial del procedimiento omitido era el derecho de audiencia, a ser oído en la valoración y a poder contradecirla, si bien, aclarado que el procedimiento seguido en este caso por la Administración demandada no era un procedimiento de expropiación, sujeto a los trámites de la Ley de Expropiación Forzosa, de 16 de diciembre de 1954, que solo puede ser acordado, de conformidad con su artículo 2 , por las Administraciones territoriales, sino que se trataba de un procedimiento de reestructuración de una entidad de crédito con intervención del FROB, regulado por el artículo 7 del RDL 9/2009 , sin que este específico procedimiento contemple un especial trámite de audiencia o de valoración contradictoria que haya de entenderse con los fundadores de la entidad, pues la valoración de la entidad es encomendada por la norma legal al FROB, organismo creado por el artículo 2 del citado RDL 9/2009 , para gestionar los procesos de reestructuración de entidades de crédito y contribuir a reforzar los recursos propios de las mismas, con personalidad jurídica propia y plena capacidad de obrar para el desarrollo de sus fines.

En efecto, el apartado 2.b) del artículo 7 del RDL 9/2009 ordena al FROB la elaboración de un informe detallado sobre la situación patrimonial y viabilidad de la entidad de crédito, y el apartado 8 del mismo precepto legal, cuando el FROB vaya a suscribir íntegramente las cuotas participativas de una Caja de Ahorros, como sucedió en este caso, sustituye por un informe del FROB los informes a que se refiere el Real Decreto 302/2004, de 20 de febrero, que en su artículo 4 se refiere a la realización de una estimación del valor económico de la caja, sin que dicho precepto legal incluya o prevea un trámite de audiencia o de valoración contradictoria con intervención de los fundadores de la caja.

No cabe, por tanto, apreciar la omisión del trámite esencial del procedimiento a que se refiere el motivo primero del recurso de casación que, de acuerdo con lo hasta aquí razonado, se desestima" (Fundamento Jurídico Cuarto).

También la Audiencia Nacional ha descartado que la inexistencia de previa audiencia al interesado pueda motivar *per se* la invalidez del acto de resolución. Así, en una de las primeras Sentencias recaídas sobre la resolución de BFA (la núm. 162/2016, de 20 de abril –TOL5.712.541–), la Sala de lo Contencioso-Administrativo de ese Tribunal confirmó la innecesaridad del trámite de audiencia a la vista de la específica regulación de la potestad que contenía la normativa aplicable:

"Finalmente destacar que en relación con el trámite de audiencia que ahora nos ocupa, las disposiciones contenidas en la Ley 9/2012, determinan su inaplicabilidad por las siguientes razones:

-El artículo 51 considera infracción muy grave: "...la revelación o difusión por cualquier medio de los términos y condiciones de una propuesta de acción de gestión de instrumentos híbridos de capital y de deuda subordinada antes de que sea efectivamente acordada por dicho Fondo." Consideración que excluye su comunicación a interesados y terceros.

-El art. 65 1. "Los actos administrativos dictados por el FROB para la aplicación de los instrumentos previstos en los capítulos III y IV de esta Ley así como de los acuerdos adoptados al amparo del artículo 63 apartado c), serán inmediatamente eficaces desde su adopción sin necesidad de dar cumplimiento a ningún trámite ni requisito establecidos, normativa o contractualmente, sin perjuicio de los requisitos previstos en esta Ley y de las obligaciones formales de constancia, inscripción o publicidad exigidas por la normativa vigente, a cuyos efectos será suficiente una certificación del acto administrativo o del acuerdo correspondiente, sin necesidad de contar con informes de expertos independientes o auditores."

-El art. 69 señala que "1. El FROB realizará las actuaciones necesarias para dar publicidad a las medidas adoptadas en virtud de los capítulos III y IV de esta Ley y, en particular, a la aplicación de los instrumentos de resolución y al ejercicio de las facultades correspondientes, con la finalidad de que estas puedan ser conocidas por los accionistas, acreedores o terceros que pudieran verse afectados por las correspondientes medidas.

-Sin perjuicio de lo dispuesto en el apartado anterior, el FROB notificará las medidas adoptadas a la entidad, al Ministerio de Economía y Competitividad y al Banco de España.

Asimismo, cuando resulte procedente, el FROB informará de las medidas adoptadas a la Autoridad Bancaria Europea y a la autoridad de la Unión Europea responsable de la supervisión del grupo eventualmente afectado.

3. Durante la preparación de las medidas de reestructuración y de resolución y, en particular, mientras se lleva a cabo la valoración a la que se refiere el artículo 5 de esta Ley y durante las fases de estudio o negociación de cualquier operación en la que pueda concretarse la aplicación de alguno de los instrumentos de resolución, la entidad quedará eximida de la obligación de hacer pública y difundir cualquier información que pueda tener la consideración de información relevante a efectos de lo dispuesto en el artículo 82 de la Ley 24/1988, de 28 de julio, del Mercado de Valores".

Por tanto si ha de dar publicidad a las medidas adoptadas se debe concluir que no está prevista la posibilidad de que puedan haberse conocido con anterioridad en un trámite de audiencia que no está previsto (...)" (Fundamento Jurídico Séptimo).

En la Sentencia de la Sala de lo Contencioso-Administrativo de la Audiencia Nacional núm. 174/2016, de 21 de abril (TOL5.712.540), relativa a la resolución de Catalunya Caixa, el Tribunal amplió el análisis y confirmó tal conclusión:

"Sostienen los recurrente que la falta de audiencia de ese procedimiento administrativo en el que el FROB, Juez y parte, fija el precio de una compraventa que es obligatoria para el inversor supone, además, la infracción del art. 105.3 CE y el principio de seguridad jurídica.

Debe recordarse que el art. 105.c) CE no establece el principio de audiencia con carácter absoluto pues únicamente alude a "El procedimiento a través del cual deben producirse los actos administrativos, garantizando, cuando proceda, la audiencia del interesado".

La Ley 9/2012 atribuye al FROB unas facultades cuyo ejercicio no puede insertarse en un procedimiento como el que regula la Ley 30/1992 o en la actualidad, la ley 39/2015 y, de hecho, el FROB se rige por la Ley 9/2012 como indica su art. 52.2 .

En éste caso, el FROB ha actuado como órgano o autoridad de resolución ejerciendo sus facultades en un plazo muy breve, desde el 27 de noviembre de 2012, en que tanto su comisión Rectora como el Banco de España aprobaron el plan de resolución de Caixabank hasta el 31 de diciembre de 2012 con la transmisión por parte de CX a la SAREB, de los activos más problemáticos o especialmente dañados de su cartera.

No ofrece duda que en los procesos regulados en la ley resultan afectados los titulares de instrumentos de créditos, depositantes o cualesquiera clientes de la entidad intervenida pero la naturaleza y efectividad de las medidas a adoptar dificulta la audiencia de estos, pues la ley contempla únicamente la intervención del Banco de España, Comisión Europea etc. ya que la finalidad de la intervención es garantizar la estabilidad del sistema financiero, con el menor coste posible para el conjunto de la sociedad.

La consecución de ese objetivo que requiere de una intervención rápida y enérgica de las autoridades en un plazo muy breve explica que el legislador haya excluido la audiencia de los interesados en el corto periodo de tiempo en el que se llevan a cabo las medidas previstas en el Plan de resolución, audiencia que tampoco vemos factible en relación con éstas sin que ello suponga indefensión de los interesados pues el art. 72 de la Ley prevé la posibilidad de impugnar la aprobación por el Banco de España de los planes de actuación temprana, de reestructuración y de resolución, en los cuales se describen las diferentes medidas a adoptar, lo que lo recurrentes no han realizado (...)" (Fundamento Jurídico Sexto).

Esta misma doctrina ha sido acogida con posterioridad por la misma Sala en su Sentencias núm. 175/2016, de 28 de abril (TOL5.712.544) (sobre la resolución de Nova-Caixa Galicia).

En resumidas cuentas, los Tribunales consideran conforme a Derecho que el procedimiento de ejercicio de la potestad resolutoria no comporte la audiencia previa de los particulares titulares de derechos o intereses legítimos afectados por la medida (y, particularmente, los titulares de instrumentos de capital o de deuda), dado que esa ausencia está expresamente prevista así en la Ley, y, de lo contrario, ello frustraría el buen fin de la salvaguarda del interés público que le sirve de fundamento.

3. EFECTOS DE LA POTESTAD RESOLUTORIA: INSTRUMENTOS DE RESOLUCIÓN

Resta explicar el contenido de los concretos efectos jurídicos que se derivan del ejercicio de la potestad resolutoria. Vaya por delante que el examen que a continuación se realiza no es en modo alguno exhaustivo. Ello alargaría en exceso estas páginas y añadiría poco al estudio de la potestad de resolución en el marco de la actividad administrativa de supervisión prudencial bancaria, cuyos elementos más relevantes ya se han examinado. Existen, por lo demás, trabajos especializados sobre la materia a los que me remito desde este momento para más información[34].

Adicionalmente, la jurisprudencia europea en la materia ha realizado un enjuiciamiento casuístico del ejercicio de la potestad de resolución bancaria en este punto, que examina si el instrumento elegido en cada caso por la JUR permitía realizar los objetivos de la resolución en el supuesto concreto[35].

3.1. NOVACIONES SUBJETIVAS: VENTA FORZOSA DEL NEGOCIO, "BANCO PUENTE" Y "BANCO MALO"

El primer grupo de instrumentos de resolución tiene en común comportar novaciones subjetivas forzosas la titularidad de ciertos derechos reales, ya sea sobre los instrumentos de capital de las entidades de crédito (acciones) o sobre los elementos que integran singularmente el patrimonio de esas entidades (activos y pasivos). De este modo, la aplicación de estos tres instrumentos produce el mismo efecto: el titular de un derecho se ve despojado de su titularidad, que es transferida coactivamente a un tercero que puede ser otra entidad de crédito (venta forzosa del negocio) u otra clase de entidad ("banco puente" o "banco malo").

A continuación se describen brevemente las principales características de cada uno de los tres instrumentos agrupados bajo este epígrafe, sin ánimo de exhaustividad.

---

34 *Vid.*, por todos, DEPRÉS POLO, Mario, *et al.*, *Manual...*, *óp. cit.*, pp. 488-506; RODRÍGUEZ PELLITERO, Javier, "Resolución...", *óp. cit.*, pp. 855-866; o PALOMAR OLMEDA, Alberto, "El sistema...", *óp. cit.*, pp. 160-174.

35 Este examen se contiene, por citar una, en la Sentencia de 1 de junio de 2023 recaída en el asunto T-628/17 (TOL8.988.236), nn. 519-668, en el caso de la resolución de Banco Popular.

3.1.1. Instrumento de la venta forzosa del negocio

De acuerdo con lo previsto en el art. 24.1 del Reglamento 806/2014 y 26.1 de la Ley 11/2015[36], este instrumento consiste en la transmisión a un comprador que no sea un "banco puente", en los términos que más adelante se definirá, de: (**i**) instrumentos representativos de su capital social o convertibles en ellos[37]; o (**ii**) todos sus activos, derechos o pasivos. A cambio, el comprador abonará un precio que redundará en beneficio de los propietarios de las acciones, en el primer caso, o de la propia entidad objeto de resolución, a efectos de su liquidación con arreglo al procedimiento ordinario[38].

El comprador deberá seleccionarse con arreglo a un procedimiento competitivo, de acuerdo con los criterios establecidos en el art. 26.4 de la Ley 11/2015[39], y la transferencia deberá efectuarse en condiciones de mercado. No obstante, estos requisitos podrán ser excepcionados en caso de urgencia (cfr. art. 26.5 de la Ley 11/2015), de acuerdo con las Directrices establecidas por la ABE al respecto[40]. La publicación deberá realizarse tan pronto como sea posible, pero este requisito no podrá perjudicar la rápida implementación del instrumento[41].

Para el caso en el cual la aplicación de este instrumento diera lugar al supuesto de hecho que motiva el ejercicio de la potestad autorizatoria en relación con la adquisición de participaciones significativas, la Administración supervisora deberá realizar la evaluación en un plazo de cinco días hábiles. Si esta evaluación no tuviera lugar antes de que se verifique la venta forzosa, se aplicarán las limitaciones previstas en el art. 26.7 de la Ley

---

36 No obstante, las principales normas operativas se ubican en la Ley 11/2015, algo lógico si se tiene en cuenta que el papel de la JUR sólo consiste en decidir aplicar el instrumento, una vez hecho lo cual corresponde al FROB, en cuanto ANR, implantar de forma efectiva el dispositivo acordado por aquélla. Esta precisión resulta aplicable a los demás instrumentos de resolución que se explican a continuación.

37 Cuando el adquirente sea el FROB, la adquisición se realizará con arreglo al régimen especial previsto en el art. 34 de la Ley 11/2015.

38 El Considerando (71) del Reglamento 806/2014 aclara que "*todo ingreso procedente de la transmisión de activos o pasivos de la entidad objeto de resolución debe beneficiar al ente restante en el procedimiento de liquidación*" y "*todo ingreso procedente de la transmisión de instrumentos de propiedad emitidos por la entidad objeto de resolución debe beneficiar a los propietarios de dichos instrumentos de propiedad en el ente restante en el procedimiento de liquidación*".

39 A saber: (**i**) transparencia, teniendo en cuenta las circunstancias del caso concreto y la necesidad de salvaguardar la estabilidad del sistema financiero; (**ii**) no discriminación; (**iii**) ausencia de conflicto de intereses; (**iv**) agilidad en la aplicación del instrumento; y (**v**) maximizará el precio de venta.

40 EBA/GL/2015/04, disponibles en: https://www.eba.europa.eu/sites/default/documents/files/documents/10180/1156647/3bf5f9b3-1bb1-4ea2-b3c5-65ba56a35a7d/EBA-GL-2015-04_ES_GL%20sale%20of%20business%20tool.pdf?retry=1 (enlace consultado el 23 de abril de 2021).

41 Así se establece en el art. 17.1 del Reglamento 596/2014, al que expresamente remite el art. 26.4, *in fine*, de la Ley 11/2015.

11/2015 en el ínterin que transcurra hasta que se efectúe el pronunciamiento[42]. Si la Administración denegara la transferencia de acciones, el comprador deberá devolverlas al FROB, quien deberá buscar otro adjudicatario (cfr. art. 26.7-*f)* de la Ley 11/2015).

Por último, se considerará que el comprador es una continuación de la entidad objeto de resolución y podrá seguir ejerciendo la actividad de ésta, con plena vigencia del pasaporte comunitario que la entidad resuelta viniera empleando (cfr. art. 26.8 de la Ley 11/2015).

Cabe añadir como conclusión que el instrumento de la venta del negocio ha sido el más aplicado en nuestro Derecho, no sólo en el caso de la resolución de Banco Popular (la única realizada MUR mediante)[43], sino también en los de varias cajas de ahorros bajo el imperio de la previa Ley 9/2012[44].

3.1.2. Instrumento del "banco puente"

El "banco puente" se define legalmente como "*una sociedad anónima que podrá estar participada por el FROB o por otra autoridad o mecanismo de financiación públicos, cuyo objeto es el desarrollo total o parcial de las actividades de la entidad en resolución, y la gestión de las acciones u otros instrumentos de capital o de todos o parte de sus activos y pasivos*", controlada por el FROB (art. 27.2 de la Ley 11/2015)[45]. Por tanto, la entidad puente no tiene por qué ser necesariamente una entidad de crédito, si bien, para continuar realizando actividades reservadas a esta clase de entidades, debe solicitar la correspondiente autorización, permitiéndosele ejercer las funciones transitoriamente sin reunir todos los requisitos si ello resulta necesario para alcanzar los objetivos de la resolución (cfr. art. 27.8 de la Ley 11/2015).

De acuerdo con los arts. 25.1 del Reglamento 806/2014 y 27.1 de la Ley 11/2015, el instrumento del "banco puente" consiste en la transmisión a una sociedad de nueva creación de: **(i)** la totalidad o parte de los instrumentos representativos del capital social o convertibles en ellos; o **(ii)** todos o parte de los activos de la entidad, si bien en este caso el valor total de los pasivos transmitidos no puede superar el de los activos (cfr. arts. 27.4 de la Ley 11/2015 y 25.3 del Reglamento 806/2014). A cambio, los titulares de

---

42 Fundamentalmente, la asignación de sus derechos de voto al FROB y en la imposibilidad de aplicar sanciones por la comisión de la correspondiente infracción.

43 *Vid.* Calvo Vergez, Juan, "Perspectivas de futuro en la resolución de entidades financieras tras el caso "Banco Popular"", *RDBB* nº 154 (abril-junio 2019).

44 *Vid.*, entre otros, Fernández de Lis, Santiago, *et al.*, *Rescates...*, *óp. cit.*

45 La constitución de la sociedad corresponde al FROB (cfr. art. 35.1 del RD 1012/2015). Por otro lado, puede constituirse una misma entidad puente para gestionar la resolución de varias entidades de crédito (cfr. art. 27.13 de la Ley 11/2015).

los instrumentos de capital o la entidad percibirán un precio, en los mismos términos ya indicados para el instrumento de la venta forzosa del negocio (cfr. art. 25.5 de la Ley 11/2015).

La transferencia de acciones o elementos patrimoniales a un banco puente puede ser reversible, si así se prevé expresamente en el correspondiente acto (cfr. art. 27.6-*a)* de la Ley 11/2015). No obstante, lo normal es que ello no ocurra, ya que el fin último del instrumento es la venta del banco puente, o de sus activos y pasivos, "*cuando las condiciones sean apropiadas*" y, en todo caso, en el plazo máximo de dos años, que podrá ser ampliado por el FROB por uno o varios periodos adicionales de un año con el objeto de favorecer las circunstancias adecuadas para realizar el objetivo último de venta de la entidad o sus elementos patrimoniales. (cfr. arts. 27.10 de la Ley 11/2015 y 35.3 del RD 1012/2015). La venta deberá realizarse en el marco de un procedimiento competitivo en condiciones de transparencia y no discriminación (cfr. art. 27.11 de la Leu 11/2015). Si finalmente fuere liquidada, la entidad puente se sujetará a un procedimiento concursal ordinario (cfr. art. 27.12 de la Ley 11/2015).

3.1.3. Instrumento del "banco malo"

Este instrumento constituye la némesis del anterior: si aquél tenía por objeto la continuidad de las funciones esenciales de la entidad y su ulterior venta, éste pretende exactamente lo contrario: la transmisión de aquellos elementos patrimoniales de una entidad "tóxicos" con el objeto de sanear su balance y propiciar su continuidad (cfr. arts. 26.1 del Reglamento 806/2014 y 28.1 de la Ley 11/2015)[46]. De hecho, ambos instrumentos pueden combinarse, sustrayendo del negocio cedido a la entidad puente determinados activos "*especialmente dañados o cuya permanencia en* [los] *balances* [de la

---

46 En términos de la norma, para que pueda constituirse un "banco malo" debe concurrir alguno de los siguientes supuestos: que el mercado de los activos objeto de resolución o de la entidad puente sea de tal naturaleza que su liquidación con arreglo a los procedimientos de insolvencia ordinarios pueda influir negativamente en los mercados financiero, con arreglo a las directrices de la ABE (EBA/GL/2015/05, disponibles en: https://www.eba.europa.eu/sites/default/documents/files/documents/10180/1156565/b723ea40-0c21-4920-ac54-460c716d6177/EBA-GL-2015-05_ES_GL%20on%20asset%20separation%20tool.pdf?retry=1 –enlace consultado el 23 de abril de 2021–); que la transmisión sea necesaria para garantizar el buen funcionamiento de la entidad resuelta o de una entidad puente; o que sea necesaria para maximizar los ingresos procedentes de la liquidación (cfr. art. 28.1 de la Ley 11/2015). Un buen análisis de cómo ha funcionado este instrumento de resolución en Derecho comparado se encuentra en: Scipione, Luigi, "Banco malo, crisis bancarias y ayudas de Estado. Perfiles generales y tendencias evolutivas del cuadro normativo", en González Vázquez, José Carlos, y Colino Mediavilla, José Luis, *Regulación bancaria y actividad financiera*, Wolters Kluwer España: Las Rozas (Madrid), 2020, pp. 445-482. Sobre su aplicación en España en momentos previos al MUR, *vid.* Couso Pascual, José Ramón, "Aportación...", *óp. cit.*, pp. 375-444.

entidad de crédito o de entidades de su grupo] *se considere perjudicial para su viabilidad o para los objetivos de la resolución a fin de dar de baja de los balances dichos activos y permitir la gestión independiente de su realización*": cfr. art. 28.1 de la Ley 11/2015.

Al igual que en el caso anterior, el banco malo será una sociedad anónima constituida y controlada por el FROB (cfr. art. 28.3 de la Ley 11/2015). La actividad fundamental de este tipo de sociedades consistirá en la administración de los activos y pasivos recibidos, cuyo valor deberá maximizar (cfr. art. 36.2 del RD 1012/2015). El desempeño de las actividades propias de la entidad no generará responsabilidades frente a los accionistas (cfr. art. 28.4 de la Ley 11/2015). Las obligaciones de gobierno corporativo a las que deba someterse, que deberán ser determinadas por el FROB en el acto constitutivo (cfr. art. 36.4 del RD 1012/2015), deberán cumplirse en todo momento con arreglo a los objetivos y principios de la resolución (cfr. art. 28.5 de la Ley 11/2015).

El FROB deberá valorar los activos y pasivos antes de efectuar la transmisión al banco malo, que sustituirá a la valoración de experto independiente exigida en la normativa de sociedades de capital (cfr. art. 29.2 de la Ley 11/2015). Frente a la transmisión no serán oponibles cláusulas estatutarias o contractuales que restrinjan la transmisibilidad (cfr. art. 29.1 de la Ley 11/2015), además de otras especialidades que desplazan el régimen común[47]. Al igual que en el caso anterior, el acto del FROB puede prever la posibilidad de reintegración (cfr. art. 29.5-*a)* de la Ley 11/2015).

El desarrollo de la actividad de los bancos malos en España se encuentra regulado por el RD 1559/2012.

El banco malo se encuentra sujeto, en el desarrollo de sus funciones, a una actividad de supervisión especial desarrollada por el FROB (cfr. art. 30.1 de la Ley 11/2015), para lo cual éste tendrá atribuida potestad inspectora suficiente (cfr. art. 30.2 de la Ley 11/2015).

El instrumento del banco malo ha sido aplicado en España a través de la Sociedad de Gestión de Activos Procedentes de la Reestructuración Bancaria (SAREB), creada en virtud de la disposición adicional séptima del Real Decreto-Ley 24/2012[48], y empleada durante los años siguientes para facilitar que las entidades de crédito depuraran de sus balances los activos y pasivos procedentes de créditos al sector inmobiliario, altamente damnificados por las drásticas caídas de valor provocadas por la crisis que

---

47 No podrá ser objeto de rescisión por aplicación de acciones de reintegración concursales, se exonera la aplicación de ciertas prescripciones legales, no resultan de aplicación los principios de sucesión o extensión de responsabilidad tributaria o de seguridad social, etc. (cfr. art. 29.4 de la Ley 11/2015).

48 En puridad, esa disposición ordena al FROB la creación de la SAREB en el plazo de tres meses desde la publicación del citado Real Decreto-Ley.

generaban importantes desequilibrios en la estructura económico-financiera de las entidades de crédito[49].

3.2. NOVACIONES OBJETIVAS: AMORTIZACIÓN Y CONVERSIÓN DE INSTRUMENTOS DE CAPITAL Y RECAPITALIZACIÓN INTERNA MEDIANTE TRANSFORMACIÓN DE DEUDA EN FONDOS PROPIOS (BAIL-IN)

Existe un segundo bloque de instrumentos de resolución que producen el efecto de novar objetivamente los derechos de que son titulares ciertos particulares (reales sobre acciones o personales sobre créditos), transformando su contenido. Es decir, mientras que en los casos anteriores se producían transferencias coactivas de los derechos, en estos casos el titular permanece incólume, pero se altera el contenido del derecho, bien para adecuarlo a su valor real (por ejemplo, una acción que tiene un valor nominal de 10 euros pero cuyo valor real es 1 euro ve su contenido modificado), bien para transformar su naturaleza misma (derechos de crédito que se convierten en derechos reales sobre instrumentos de capital)[50].

Bajo este epígrafe se incluyen dos instrumentos distintos: la amortización y conversión de instrumentos de capital, que produce el efecto de que las acciones adecuen su valor al valor real que dimana del estado patrimonial de la entidad (en su caso, cero euros), y el instrumento de recapitalización interna, que supone la conversión de instrumentos de deuda (derechos de crédito) en instrumentos de capital (derechos reales), lo cual, como es lógico, supone una alteración del valor que tales instrumentos tienen para el titular del derecho en cuestión. A continuación se examinan, muy someramente y prescindiendo de muchas de las cuestiones de técnica económica que regulan las normas relevantes, ambos instrumentos.

3.2.1. Amortización y conversión de instrumentos de capital

La amortización y conversión de instrumentos de capital es un instrumento de resolución que tiene por objeto cumplir con el primer principio de la resolución, esto es, que las pérdidas sean asumidas en primer término por accionistas y acreedores de la entidad.

---

[49] En este sentido, cabe recordar que la aplicación de un instrumento similar en el ejercicio de la potestad resolutoria ya se preveía en la Ley 9/2012 en que se transformó el citado Real Decreto-Ley.

[50] En estos casos quizá se percibe con más nitidez la naturaleza de ablación ordenadora de la potestad resolutoria, por cuanto la ausencia de transferencia de la utilidad económica de los derechos para su aplicación a una causa de utilidad pública o interés social es evidente, no sólo materialmente (como en el caso anterior), sino también formalmente: el titular permanece incólume, y lo que se altera es el contenido objetivo de los derechos.

La lógica del instrumento es la siguiente. El valor económico de los instrumentos representativos del capital social de una entidad de crédito (y de cualquier sociedad) viene dado por el valor económico de la sociedad. Como es lógico, cuando una sociedad se encuentra en situación de pérdidas, de insolvencia o de falta de liquidez, su valor económico se resiente y, con él, el valor económico de aquellos instrumentos. En esta situación, el ejercicio de la potestad resolutoria produce el efecto de adecuar el valor de esos instrumentos representativos del capital social de la entidad a la realidad económica de la sociedad, bien reduciéndolo parcialmente, bien –cuando las necesidades financieras de la sociedad así lo requieran– reduciéndolo directamente a "cero" euros y, por tanto, extinguiendo el título.

El instrumento de amortización y conversión de instrumentos de capital podrá aplicarse en el marco de un procedimiento de resolución o al margen de éste (cfr. arts. 21.7 del Reglamento 806/2014 y 38.1 de la Ley 11/2015). Por esa razón, la normativa aplicable regula un supuesto de hecho específico para este instrumento, de suerte que, si éste concurriera pero la entidad de crédito no debiera ser sometida a un procedimiento de resolución de acuerdo con las tres condiciones establecidas para ello (por ejemplo, porque no concurriera un interés público justificativo de la resolución), el instrumento podrá aplicarse para, por ejemplo, someter a la entidad de crédito a un posterior procedimiento concursal. Ello explica algunos de los extremos que configuran este singular instrumento.

De acuerdo con los preceptos citados, los específicos supuestos de hecho que, alternativamente, motivan la aplicación de este instrumento son los siguientes (cfr. arts. 21.1 del Reglamento 806/2014 y 38.2 de la Ley 11/2015):

1°. Que concurran los requisitos para la resolución de la entidad o grupo.

2°. Que la entidad o grupo vaya a dejar de ser viable a menos que los instrumentos de capital pertinentes se amorticen o se conviertan en fondos propios ordinarios, lo que ocurrirá cuando **(i)** la entidad esté en graves dificultades o vaya a estarlo (en los mismos términos previstos para determinar el supuesto de hecho de para el ejercicio de la potestad resolutoria, ya citados: cfr. arts. 21.4 del Reglamento 806/2014 y 38.3, párrafo primero, de la Ley 11/2015[51]); o **(ii)** teniendo en cuenta el calendario y otras circunstancias pertinentes, no existan perspectivas razonables de que ninguna medida, incluidas las alternativas del sector privado o de supervisión, aparte de la amortización o conversión de los instrumentos de capital pertinentes, por separado o en combinación con una medida de resolución,

[51] En el caso de grupos, se entenderá que concurre esta circunstancia se el grupo está en graves dificultades o probablemente va a estarlo cuando haya incumplido, o existan elementos objetivos que indiquen que incumplirá en un futuro cercano, sus requisitos prudenciales consolidados (cfr. arts. 21.5 del Reglamento 806/2014 y 38.3, párrafo segundo, de la Ley 11/2015).

pueda impedir la inviabilidad de la entidad en un plazo de tiempo razonable (cfr. art. 21.3 del Reglamento 806/2016).

3°. Que la entidad o grupo necesite ayuda pública extraordinaria.

Al igual que en el caso de los instrumentos anteriores, la ejecución del instrumento corresponde a la Administración de resolución ejecutiva (cfr. art. 29 del Reglamento 806/2014), razón por la cual la regulación del detalle del instrumento se localiza en la normativa de transposición de la BRRD.

Sobre la base de la estructura de capital configurada por la norma que ordena el sector, conformada por tres niveles de capital (CET1, AT1 y T2), los arts. 21.10 del Reglamento 806/2014 y 39.1 de la Ley 11/2015 establecen las reglas de prioridad que deben seguirse en la aplicación de este instrumento:

1°. Primero se amortizarán los instrumentos de capital CET1 (fundamentalmente acciones) de forma proporcional a las pérdidas y hasta donde sea posible. A estos efectos, el art. 47.1 de la Ley 11/2015 puntualiza que la amortización puede suponer la reducción del valor de los instrumentos o su transferencia a los acreedores objeto de recapitalización interna, caso en el cual estaríamos, en realidad, ante una suerte de venta forzosa parcial de la entidad que se ajustaría a la naturaleza referida en el punto anterior[52].

2°. Si el importe anterior no fuera suficiente para recapitalizar la entidad, se amortizarán los instrumentos de capital AT1, o se convertirán éstos en instrumentos de capital CET1, o ambas casos, en la medida en la que sea necesaria para alcanzar los objetivos de la resolución o, si el importe fuera inferior, hasta donde fuere posible. A tal efecto, el FROB puede imponer a las entidades la emisión de instrumentos de capital CET1 para los titulares de instrumentos AT1 (cfr. art. 46.1 del RD 1012/2015).

3°. Si los importes anteriores no fueran suficientes para la recapitalización, se amortizará el importe principal de los instrumentos de capital T2 o se convertirán éstos en instrumentos de capital CET1, o ambas cosas e igualmente en la medida

[52] En este caso, cuando concurra el supuesto de hecho determinante de la autorización para la adquisición de participaciones significativas, la Administración supervisora deberá resolver en un plazo de cinco días, a menos que ello dificulte o impida la aplicación de las medidas adoptadas, y, en caso de que la medida sea efectiva antes de que se realice la correspondiente evaluación, se aplicará el régimen especial contenido en el art. 26.7 de la Ley 11/2015 ya referido (cfr. art. 37.6 de la Ley 11/2015). El art. 47.1 de la Ley 11/2015 añade, cuando el valor patrimonial de la entidad sea positivo, la amortización podrá producir el efecto de diluir la participación de los accionistas en el conjunto del capital social. Ello, en fin, no deja de corresponderse con la adecuación del valor nominal del instrumento al valor real que arroja el patrimonio de la entidad.

que sea necesaria para alcanzar los objetivos de la resolución o, si el importe fuera inferior, hasta que sea posible.

Evidentemente, la aplicación de este instrumento de resolución, como la de los demás instrumentos de resolución, debe ir precedida de la correspondiente valoración de la entidad, que, en todo caso, podrá ser provisional en el caso de que concurran circunstancias de urgencia, lo que obligará a liquidar la situación con arreglo a una valoración definitiva *ex post* (cfr. art. 36 de la Ley 11/2015, que contiene reglas especiales de valoración, en relación con el art. 5 de la misma norma).

La amortización y conversión de instrumentos de capital es inmediatamente ejecutiva (cfr. art. 37.1 de la Ley 11/2015) y permanente, sin perjuicio de que, si se hubiera realizado con base en una valoración provisional y la valoración definitiva *a posteriori* revelara que se han sobrepasado los requerimientos, se compense a los titulares afectados en la medida en que sea necesario (cfr. art. 39.2-*a)*, en relación con el art. 36.5, de la Ley 11/2015)[53]. Además, la amortización y conversión de instrumentos de capital extingue las obligaciones respecto de la cuantía amortizada, a salvo de aquéllas que se hubieran devengado con anterioridad (cfr. arts. 37.5 y 39.2-*b)* de la Ley 11/2015)[54].

Este instrumento de resolución debe ser aplicado siempre que el FROB adopte otras medidas de las que se deriven la asunción de pérdidas por los acreedores (cfr. art. 35.2 de la Ley 11/2015). Ello es lógico, toda vez que, según se ha indicado ya, constituye uno de los principios de la resolución que sean los accionistas los primeros en soportar pérdidas.

3.2.2. Recapitalización interna o "bail-in"

La segunda de las alternativas que comportan una novación objetiva coactiva de derechos se corresponde con la denominada recapitalización interna o "bail-in", que fue sin duda la medida estrella del nuevo régimen de resolución bancaria.

Esta medida, que comporta el incremento del patrimonio neto de una sociedad mediante la transformación de determinados pasivos en instrumentos de capital, tiene

---

53 En línea con su naturaleza no expropiatoria, la aplicación de este instrumento no devengará ninguna indemnización para los titulares afectados, sin perjuicio de que, en caso de que el efecto del instrumento consistiera en la dilución de los accionistas, el FROB pueda ordenar la emisión de nuevos instrumentos de capital CET1 para los titulares de instrumentos AT1 y T2 (cfr. art. 39.2-*c)* y 3 de la Ley 11/2015).

54 En este sentido, cuando el FROB reduzca a cero el importe principal o el importe pendiente de un pasivo, éste o cualesquiera obligaciones o derechos derivados del mismo que no hayan vencido en el momento de la reducción se considerarán extinguidas a todos los efectos y no podrán computarse en una eventual liquidación posterior de la entidad o de otra sociedad que le suceda (cfr. art. 37.4 de la Ley 11/2015).

como principal objetivo "*recapitalizar la entidad de forma que pueda volver a cumplir las condiciones para continuar sus actividades, manteniendo la confianza en el mercado*" (arts. 27.1-*a)* del Reglamento 806/2014 y 40.2-*a)* de la Ley 11/2015), de suerte que la entidad de crédito no desaparezca sino que permanezca operativa siempre que "*existan perspectivas razonables de que la aplicación de dicho instrumento, en conjunción con otras medidas apropiadas (...), además de lograr los objetivos de la resolución pertinentes, restablezca la solidez financiera y la viabilidad a largo plazo de la entidad*" (arts. 27.2, párrafo primero, del Reglamento 806/2014 y 40.3, párrafo primero, de la Ley 11/2015)[55].

Por esa razón, la aplicación de este instrumento comporta la necesidad de que el órgano de administración de la entidad o la persona o personas que el FROB haya designado a ese efecto presente un plan de reorganización de actividades que contenga las medidas destinadas a restablecer la viabilidad a largo plazo de la entidad o de parte de sus actividades para un periodo de tiempo de tiempo razonable, atendiendo a la situación de la economía y de los mercados en que opera la entidad (cfr. art. 49.1 de la Ley 11/2015)[56]. Este plan deberá ser aprobado por la JUR (cfr. art. 27.16 del Reglamento 806/2014) o el FROB (cfr. art. 49.3 de la Ley 11/2015)[57], según corresponda, quien deberá supervisar su cumplimiento (cfr. art. 49.4 de la Ley 11/2015).

No obstante, el instrumento también puede emplearse para sanear la situación financiera de la entidad antes de aplicar cualquiera de los otros instrumentos de resolución que comportan la transferencia coactiva de acciones o activos y pasivos a terceros (cfr. arts. 27.-*b)* del Reglamento 806/2014 40.2-*b)* de la Ley 11/2015). La recapitalización podrá suponer la alteración de la forma jurídica de la entidad afectada (cfr. art. 40.4 de la Ley 11/2015), norma prevista, en el caso español, pensando en la transformación obligatoria de cajas de ahorros o cooperativas de crédito en crisis en bancos.

Las normas aplicables establecen, como regla general, que resultarán admisibles para la recapitalización interna todos aquellos pasivos que no se encuentre expresamente

---

55 El Considerando (75) del Reglamento 806/2014 establece que, cuando se aplique este instrumento al objeto de garantizar la continuidad de la empresa, "*la resolución a través de este instrumento debe ir acompañada de la sustitución de la dirección, salvo en aquellos casos en que mantenerla se considera adecuado y necesario para el logro de los objetivos de la resolución, y la consiguiente reestructuración del ente y de sus actividades de tal forma que se aborden los motivos de su inviabilidad*".

56 El plan deberá incluir el contenido establecido en los arts. 44.2 de la Ley 11/2015 y 45.2 del RD 1012/2015, de acuerdo con las directrices elaboradas por la ABE al efecto (EBA/GL/2015/21, disponible en: https://www.bde.es/f/webbde/INF/MenuHorizontal/Normativa/guias/eba-gl-2015-21-es.pdf
–enlace consultado el 24 de abril de 2021–).

57 De acuerdo con el procedimiento previsto en el art. 44 del RD 1012/2015.

excluidos al efecto por la Ley[58] (cfr. art. 41 de la Ley 11/2015), alguno de los cuales puede ser excluido *"en circunstancias excepcionales y previa comunicación a la Comisión Europea"* (cfr. arts. 27.5 y 14 del Reglamento 806/2014 43 de la Ley 11/2015). En caso de exclusión de pasivos, el FUR puede hacerse cargo de las pérdidas que no puedan ser absorbidas por los acreedores, siempre y cuando, acumuladamente: **(i)** mediante la reducción de capital, conversión o de cualquier otro modo, se haya realizado, por parte de los accionistas y los tenedores de otros instrumentos de capital y otros pasivos admisibles, una contribución a la absorción de pérdidas y recapitalización interna por un importe de, al menos, el 8% del pasivo, incluyendo los fondos propios de la entidad[59]; y **(ii)** la contribución del mecanismo de financiación de la resolución no exceda el 5% de los pasivos totales, incluidos los fondos propios de la entidad[60] (cfr. arts. 21.6 y 7 del Reglamento 806/2014 y 43.4 y 50.2 de la Ley 11/2015)[61].

A fin de que, llegado el caso, una entidad de crédito pueda aplicar con éxito este instrumento de resolución, la norma establece la obligación de mantener un requerimiento mínimo de fondos propios y pasivos admisibles, que será determinado por la

---

58 De acuerdo con los arts. 27.3 del Reglamento 806/2014 y 42.1 de la Ley 11/2015, éstos son los depósitos garantizados hasta el nivel garantizado por el FGD; los pasivos garantizados y los que tienen forma de instrumentos financieros utilizados para fines de cobertura, que formen parte de la cartera de cobertura y que, con arreglo a la normativa nacional, estén garantizados por los activos de la cartera de cobertura del bono garantizado; los resultantes de la tenencia por la entidad afectada de activos o dinero de clientes; los resultantes de una relación fiduciaria entre la entidad y un tercero, cuando se encuentre protegido con arreglo a la normativa concursal; los de otras entidades de crédito o empresas de servicios de inversión, salvo las del mismo grupo, con un plazo de vencimiento inicial inferior a siete días; los que tengan un plazo de vencimiento restante inferior a siete días, respecto de sistemas u operadores designados, o de sus participantes y resultantes de la participación en esos sistemas; y los contraídos con empleados (salvo el componente variable de la remuneración), acreedores comerciales por el suministro de bienes y servicios esenciales, Administración tributaria o Seguridad social, y sistemas de garantía de depósitos.

59 Esta condición puede sustituirse por el cumplimiento acumulado de las tres condiciones siguientes: **(i)** que la contribución a la absorción de pérdidas y la recapitalización interna sea de un importe no inferior al 20% de los activos ponderados por riesgo de la entidad; **(ii)** que el FUR tenga a su disposición un importe que sea como mínimo igual al 3% del importe de los depósitos garantizados por el FGD, obtenido mediante contribuciones *ex ante*; y **(iii)** que la entidad posea activos inferiores a 900.000 millones de euros en base consolidada (cfr. art. 50.3 de la Ley 11/2015).

60 Cuando se haya superado ese umbral, el FUR puede hacer una contribución alternativa o complementaria, siempre que se hayan amortizado o convertido en capital todos los pasivos no garantizados, no preferentes, distintos de los depósitos admisibles (cfr. art. 50.4 de la Ley 11/2015), o por fuentes de financiación extraordinarias (cfr. arts. 21.8 y 9 del Reglamento 806/2014 y 51 de la Ley 11/2015).

61 Esta contribución del FUR no debe confundirse con la recapitalización con recurso al FUR que se comentará en el punto siguiente. El art. 53.1 de la Ley 11/2015 establece que esta contribución tiene por finalidad cubrir cualquier pérdida que no haya sido absorbida por pasivos admisibles y restaurar el valor neto de los activos de la entidad igualándolo a cero, o adquirir acciones u otros instrumentos de capital de la entidad, con el fin de recapitalizarla.

Administración supervisora, en cuanto autoridad de resolución preventiva (cfr. art. 44 de la Ley 11/2015). Ésta, además, podrá imponer mandatos para mantener cierto nivel de capital CET1 (cfr. art. 45.1 de la Ley 11/2015).

La celebración de contratos por las entidades de crédito para la colocación de pasivos admisibles deberá incorporar la correspondiente cláusula advirtiendo de la posibilidad de que, cuando concurran las circunstancias previstas en la norma, esos pasivos se vean afectados por el instrumento de recapitalización interna (cfr. art. 46.1 de la Ley 11/2015)[62]. La ausencia de estas cláusulas no impedirá a la Administración competente la aplicación de este instrumento (cfr. art. 46.2 de la Ley 11/2015).

La aplicación de este instrumento debe hacerse con arreglo a las reglas de prelación que se contienen en la Ley (cfr. art. 48.1 de la Ley 11/2015):

1°. En primer lugar, se emplearán los pasivos admisibles calificados como instrumentos de capital CET1, de forma proporcional a las pérdidas y hasta donde fuera posible.

2°. En segundo lugar, los instrumentos de capital AT1, igualmente en la medida necesaria y hasta donde fuera posible.

3°. En tercer lugar, los instrumentos de capital T2 en los mismos términos.

4°. En cuarto lugar, los instrumentos de deuda subordinada que no sea capital AT1 o T2, de acuerdo con la prelación de derechos de crédito prevista en el TRLC.

5°. En quinto lugar, los demás pasivos admisibles, de acuerdo con la misma prelación.

En el anterior contexto, la Administración asignará las pérdidas de forma equitativa entre pasivos admisibles del mismo rango, sin perjuicio del trato más favorable que corresponde a los pasivos excluidos (cfr. art. 48.2 de la Ley 11/2015) y de la aplicación de coeficientes de conversión diferentes a distintos tipos de instrumentos de capital y pasivos (cfr. art. 48.5 de la Ley 11/2015).

La aplicación de este instrumento también requiere la previa valoración de la entidad, en los términos previstos en el art. 5 de la Ley (cfr. arts. 27.13 del reglamento 806/201447.3 de la Ley 11/2015).

En la práctica, la aplicación del instrumento podrá suponer la amortización de acciones existentes, su transferencia forzosa a los titulares de pasivos afectados por la

---

62 Esta cláusula evidencia una de las cuestiones que se apuntó a la hora de calificar la resolución bancaria como potestad ablativa ordenadora: la resolución no supone una expropiación porque se limita a garantizar el recto cumplimiento de la ordenación, es decir, el ejercicio de la actividad dentro de la delimitación efectuada por la ley. En el caso que nos ocupa, el contenido de los derechos de los acreedores titulares de pasivos admisibles de la entidad ya se encuentra legalmente constreñido para el caso de que se produzcan las circunstancias objetivas que pueden dar lugar a la aplicación de este instrumento de resolución.

recapitalización interna o la dilución de los accionistas existentes (cfr. art. 47.1 de la Ley 11/2015), en los tres casos aun cuando éstos resulten de la previa aplicación del instrumento de amortización y conversión de instrumentos de capital (cfr. art. 47.2 de la Ley 11/2015). En el caso en el que la aplicación del instrumento dé lugar al supuesto de hecho que motiva la necesidad de obtener la correspondiente autorización para la adquisición de participaciones significativas, la evaluación deberá realizarse en un plazo que no retrase, dificulte o impida la aplicación del instrumento, y, en caso de que la transferencia se lleve a cabo antes de que esa autorización se emita, se aplicará el régimen especial contenido en el art. 26.7 de la Ley, ya explicado ut *supra* (cfr. art. 47.4 de la Ley 11/2015).

4. RECAPITALIZACIÓN INTERNA CON RECURSO AL FUR

En último lugar, cabe señalar que, en el marco de los procedimientos de resolución, pueden adoptarse decisiones que no comporten efectos jurídicos obligatorios (novaciones subjetivas u objetivas de derechos forzosas), sino que atienden los problemas de crisis que atraviesa una entidad con cargo a recursos obtenidos de otras fuentes, como el FUR. Evidentemente, en ambos casos existe un elemento de coacción que determina la captación de fondos (obligación de las entidades de crédito de contribuir al FUR), pero ese elemento escapa a la actividad administrativa de supervisión. Es por ello que el examen que a continuación se realiza es meramente indicativo, dirigido a evitar que el cuadro de la resolución bancaria quede incompleto.

De acuerdo con lo previsto en el art. 31.1 y 2 de la Ley 11/2015, la Administración de resolución puede emplear recursos procedentes del FUR[63] para recapitalizar una entidad mediante la adquisición y enajenación de los activos o pasivos de la entidad. Los instrumentos adquiridos de este modo serán reputados capital CET1, AT1 o T2 (cfr. art. 31.3 de la Ley 11/2015) y, a efectos de un eventual procedimiento concursal, serán considerados créditos con privilegio general (cfr. art. 31.5 de la Ley 11/2015). Como es lógico, el importe de recursos aportado deberá traer causa de la correspondiente valoración (cfr. arts. 31.2 y 32.1 de la Ley 11/2015).

Cuando los instrumentos adquiridos consistan en acciones, la Administración de resolución contará con los derechos políticos que correspondan (cfr. art. 32.3 de la Ley 11/2015). Por el contrario, cuando se trate de otra clase de instrumentos, y a salvo de las prescripciones especiales que pudieran determinarse para la ocasión, la entidad deberá comprar o amortizar los instrumentos tan pronto como esté en condiciones de hacerlo

63 Del FRN dice la Ley 11/2015, que se encuentra integrado en el FUR.

en los términos previstos y, en todo caso, en plazos compatibles con las normas sobre ayudas de estado (cfr. art. 33.2 de la Ley 11/2015).

De acuerdo con el art. 34.1 de la Ley 11/2015, la aplicación de esta fórmula de recapitalización supone una exclusión de las limitaciones estatutarias a: **(i)** el derecho de asistencia a juntas o asambleas generales o del derecho a voto; o **(ii)** la adquisición de aportaciones al capital social de cooperativas de crédito[64]; así como de la obligación de presentar oferta pública de adquisición con arreglo a la normativa sobre mercado de valores. Además, en el caso de que se emitan acciones y se acuerde la supresión del derecho de suscripción preferente de los accionistas, o se emitan instrumentos convertibles en acciones ordinarias o aportaciones al capital social, no será necesaria la obtención de informe del auditor de cuentas previsto en el TRLSC (cfr. art. 34.3 de la Ley 11/2015).

64 En estos casos, además, el quórum de asistencia a la asamblea y mayorías necesarias para la adopción de acuerdos se calcularán, y los derechos de voto se atribuirán, en proporción al importe de las aportaciones respecto al capital social de la cooperativa.

REFERENCIAS BIBLIOGRÁFICAS

BIBLIOGRAFÍA

AFI Analistas Financieros Internacionales, *Guía del Sistema Financiero Español*, Barcelona: Ediciones AFI, 2015.

Alonso de León, Sergio, Composite Administrative Procedures in the European Union, Iustel: Madrid, 2017.

Ariño Ortiz, Gaspar, *Principios de Derecho Público Económico. Modelo de Estado*, Gestión Pública, Regulación Económica, Granada: Comares, 2004.

—, *La necesaria reforma de la Ley de Cajas de Ahorros*, Cizur Menor (Navarra): Civitas, 2010.

Ariño Ortiz, Gaspar; De la Cuétara Martínez, Juan Miguel; y Martínez López-Muñiz, José Luis, *El nuevo servicio público*, Madrid, 1997.

Belmonte Ureña, Luis Jesús, *El sector de cooperativas de crédito en España. Un estudio por comunidades autónomas*, Sevilla: Consejo Económico y Social de Andalucía, 2007.

Bodin, Jean, *Los seis libros de la república*, Madrid: Aguilar SA de Ediciones, 1973.

Buchanan, James McGill (ed.), *The economic and ethics of economic order*, Ann Arbor: The University of Michigan Press, 1991.

Calvo Bernardino, Antonio; Parejo Gamir, José Alberto; Rodríguez Saiz, Luis; Cuervo García, Álvaro; Alcalde Gutiérrez, Eduardo, *Manual del sistema financiero español*, Barcelona: Ariel, 2018.

Carbajales, Mariano, *La regulación del mercado financiero: hacia la regulación del mercado de valores*; Madrid: Marcial Pons, 2006.

De la Cuétara Martínez, Juan Manuel, *La actividad de la Administración*, Madrid: Tecnos, 1983.

Deprés Polo, Mario; Villegas Martos, Rocío; y Ayora Aleixandre, Juan; *Manual de regulación bancaria en España*, Madrid: Funcas, 2017.

Esteve Pardo, José, y Muñoz Machado, Santiago, *Derecho de la Regulación Económica (10 volúmenes)*, Madrid: Iustel, 2013.

Fernández Ramos, Severiano, *La actividad administrativa de inspección. El régimen jurídico general de la función inspectora*, Comares, Granada, 2002.

Friedman, Milton, y Schwartz, Anna Jacobson, *A monetary History of the United States: 1867-1960*, United States of America: Princeton University Press, 1971.

Fukuyama, Francis, *Los orígenes del orden político*, Barcelona: Deusto, 2016.

García de Cal, José Luis, *Crisis financiera y reforma bancaria: el surgimiento de la Unión* Bancaria", Valladolid: Universidad de Valladolid, 2016.

García de Enterría, Eduardo, y Fernández Rodríguez, Tomás Ramón, *Curso de Derecho Administrativo, T. I*, Cizur Menor (Navarra): Civitas-Thomson Reuters, 2016.

—, *Curso de Derecho administrativo, T. II*, Cizur Menor (Navarra): Thomson Reuters-Civitas, 2017.

Garrido Falla, Fernando, *Tratado de Derecho Administrativo. Vol. I*, Madrid: Tecnos, 2010.

Garrido Falla, Fernando, *Tratado de Derecho administrativo. Vol. II*, Madrid: Tecnos, 2012.

Gómez Tomillo, Manuel, y Sanz Rubiales, Íñigo, *Derecho administrativo sancionador: parte general*, Thomson Reuters-Aranzadi: Cizur Menor (Navarra), 2017.

González Garagorri, Íñigo, *Sistema financiero*, Madrid: Ediciones CEF, 2018.

Huerta de Soto, Jesús, *Dinero, crédito bancario y ciclos económicos*, Madrid: Unión Editorial, 2016.

Kizner, Israel, *Discovery and the capitalism process*, Chicago: The Chicago University Press, 1985.

Laguna de Paz, José Carlos, *La autorización administrativa*, Cizur Menor (Navarra): Thomson Reuters-Aranzadi, 2006.

—, *Servicios de interés económico general*, Cizur Menor (Navarra): Aranzadi, 2009.

—, *Derecho Administrativo Económico*, Cizur Menor (Navarra): Thomson Reuters-Civitas, 2016.

Latter, Anthony, *Las causas de las crisis bancarias y su manejo*, México, D. F.: Centro de Estudios Monetarios Latinoamericanos, 1998.

Magide Herrero, Mariano, Límites constitucionales de las Administraciones independientes, Madrid: INAP, 2000

Martínez López-Muñiz, José Luis, *Introducción al Derecho Administrativo*, Madrid: Tecnos, 1986.

Martín-Retortillo Baquer, Sebastián, *Derecho administrativo económico. Vol. I*, La Ley, Madrid, 1991.

Mochón Morcillo, Francisco, *Economía, Teoría y Política*, Aravaca (Madrid): McGraw Hill, 2009.

Montero Pascual, Juan José, *Regulación económica. La actividad administrativa de regulación de los mercados*, Tirant lo Blanch, Valencia, 2016.

Muñoz Machado, Santiago, *Tratado de Derecho Administrativo y Derecho Público General, T. XIV: La actividad regulatoria de la Administración*, Madrid: Agencia Estatal Boletín Oficial del Estado, 2015.

Musgrave, Richard Abel, *The theory of public finance*, Nueva York: McGraw Hill, 1959.

Musgrave, Richard Abel, y Musgrave, Peggy B., *Public finance in theory and practice*, Nueva York: McGraw Hill, 1989.

Nieto Martín, Alejandro, *Derecho administrativo sancionador*, Madrid: Tecnos, 2012.

Parada Vázquez, Ramón, *Derecho Administrativo I: introducción, organización administrativa, empleo público*, Madrid: Ediciones Académicas, 2017.

—, *Derecho Administrativo, II: Régimen jurídico de la actividad administrativa*, Madrid: Ediciones Académicas, 2017.

Parejo Alfonso, Luciano (dir.), *Derecho administrativo*, Barcelona: Ariel, 2003.

—, *La vigilancia y la supervisión administrativas. Un ensayo de su construcción como relación jurídica*, Valencia: Tirant lo Blanch, 2016.

Rodríguez Braun, Carlos, y Rallo Julián, Juan Ramón, *Una crisis y cinco errores*, Madrid: LID Editorial Empresarial, 2009.

Sánchez Morón, Miguel, *Derecho Administrativo. Parte General*, Madrid: Tecnos, 2011.

Santamaría Pastor, Juan Alfonso, *Principios de Derecho Administrativo, Vol. II*, Madrid: Iustel, 2018.

Sarmiento Ramírez-Escudero, Daniel, *El principio de proporcionalidad en el Derecho administrativo*, Bogotá: Universidad Externado de Colombia, 2010.

Urbaneja Cillán, Jorge, *La ordenación internacional y europea de las entidades de crédito*, Tirant lo Blanch, Valencia: 2018.

Uría Fernández, Francisco, *La nueva regulación y supervisión bancaria. Diez años de reforma tras la crisis*, Cizur Menor (Navarra): Aranzadi-Thomson Reuters, 2018.

Villar Palasí, José Luis, *La intervención administrativa en la industria*, Madrid: Instituto de Estudios Políticos, 1964.

Von Hayek, Friedrich August, *Camino de servidumbre*, Madrid: Alianza Editorial, 2015.

Von Mises, Ludwig, *La acción humana*, Madrid, Unión Editorial, 2018.

Ware, Darrick, *Principios básicos de supervisión bancaria*, México, D. F.: Centro de Estudios Monetarios Latinoamericanos, 1997 .

Weber, Max, *El político y el científico*, Madrid: Alianza Editorial, 1981.

ARTÍCULOS EN REVISTAS Y OBRAS COLECTIVAS

Albuerne González, Carolina, "La reestructuración de entidades de crédito", AJUM, nº 33, 2012.

—, "Novedades del paquete legislativo "CRD V", *AJUM* nº 53, 2019.

Alepuz Sánchez, José Antonio, "Banca central y regulación bancaria: ¿dónde estamos?", Boletín, CEMLA, vol. 0 (2), abril-junio 2007, disponible en: https://ideas.repec.org/a/cml/boletn/vliiiy2007i2p71-76.html (enlace consultado el 20 de octubre de 2019).

Alés Hermosa, Gabriela, y Carrillo Donaire, Juan Antonio, "Planes de recuperación y resolución de entidades de crédito", en Ruiz Ojeda, Alberto Luis, y López Jiménez, José María (dirs.), *Estudios sobre resolución bancaria*, Thomson Reuters-Aranzadi: Cizur Menor (Navarra), 2020.

Alonso Ledesma, Carmen, "Un primer paso hacia la unión bancaria: El mecanismo único de supervisión", en Cuñat Edo, Vicente, Massaguer Fuertes, José, Alonso Espinosa, Francisco José, y Gallego Sánchez, Esperanza (dirs.), *Estudios de Derecho mercantil. Liber amicorum profesor Dr. Francisco Vicent Chuliá*, Tirant lo Blanch, Valencia, 2013.

—, "La resolución de entidades de crédito", en Tejedor Bielsa, Julio César, y Fernández Torres, Isabel, (dirs.), *La reforma bancaria en la Unión Europea y España*, Cizur Menor (Navarra): Thomson Reuters-Civitas, 2014.

Ariño Ortiz, Gaspar, "El servicio público como alternativa", REDA, nº 23 (octubre-diciembre), 1979.

—, "Teoría y práctica de la regulación para la competencia. Hacia un nuevo concepto de servicio público", en Ariño Ortiz, Gaspar (dir.), *Regulación económica. Lecturas escogidas*, Cizur Menor (Navarra): Thomson Reuters-Aranzadi, 2012.

Ariño Ortiz, Gaspar, y De la Cuétara Martínez, Juan Miguel, "Algunas ideas básicas sobre regulación de sectores estratégicos", CDP nº 9, enero-abril, 2000.

Arrow, Kenneth Joseph, "The organization of economic activity: issues pertinent to the choice of market versus non-market allocation", en *The Analysis and Evaluation of Public Expenditures*: The PBB-System, Joint Economic Committee, 91° Congreso, 1969.

Asimakopoulos, Ioannis G., "Single Resolution Board: Another Meroni Extension or Another Chapter to Europe's Constitutional Trabsfornation?", SSRN, 10 de diciembre de 2018 (disponible en: https://ssrn.com/abstract=3367559 or http://dx.doi.org/10.2139/ssrn.3367559 –enlace consultado del 9 de diciembre de 2023).

Barrios Pérez, Victor Enrique "Supervisión bancaria: supervisión pública versus disciplina del mercado", Boletín económico del ICE n° 2.789 (8 al 14 de diciembre), 2003.

—, "¿Son los bancos empresas especiales a los efectos de su regulación?", Boletín económico de ICE n° 2.801 (5 a 18 de abril), 2004.

Bator, Francis M., "The anatomy of market failure", The quarterly journal of economics, vol. 72, 1958.

Berges Lobera, Ángel; y Ontiveros Baeza, Emilio, "La reestructuración del sistema bancario: gestación, gestión y digestión", ICE, n° 906 (enero-febrero 2019).

Bermejo Vera, J., "Inspección y régimen sancionador del sistema financiero en España", en Tejedor Bielsa, Julio César y Fernández Torres, Isabel (dirs.), *La reforma bancaria en la Unión Europea y España*, Cizur Menor (Navarra): Thomson Reuters-Civitas, 2014.

Bernanke, Ben Shalom, "Non-monetary effects of the financial crisis in the propagation of the Great Depression", Working Paper n° 1053, National Bureau of Economic Research, 1983.

Cano Campos, Tomás, "La actividad sancionadora", en Cano Campos, Tomás (dir.), *Lecciones y materiales para el estudio del Derecho Administrativo, T. III, Vol. II*, Madrid: Iustel, 2009.

Carrillo Donaire, Juan Antonio, "Intervención de entidades de crédito en crisis", en Muñoz Machado, Santiago, y Vega Serrano, Juan Manuel (dirs.), *Derecho de la Regulación Económica. X. Sistema Bancario*, Madrid: Iustel, 2013.

—, "Nuevo paradigma jurídico de la intervención pública sobre la banca", *RDBB* n° 137, 2015.

Cases, Lluis, "Regulación y competencia. Límites y conexiones", en Muñoz Machado, Santiago; y Vega Serrano, Juan Manuel (dirs.), *Derecho de la Regulación Económica. I. Fundamento e instituciones de la regulación*, Madrid: Iustel, 2013.

Chinchilla Martín, María del Carmen, "El régimen de supervisión, inspección y sanción del Banco de España en la Ley 10/2014", RVAP n° 102 (mayo-agosto), 2015.

Colino Mediavilla, José Luis, y Freire Costas, Rita María, "La actuación temprana", *RDBB* n° 137, 2015.

Conlledo Lantero, Fernando, "El marco comunitario para la recuperación y resolución de entidades de crédito", RDUE n° 27 (julio-diciembre), 2014, y n° 28 (enero-junio), 2015.

Couso Pascual, José Ramón, "Aportación de activos en los procesos de reestructuración bancaria. Conformación de sociedades de gestión: singularidad normativa y normas de buen gobierno", en González Vázquez, José Carlos, y Colino Mediavilla, José Luis, *Regulación bancaria y actividad financiera*, Wolters Kluwer España: Las Rozas (Madrid), 2020.

Daranculleta i Gardella, María Mercé, "La recepción y desarrollo de los conceptos y fórmulas de la regulación. El debate en la República Federal Alemana", en Muñoz Machado, Santiago; y Vega Serrano, Juan Manuel (dirs.), *Derecho de la Regulación Económica. I. Fundamento e instituciones de la regulación*, Madrid: Iustel, 2013.

De Diego de Mingo, Javier, "El interés público en la resolución bancaria. Un concepto controvertido", en Ruiz Ojeda, Alberto Luis, y López Jiménez, José María (dirs.), *Estudios sobre resolución bancaria*, Thomson Reuters-Aranzadi: Cizur Menor (Navarra), 2020.

Díaz Ruiz, Emilio, "El nuevo régimen jurídico y de actuación de las cajas de ahorros", en Colino Mediavilla, José Luis, y González Vázquez, Juan Carlos (dirs.), *Las cajas de ahorros y la prevención y tratamiento de la crisis de las entidades de crédito*, Albolote (Granada): Comares, 2014.

Esteban Ríos, Javier, "La adhesión voluntaria al Mecanismo Único de Supervisión: los procedimientos de cooperación estrecha", REDE nº 64 (octubre-diciembre), 2017.

—, "El ámbito de aplicación del Mecanismo Único de Supervisión. La situación de los Estados miembros de eurozona y de los Estados miembros cuya moneda no es el euro: ¿hacia una Europa de dos velocidades?, REE nº 71 (enero-junio), 2018.

Esteve Pardo, José, "De la policía administrativa a la gestión de riesgos", *REDA* núm. 119, 2003.

Fernández-Espinar, Luis Carlos, "La potestad sancionadora de la Administración financiera. *Documentación Administrativa* nº 282-283, 2009.

Fernández Rodríguez, Tomás Ramón, "Los poderes normativos del Banco de España", *RDBB* nº 13, enero-marzo 1984.

—, "Estudio preliminar: el ordenamiento crediticio y bancario español: reflexiones después de la crisis", en Fernández Rodríguez, Tomás Ramón (dir.), *Comentarios a la Ley de Disciplina e Intervención de las entidades de crédito*, Madrid: Fundación Fondo para la investigación económica y social-Obra Social de la Confederación Española de Cajas de Ahorro, 1991.

—, "La doble dependencia de las cajas de ahorro", *RDBB* nº 108 (octubre-diciembre), 2007.

—, "Las cajas de ahorro: el principio del fin", en De la Cuétara Martínez, Juan Miguel, y Martínez López-Muñiz, José Luis, *Derecho administrativo y regulación económica. Liber Amicorum Profesor Doctor Gaspar Ariño Ortiz*, Las Rozas (Madrid): La Ley, 2011.

Fernández Torres, Isabel, "La reestructuración de las entidades de crédito", en Tejedor Bielsa, Julio César, y Fernández Torres, Isabel, *La reforma bancaria en la Unión Europea y España*, Cizur Menor (Navarra): Thomson Reuters-Civitas, 2014.

Ferran E.; y Babis, V., "The European Single Supervisory Mechanism", University of Cambridge, Paper No. 10/2013 (disponible en https://papers.ssrn.com/sol3/papers.cfm?abstract_id=2224538&download=yes, enlace consultado el 25 de enero de 2020).

Field, Linette, y Pérez, Daniel, "El Informe del Grupo de Alto Nivel sobre supervisión financiera en la UE: el Informe Larosière", REF, nº 16 (mayo 2009).

Freixas Dargallo, Xavier, "Fundamentación teórica de la regulación de los mercados financieros", Moneda y crédito, nº 190, 1990.

Gallego Anabitarte, Alfredo, "Las relaciones especiales de sujeción y el principio de la legalidad de la Administración. Contribución a la teoría del Estado de derecho", RAP, nº 34, 1961.

García-Álvarez García, Gerardo, "La construcción de una Unión Bancaria europea: la Autoridad Bancaria Europea, la supervisión prudencial del Banco Central Europeo y el futuro Mecanismo Único de Resolución", en Tejedor Bielsa, Julio César, y Fernández Torres, Isabel (coords.), *La reforma bancaria en la Unión Europea y España*, Cizur Menor (Navarra): Thomson Reuters-Civitas, 2014.

García-Andrade Gómez, Jorge, "Fundamento y características de la regulación bancaria", en Muñoz Machado, Santiago; Vega Serrano, Juan Manuel; y Bobes Sánchez, María José (dirs.), *Derecho de la Regulación Económica. X. Sistema Bancario*, Madrid: Iustel, 2013.

González García, Julio V., "Mecanismo único de resolución bancaria. Aspectos institucionales", *RDBB* nº 136 (octubre-diciembre 2014).

González-Páramo, José Manuel, "Competencia y sector financiero", Jornadas de Economía y Derecho de la Competencia de la Universidad de Málaga, 23 de marzo de 2012, disponible en: https://www.ecb.europa.eu/press/key/date/2012/html/sp120323_1.es.html (enlace consultado el 25 de octubre de 2019).

González Vázquez, José Carlos, "Luces y sombras del modelo europeo de resolución bancaria", en González Vázquez, José Carlos, y Colino Mediavilla, José Luis, *Regulación bancaria y actividad financiera*, Wolters Kluwer España: Las Rozas (Madrid), 2020.

González-Echenique Castellanos de Ubao, Leopoldo, "La regulación de la resolución bancaria como Derecho excepcional: sus manifestaciones", en Ruiz Ojeda, Alberto Luis, y López Jiménez, José María (dirs.), *Estudios sobre resolución bancaria*, Thomson Reuters-Aranzadi: Cizur Menor (Navarra), 2020.

Guitard Marín, Juan, "Elementos esenciales de la regulación bancaria", en VV.AA., Actas de las XXXI Jornadas de Estudio de la Abogacía General del Estado. La regulación de los mercados (II): ordenación bancaria, Ministerio de Justicia, 2009.

Hasan, Iftekhar, y Marinc, Matej, "Should competition policy in banking be amended during crises? Lessons from the EU", European Journal of Law and Economics, abril de 2013.

Hernández Marqués, Hilario, "Las potestades de dirección y supervisión. Especial referencia a las del Banco de España", en Martín-Retortillo Baquer, Sebastián, Estudios de Derecho Público Bancario, Madrid: Ceura, 1987.

Izquierdo Carrasco, Manuel, "La supervisión pública sobre las entidades bancarias", en Rebollo Puig, Manuel (dir.), *La regulación económica. En especial, la regulación bancaria. Actas del IX Congreso Hispano-Luso de Derecho Administrativo*, Madrid: Iustel, 2012.

—, "La inspección del Banco de España sobre las entidades de crédito", en Muñoz Machado, Santiago; Vega Serrano, Juan Manuel; y Bobes Sánchez, María José (dirs.), *Derecho de la Regulación Económica. X. Sistema Bancario*, Madrid: Iustel, 2013.

Jordana de Pozas, Luis, "Ensayo de una teoría del fomento en el derecho administrativo", *REP*, nº 48, 1949.

Kaufman, George G., "Does bank regulation retard or contribute to systemic risk?", working paper no. 211, John M. Olin Program in Law and Economics, Stanford Law School, 2000.

La Casa García, Rafael, "El sector de las Cajas de Ahorros tras la Ley 26/2014, de 2 de diciembre, de Cajas de Ahorros y Fundaciones Bancarias", *RDBB*, nº 137 (enero-marzo, 2015).

Laguna de Paz, José Carlos, "El Mecanismo Europeo de Supervisión Bancaria", *RAP* nº 194 (mayo-agosto), 2014.

—, "Supervisión administrativa de entidades aseguradoras privadas", *REDA* nº 182 (enero-marzo), 2017.

—, "Supervisión administrativa del mercado de valores", *REDA*, nº 189 (enero-marzo), 2018.

Lara Ortiz, María Lidón, "Visión crítica del sistema de competencias compartidas en el Mecanismo Único de Supervisión", en González Vázquez, José Carlos; Colino Mediavilla José Luis; y Salvador Armendáriz, María Amparo, *Cuestiones controvertidas de la regulación bancaria*, Wolters Kluwer España-La Ley: Madrid, 2018.

—, "La resolución bancaria, una nueva potestad administrativa", en Ruiz Ojeda, Alberto Luis, y López Jiménez, José María (dirs.), *Estudios sobre resolución bancaria*, Thomson Reuters-Aranzadi: Cizur Menor (Navarra), 2020.

Lastra Leralta, Rosa María, "Principles of financial regulation", en De la Cuétara Martínez, Juan Miguel; Martínez López-Muñiz, José Luis; y Villar Rojas, Francisco José, *Derecho administrativo y regulación económica: liber amicorum Gaspar Ariño Ortiz*, Madrid: La Ley, 2011.

Lora González, Carlos, "Supervisión administrativa del sector ferroviario tras la entrada en vigor del "cuarto paquete" europeo", en Ortega Burgos, Enrique, y Pastor Ruiz, Federico (dirs.), *Mercados regulados 2021*, Valencia: Tirant lo Blanch, 2021.

—, "Nuevo paradigma de la gestión de los bienes públicos en los sectores en red: ¿hacia una entidad pública empresarial gestora del espacio público", en Ortega Burgos, Enrique, y Pastor Ruiz, Federico (dirs.) *Mercados regulados 2023*, Valencia: Tirant Lo Blanch, 2023.

—, "Circulares internas del Banco de España y garantías del particular frente a las visitas de inspección: comentario a la Sentencia del Tribunal Supremo nº 914/2023, de 4 de julio", *AJUM* nº 63 (diciembre 2023).

Magide Herrero, Mariano, "Del Estado prestador al Estado garante", en Burzaco Samper, María, et al., *Derecho Administrativo Económico*, Madrid: Dykinson, 2018.

Manso Olivar, Rubén; y Gómez Fernández, Lorena, "Los instrumentos de resolución y su inadecuación a los problemas coyunturales de liquidez de las entidades", en Ruiz Ojeda, Alberto Luis, y López Jiménez, José María (dirs.), *Estudios sobre resolución bancaria*, Thomson Reuters-Aranzadi: Cizur Menor (Navarra), 2020.

Martín Fernández, Miguel, "La regulación bancaria prudencial", en Actas de las XXXI Jornadas de Estudio de la Abogacía General del Estado. La regulación de los mercados (II): ordenación bancaria, Ministerio de Justicia, 2009.

Martín-Retortillo Baquer, Luis, "Estudio preliminar", en Martín-Retortillo Baquer, Sebastián (dir.), *Estudios de Derecho Público Bancario*, Madrid: Ceura, 1987.

Martínez López-Muñiz, José Luis, "Problemas de cobertura jurídica de la supervisión bancaria del BCE en la nueva Unión Bancaria y apuntes para su solución", *REE*, núm. 63 (julio-diciembre), 2013.

Martínez Rosado, Javier, "El carácter no sistémico de las cajas de ahorros tras la Ley 26/2013", en Colino Mediavilla, José Luis, y González Vázquez, José Carlos (dirs.), *Las cajas de ahorros y la prevención y tratamiento de la crisis de las entidades de crédito*, Albolote (Granada): Comares, 2014.

Maudos Villaroya, Joaquín, "El impacto de la crisis en el sector bancario español", CIE, nº 226 (enero-febrero, 2012).

Meléndez Huellín, Óscar, "Una aproximación jurídica a la regulación económica y financiera", *RAAP*, nº 75 (septiembre-diciembre 2009).

Merchán Aparicio, Carlos, "Nuevos datos sobre los orígenes del Banco de España", Vergentis. Revista de Investigación de la Cátedra Internacional Conjunta Inocencio III, 2015-12.

Muñoz Machado, Santiago, ""Fundamentos e instrumentos jurídicos de la regulación económica", en Muñoz Machado, Santiago, y Esteve Pardo, José, *Derecho de la Regulación Económica. I. Fundamento e instituciones de la regulación*, Madrid: Iustel, 2013.

Navares, Jesús, "Las últimas tierras del grupo Rumasa", El Mundo, nº 85, 17 de junio de 2001

Navarro, Edurne, y Moscoso del Prado González, Luis, "Ayudas públicas al sector financiero", AJUM, nº extraordinario 1 (2012).

Palá Laguna, Reyes, "Shadow banking", en Tejedor Bielsa, Julio César,. y Fernández Torres, Isabel, (coords.), *La reforma bancaria en la Unión Europea y España: el modelo de regulación surgido de la crisis*, Cizur Menor (Navarra): Civitas, 2014.

Palomar Olmeda, Alberto, "El sistema de resolución de entidades de crédito en España: Aspectos generales de la Ley 11/2015, de 18 de junio", en Ruiz Ojeda, Alberto Luis, y López Jiménez, José María (dirs.), *Estudios sobre resolución bancaria*, Thomson Reuters-Aranzadi: Cizur Menor (Navarra), 2020.

Parada Vázquez, Ramón, "Derecho administrativo, Derecho privado, Derecho garantizador", RAP, nº 52 (1967).

Parejo Alfonso, Luciano, "La vigilancia, la inspección y el control administrativos (reflexiones sobre su formación, evolución y situación actual", en Agudo González, J., Control administrativo y justicia administrativa, Madrid: INAP, 2016.

Peñas Moyano, María Jesús, "La resolución de las entidades de crédito", *RDBB* nº 135 (julio-septiembre 2014).

Pérez, José, "La estabilidad financiera: en la médula de la regulación pública", Papeles de la FEF, nº 53, 2015.

Posada Rodríguez, Marcos, "Los denominados procedimientos comunes en el marco del Mecanismo Único de Supervisión", en González Vázquez, José Carlos; Colino Mediavilla José Luis; y Salvador Armendáriz, María Amparo, *Cuestiones controvertidas de la regulación bancaria*, Wolters Kluwer España-La Ley: Madrid, 2018.

Prieto Álvarez, Tomás, "Cajas de ahorro: de la tradición a su bancarización", en De la Cuétara Martínez, Juan Miguel, y Martínez López-Muñiz, José Luis, *Derecho administrativo y regulación económica: liber amicorum Gaspar Ariño Ortiz*, Madrid: La Ley, 2011.

Rebollo Puig, Manuel, "La actividad de inspección", en Cano Campos, Tomás (dir.), *Lecciones y materiales para el estudio del Derecho Administrativo*, T. III, Vol. II, Madrid: Iustel, 2009.

Rodríguez García, Rafael, "La reforma financiera y la reestructuración del sector español de bancos y cajas de ahorro", RICADE, nº 89 (mayo-agosto 2013).

Rodríguez Pellitero, Javier, "Resolución de crisis bancarias", en Muñoz Machado, Santiago; Vega Serrano, Juan Manuel; y Bobes Sánchez, María José (dirs.), *Derecho de la Regulación Económica. X. Sistema Bancario*, Madrid: Iustel, 2013.

Ruiz Ojeda, Alberto, "La regulación económica y sus eslabones perdidos", en De la Cuétara Martínez, Juan Miguel; Martínez López-Muñiz, José Luis; y Villar Rojas, Francisco José, *Derecho administrativo y regulación económica: liber amicorum Gaspar Ariño Ortiz*, Madrid: La Ley, 2011.

Ruiz Parra, Emilio, "Las cooperativas de crédito: presente y futuro", PEE nº 54 (1993).

Salvador Armendariz, Maria Amaparo, "El riesgo sistémico en la regulación bancaria: respuestas tras la crisis", en De la Cuétara Martínez, Juan Miguel; Martínez López-Muñiz, José Luis; y Villar Rojas, Francisco José, *Derecho administrativo y regulación económica: liber amicorum Gaspar Ariño Ortiz*, Madrid: La Ley, 2011.

—, "Transformaciones en la regulación bancaria: una perspectiva desde el Derecho público", en Colino Mediavilla, José Luis, y González Vázquez, José Carlos, (dirs.), *Las cajas de ahorros y la prevención y tratamiento de la crisis de las entidades de crédito*, Albolote (Granada): Comares, 2014.

Sánchez-Calero Guilarte, Juan, "El Fondo de Reestructuración Ordenada Bancaria: competencias mercantiles", en Tejedor Bielsa, Julio César, y Fernández Torres, Isabel (coords.), *La reforma bancaria en la Unión Europea y España*, Cizur Menor (Navarra): Thomson Reuters-Civitas, 2014.

—, "La crisis de las cajas y la respuesta legislativa", en Colino Mediavilla, José Luis, y González Vázquez, José Carlos (dirs.), *Las cajas de ahorros y la prevención y tratamiento de la crisis de las entidades de crédito*, Albolote (Granada): Comares, 2014.

Stiglitz, Joseph Eugene, "Market, market failures and development", American Economic Review, no. 79, 1989.

Suay Rincón, José, "Sanciones", en Martín-Retortillo Baquer, Sebastián, *Estudios de Derecho Público Bancario*, Madrid: Ceura, 1987.

Rebollo Puig, Manuel, "Las autorizaciones administrativas y otros medios de intervención en la actividad privada", *Cuadernos de derecho para ingenieros* nº 38, 2016, pp. 175-204.

Temboury Redondo, Manuel, "El Memorando de Entendimiento de 2012 como punto de partida de la normativa de resolución bancaria y del nuevo Derecho de insolvencia de las entidades de crédito", en Ruiz Ojeda, Alberto Luis, y López Jiménez, José María (dirs.), *Estudios sobre resolución bancaria*, Thomson Reuters-Aranzadi: Cizur Menor (Navarra), 2020.

Tobias Adrian y Hyun Song Shin, "The Shadow Banking System: Implications for Financial Regulation", Staff Report nº 382 (julio), 2009.

Tobias Adrian, Adam Ashcraft, Hayley Boesky y Zoltan Pozsar, "Shadow banking", *Revue d'économie financière* nº 105, 2012.

Ugena Torrejón, Roberto, "El Mecanismo Único de Supervisión Europeo", AJUM nº 36, 2014.

Urbaneja Cillán, Jorge, "Los mecanismos de gestión de crisis bancarias como garantía de estabilidad en la Unión Europea. El Tribunal General desestima los recursos contra la resolución del Banco Popular", *RDCE* nº 73, 2022.

Ureña Salcedo, Juan Antonio, "Crisis y transformación del sistema bancario español", *RGDA*, nº 40, 2015.

—, "Aspectos legales del Mecanismo Único de Resolución", en Ureña Salcedo, Juan Antonio, *Unión Bancaria Europea. Lecciones de Derecho Público*, Madrid: Iustel, 2019.

Uría Fernández, Francisco, "La supervisión bancaria europea en 2014: una Unión Bancaria incompleta", en Martínez-Pardo del Valle, Ramiro, y Zapata Cirugeda, Francisco Javier (coords.), Observatorio sobre la reforma de los mercados financieros europeos, Madrid, 2013.

—, "El nuevo régimen europeo de resolución bancaria", *RDBB* nº 138 (abril-junio 2015).

Vidal Monferrer, Rosa, "Sector bancario", en Silva de Lapuerta, Marta, y García Malsipica, Silvia (dirs.), *Manual de Derecho administrativo sancionador*, Thomson Reuters-Aranzadi: Cizur Menor (Navarra), 2013.

Villar Palasí, José Luis "La actividad industrial del Estado en Derecho Administrativo", RAP, nº 3, 1950.

Vives, Xavier, "Competencia, regulación y estabilidad del sistema bancario", PEE, nº 94, 2002.

OTRAS REFERENCIAS

ABE, *Opinion of the European Banking Authority on the Commission's Green paper on Shadow Banking* (EBA/BS/2012/139), disponible en: https://www.judict.eu/en/reader?src=%252Fapi%252F-hosting%252Fhttps%25253A%25252F%25252Fwww.eba.europa.eu%25252Fsites%25252F-default%25252Ffiles%25252Fdocuments%25252F10180%25252F16103%25252F55f82b81-f3e1-4615-95a5-7041beb66ccd%25252FEBA-Opinion—on-the-EC-Green-Paper-on-Shadow-Banking.pdf&ref=Article%25C2%25A034%2520EBA%2520Regulation&title=E-BA%2520BS%25202012%2520139 (enlace consultado el 30 de julio de 2024).

ABE, Q&A 2013_310, "Prudential consolidation of financial institutions", disponible en: https://www.eba.europa.eu/single-rule-book-qa/qna/view/publicId/2013_310

(enlace consultado el 30 de julio de 2024).

ABE, Q&A 2014_796, "What is meant with 'mainly' in the definition of 'financial holding company'?", disponible en: https://www.eba.europa.eu/single-rule-book-qa/qna/view/publicId/2014_796 (enlace consultado el 30 de julio de 2024).

ABE, Q&A 2014_857, "Definition of a financial institution", disponible en: https://www.eba.europa.eu/single-rule-book-qa/qna/view/publicId/2014_857 (enlace consultado el 30 de julio de 2024).

ABE, *Opinion of the European Banking Authority on matters reating to the perimeter of credit institutions* (EBA/OP/2014/12), de 27 de noviembre de 2014, disponible en: https://www.eba.europa.eu/sites/default/files/documents/10180/657547/a7bf5c46-2b80-4286-8771-d14a22c87354/EBA-Op-2014-12%20%28Opinion%20on%20perimeter%20of%20credit%20institution%29.pdf (enlace consultado el 30 de julio de 2024).

ABE, *Report to the European Comission on the perimeter of credit institutions established in the Member States*, de 27 de noviembre de 2014, disponible en: https://www.rdmf.es/wp-content/uploads/2015/03/informe-de-eba.pdf (enlace consultado el 30 de julio de 2024).

ABE, *Directrices sobre el abanico de escenarios que deben contemplarse en los planes de reestructuración (EBA/GL/2014/13)*, 18 de julio de 2014, disponible en: https://www.bde.es/f/webbde/INF/MenuHorizontal/Normativa/Circulares_y_guias_en_proceso_de_consulta/EBA_GL_2014_06_ES.pdf

(enlace consultado el 30 de julio de 2024).

ABE, Directrices sobre la lista mínima de indicadores cualitativos y cuantitativos de los planes de reestructuración (EBA/GL/2015/02), 23de julio de 2015, disponibles en: https://www.bde.es/f/webbde/INF/MenuHorizontal/Normativa/guias/eba-gl-2015-02-es.pdf (enlace consultado el 18 de abril de 2014).

ABE, *Directrices sobre sobre las circunstancias específicas que constituyen un peligro real para la estabilidad financiera y sobre los hechos que determinan la eficacia de la venta del negocio de conformidad con el artículo 39, apartado 4, de la Directiva 2014/59/UE (EBA/GL/2015/04)*, 7 de agosto de 2015, disponibles en: https://www.eba.europa.eu/sites/default/documents/files/documents/10180/1156647/3bf5f9b3-1bb1-4ea2-b3c5-65ba56a35a7d/EBA-GL-2015-04_ES_GL%20sale%20of%20business%20tool.pdf?retry=1 (enlace consultado el 23 de abril de 2021).

ABE, *Directrices sobre la determinación de cuándo podría la liquidación de los activos o pasivos con arreglo a los procedimientos de insolvencia ordinarios influir negativamente en uno o más mercados financieros de conformidad con el artículo 42, apartado 14, de la Directiva 2014/59/UE (EBA/GL/2015/05)*, 7 de agosto de 2015, disponibles en: https://www.eba.europa.eu/sites/default/documents/files/documents/10180/1156565/b723ea40-0c21-4920-ac54-460c716d6177/EBA-GL-2015-05_ES_GL%20on%20asset%20separation%20tool.pdf?retry=1 (enlace consultado el 23 de abril de 2021).

ABE, *Directrices sobre la interpretación de las distintas circunstancias en las que se considera que una entidad es inviable o existe la probabilidad de que lo vaya a ser (EBA/GL/2015/07)*, 6 de agosto de 2015, disponibles en: ttps://www.bde.es/f/webbde/INF/MenuHorizontal/Normativa/guias/EBA-gl-2015-07-es.pdf (enlace consultado el 18 de abril de 2021).

ABE, *Directrices sobre los criterios mínimos que debe satisfacer un plan de reorganización de actividades (EBA/GL/2015/21)*, 19 de mayo de 2016, disponible en: https://www.bde.es/f/webbde/INF/MenuHorizontal/Normativa/guias/eba-gl-2015-21-es.pdf (enlace consultado el 24 de abril de 2021).

ABE, *Opinion of the European Banking Authority on elementos of the definition of credit institution under Article 4(1), point 1, letter (a) of Regulation (EU) No 575/2013 and on aspects of the scope of authorisation* (EBA/OP/2020/15), de 18 de septiembre de 2020, disponible en: https://www.eba.europa.eu/sites/default/files/document_library/Publications/Opinions/2020/931784/EBA%20Opinion%20on%20elements%20of%20the%20definition%20of%20credit%20institution.pdf (enlace consultado el 30 de julio de 2024).

BCE, "Crisis management and bank resolution. Quo vadis, Europe?" (Legal working paper series no. 13–December 2011), disponible en: https://www.ecb.europa.eu/pub/pdf/scplps/ecblwp13.pdf (enlace consultado el 8 de febrero de 2024).

BCE, *Guía para inspecciones in situ e investigaciones de modelos internos*, septiembre de 2018, disponible en: https://www.bankingsupervision.europa.eu/ecb/pub/pdf/ssm.osi_guide201809.es.pdf?859823dfcc3ca5092078fbc294465c6b (enlace consultado el 17 de octubre de 2020).

BCE, *Manual de Supervisión*, enero de 2024, disponible en: https://www.bankingsupervision.europa.eu/ecb/pub/pdf/ssm.supervisory_guides202401_manual.es.pdf (enlace consultado el 30 de julio de 2024).

BCE, "The role of central banks in prudential supervision", Revista de prensa del BCE, 22 de marzo de 2001, disponible en: https://www.ecb.europa.eu/pub/pdf/other/prudentialsupcbrole_en.pdf (enlace consultado el 8 de febrero de 2024).

BdE, *Guías supervisoras del BdE*, disponibles en: https://www.bde.es/bde/es/secciones/normativas/Guias/Guias.html (enlace consultado el 17 de octubre de 2020).

BdE, *Informe sobre la crisis financiera y bancaria en España, 2008-2014* (Madrid, 2017), disponible en:https://www.bde.es/f/webbde/GAP/Secciones/SalaPrensa/InformacionInteres/ReestructuracionSectorFinanciero/Arc/Fic/InformeCrisis_Completo_web.pdf (enlace consultado el 8 de febrero de 2024).

BdE, *Memoria de la supervisión bancaria en España. 2019*, disponible en: https://www.bde.es/f/webbde/Secciones/Publicaciones/PublicacionesAnuales/MemoriaSupervisionBancaria/19/Documento_completo.pdf –enlace consultado el 24 de enero de 2021.

Carreras de Odriozola, Albert, y Tafunell, Xavier, *Estadísticas históricas de España, s. XIX y XX*, Fundación BBVA, Bilbao, 2005.

Comisión Europea *Comunicación de la Comisión. Los servicios de interés general en Europa* (COM(96) 443 final), 11 de septiembre de 1996, disponible en: https://eur-lex.europa.eu/legal-content/

ES/TXT/PDF/?uri=CELEX:51996DC0443&from=ES (enlace consultado el 30 de julio de 2024).,

Comisión Europea, *Libro Blanco de la Comisión de 1 de diciembre de 2005 sobre la política de los servicios financieros 2005-2010* (COM(2005) 629 final), disponible en: https://eur-lex.europa.eu/ES/legal-content/summary/white-paper-on-financial-services-policy-2005-2010.html (enlace consultado el 8 de febrero de 2024).

Comisión Europea, *Comunicación de la Comisión al Parlamento Europeo, al Consejo, al Comité económico y Social Europeo y al Comité de las Regiones. Un marco de calidad para los servicios de interés general en Europa* (COM(2011) 900 final), 20 de diciembre de 2011, disponible en: https://eur-lex.europa.eu/legal-content/ES/TXT/PDF/?uri=CELEX:52011DC0900&from=SL (enlace consultado el 30 de julio de 2024).

Comisión Europea, *Libro Verde. El sistema bancario en la sombra* (COM(2012) 102 final, 19 de marzo de 2012, disponible en: https://eur-lex.europa.eu/legal-content/ES/TXT/PDF/?uri=CELEX:52012DC0102&from=HR (enlace consultado el 30 de julio de 2024).

Comisión Europea, *Commission Staff Working Document. Guide to the application of the European Union rules on state aid, public procurement and the internal market to services of general economic interest, and in particular to social services of general interest* (SWD(2013) 53 final/2), 29 de abril de 2013, disponbible en: https://competition-policy.ec.europa.eu/document/download/fa5e107c-ad5c-4ae8-a8ae-b0037c993b23_en?filename=20130429_SWD-2013-53_SGEI_public_procurement_application_guide_en.pdf (enlace consultado el 30 de julio de 2024).

Congreso de los Diputados, *Diario de Sesiones del Congreso de los Diputados*, Año 2017, Nº 9.

Consejo de la Unión Europea, EUCO 120/12, PRESSE 296, PR PCE 102, disponible en: https://www.consilium.europa.eu/media/21556/131290.pdf (enlace consultado el 6 de marzo de 2020).

CSBB, *Basilea III: Coeficiente de cobertura de liquidez y herramientas de seguimiento del riesgo de liquidez*, enero de 2013, disponible en: https://www.bis.org/publ/bcbs238_es.pdf (enlace consultado el 8 de diciembre de 2019).

CSBB, *Basilea III: Coeficiente de Financiación Estable Neta*, octubre de 2014, disponible en: https://www.bis.org/bcbs/publ/d295_es.pdf (enlace consultado el 8 de diciembre de 2019).

CSBB, *Basilea III: Marco internacional para la medición, normalización y seguimiento del riesgo de liquidez*, diciembre de 2010, disponible en: https://www.bis.org/publ/bcbs188_es.pdf (enlace consultado el 8 de diciembre de 2019).

CSBB, The Basel Framework, disponible en: https://www.bis.org/basel_framework/index.htm?export=pdf&pdfid=15758099914685778 (enlace consultado el 8 de diciembre de 2019).

CSBB, *Basilea III: marco regulador internacional para los bancos*, disponible en: https://www.bis.org/bcbs/basel3_es.htm (enlace consultado el 8 de diciembre de 2019).

CSBB, *Principios Básicos para una supervisión bancaria eficaz*, septiembre de 2012, disponibles en: https://www.bis.org/publ/bcbs230_es.pdf (enlace consultado el 9 de febrero de 2020).

CSBB, *Sixteenth progress report on adoption of the Basel regulatory framework*, disponible en: https://www.bis.org/bcbs/publ/d464.htm

(enlace consultado el 30 de julio de 2024).

Davies, Howard, "The Last Basel Round?", *Project Syndicate*, 21 de diciembre de 2017, disponible en: https://www.project-syndicate.org/commentary/basel-committee-new-capital-adequacy-rules-by-howard-davies-2017-12?barrier=accesspaylog (enlace consultado el 17 de enero de 2020).

De Larosière, Jacques, *Thoughts on Monetary Policy: a European perspective*, Group of Thirty, Occasional Paper 93

Fernández de Lis, Santiago; Manzano, Daniel; Ontiveros, Emilio; Valero, Francisco Javier, "Rescates y reestructuración bancaria: el caso español" (documento de trabajo nº 152/2009)", Fundación Alternativas: Madrid, 2009, disponible en: https://fundacionalternativas.org/wp-content/uploads/2022/07/d27484f5be4fcedd37bbf539ebd24fe1.pdf (enlace consultado el 8 de febrero de 2024).

FSB, *Global shadow banking monitoring report 2017*, 5 de marzo de 2018, disponible en: https://www.fsb.org/2018/03/global-shadow-banking-monitoring-report-2017/ (enlace consultado el 8 de febrero de 2024).

FSB, *Key Attributes of Effective Resolution Regimes for Financial Institutions*, 15 de octubre de 2014, disponible en: https://www.fsb.org/wp-content/uploads/r_141015.pdf (enlace consultado el 18 de abril de 2021).

JUR, *Public Interest Assesment: SRB Approach*, disponible en: https://srb.europa.eu/sites/default/files/2019-06-28_draft_pia_paper_v12.pdf (enlace consultado el 18 de abril de 2021).